JN440533

우크라이나 전쟁과 경계를 넘는 난민들

신범식, 최아영 엮음

신범식, 윤민우, 김은영, 김선희, 박지원, 주송하, 황의현, 최아영, 바딤 슬랩첸코, 고가영 지음

진인진

우크라이나 전쟁과 경계를 넘는 난민들

초판 1쇄 발행 | 2025년 12월 15일

엮은이 | 신범식, 최아영
지은이 | 신범식, 윤민우, 김은영, 김선희, 박지원, 주송하, 황의현, 최아영, 바딤 슬랩첸코, 고가영
발행인 | 김영진
발행처 | 진인진
등　록 | 제25100-2005-000003호
주　소 | 경기도 과천시 관문로 92, 101동 1818호
전　화 | 02-507-3077-8
팩　스 | 02-507-3079
홈페이지 | http://www.zininzin.co.kr
이메일 | pub@zininzin.co.kr

ISBN 978-89-6347-661-2 93300

* 책값은 표지 뒤에 있습니다.
* 본 연구는 2023년 대한민국 교육부와 한국연구재단의 지원을 받아 수행된 연구임 (NRF-2023S1A5C2A02096180)
* 본 연구는 2025년 서울대학교 아시아연구소 학술연구비 지원(기반구축사업 과제번호 0448A-20250013)을 받아 수행되었음.

• • • •

머리글

한국연구재단의 지원(2023S1A5C2A02096180)을 받아 서울대학교 중앙아시아 센터는 2023년 9월 '이주·난민 연구단'을 출범하고 '경계를 넘는 이주자로서 유라시아 난민 연구: 이주 동학의 다면적 변화와 영향'을 주제로 하는 연구에 착수하였다. 연구는 크게 '분쟁과 난민,' '환경과 난민,' 그리고 '한국 사회와 난민'이라는 세 주제를 축으로 진행되고 있는데, 연구단은 연구의 첫 번째 주제로 아프가니스탄·시리아 내전 및 우크라이나 전쟁 등 유라시아 주요 분쟁의 영향으로 그 전역에서 발생한 자발적/비자발적 이주자로서의 난민에 주목하여 그들의 주체성과 이주 동학이 가지는 다면성을 복합적으로 고찰하는 연구를 깊이 있게 진행하였다.

연구단은 지난 2년 동안 난민 이슈에 대한 현지 조사를 위해 폴란드, 요르단, 러시아, 우즈베키스탄, 키르기스스탄, 타지키스탄, 조지아, 아르메니아 등 분쟁 난민들이 이주한 유라시아의 주요국들과 그리고 우리 지방 도시들을 방문하여 분쟁 난민들 그리고 유엔난민기구(UNHCR)나 이민정책 관할 부서 등 관련 기관에 근무하는 관계자들과의 인터뷰를 진행하였으며, 이를 바탕으로 이주자로서의 난민 이슈가 제기하는 새로운 도전들에 대하여 이론적 차원에서뿐만 아니라 현실적 차원에서 제기되는 문제들에 대한 답을 찾기 위해 노력하였다. 인생이 송두리째 뒤틀린 삶의 무게를 안고 있는 난민들을 만나서 그 굴곡진 삶의 여정을 청취하는 작업은 상상한 것보다 훨씬 더 큰 무게로 연구진에게 다가왔으며, 이러한 이유로 난민 관련 인터뷰에 대한 연구진들의 역량 강화를 위해 전문가 세미나와 교육 프로그램도 꾸준히 운영하였다. 감사하게도 이같은 현지 조사 수행을 통해 얻게 된 인사이트는 문헌 연구를 통해 현장의 이야기와 학문적 논의를 연결하는 중요한 자산이 되었고, 덕분에 이 연구는 현장의 목소리를 담아내면서 동시에 그 학술적 의의를 식별하고 난민 이슈의 새로운 접근법의 효용성을 확인할 수 있었다.

여러 어려움이 있었지만 이제 연구 결과물을 유라시아 분쟁과 난민을 주제로 하는 책자로 발간할 수 있게 되어 정말 감사하다. 원래 연구 결과물을 한 권의 책으로 출판하려 했지만, 여러 고려 끝에 하나는 우크라이나 전쟁으로 인한 난민에 집중하는 책자로, 다른 하나는 그 외 유라시아 분쟁으로 인한 난민에 집중하는 책자로 각각 나누어 출간하기로 했다. 그래서 이 두 책자는 서장을 공유하는 형식으로 출간되었다. 본서 『우크라이나 전쟁과 경계를 넘는 난민들』은 그 첫 번째 책으로, 우크라이나 전쟁으로 인한 난민과 그 이주의 동학이 빚어내는 다양한 현상을 포착하고 분석하였다. 이어서 발간된 두 번째 책 『유라시아 분쟁과 경계를 넘는 난민들』은 아프가니스탄과 시리아의 내전으로 발생한 난민들이 주변국으로 흩어지면서 형성되는 디아스포라의 확장적 동학에 대해 분석하였다. 이처럼 두 권의 책을 통해 유라시아 각지의 분쟁으로 인한 난민과 이주의 동학이 빚어내는 다양한 현상을 포착하고 분석하고자 하였지만, 이 두 권의 책으로 유라시아의 분쟁 난민에 관한 모든 것을 이해할 수는 없을 것이다. 다만 유라시아의 연속적인 분쟁으로 발생한 난민 양상의 변화가 가져온 도전을 이해하고 경계를 넘는 주체로서 난민의 선택 그리고 그들을 맞는 수용국 정책이 상호작용하는 동적 특성들을 포착하는 데 의미있는 성과를 얻을 수 있었다. 이러한 연구 결과는 최근 중요성이 증대되고 있는 난민과 이주민에 대한 이해를 한층 심화하는 데 기여할 수 있을 것으로 기대된다.

이 연구가 세상에 나오기까지 여러분들의 노력과 지원이 있었다. 무엇보다 연구에 참여하여 정신적으로나 육체적으로 고된 현지 조사와 회의들 그리고 학술 작업으로 연구에 대한 열정과 헌신을 보여주신 연구진 한 분 한 분께 깊은 존경과 감사를 표하고 싶다. 주제의 시의성과 무게감에도 불구하고 최선을 다해주신 그 노고에 깊이 감사드린다. 또한 수많은 현지 조사, 전문가 특강, 이주 난민 교육 프로그램 등에 현지 코디네이터로, 강사로 도움 주신 모든 분께 감사드린다. 그리고 연구 과정은 물론이고 연구단 운영에 애써 준 서울대학교 정치외교학부 및 통일평화 협동과정 대학원생 조교들(정민기, 김창하, 조명혜, 김유나, 김여경, 김정은)에게 고마움을 표하고 싶다.

바쁜 일정에도 출판을 위해 힘써주신 도서출판 진인진의 배원일 팀장께도 감사의 인사를 전한다. 빼놓지 않아야 할 감사로 교육부와 한국연구재단 그리고 서울대학교 아시아연구소를 비롯한 여러 기관의 후원이 있었음을 재삼 강조하는 것이 지나치지 않다고 생각한다. 연구 지원이 충분하고 안정적으로 이루어져 연구 열정이 유용한 연구로 이어지는 연구 지속성의 나라 대한민국이 되기를 기대해 본다.

2025년 12월

필진을 대표하여 신범식 씀

목차

• • • •

제1장

서장: 유라시아 및 우크라이나 분쟁으로 인한 난민 연구의 도전

신범식

I. 머리말

20세기 말을 거쳐 21세기에 이르기까지 유라시아 대륙은 지속적인 분쟁[1]과 그로 인한 대규모 난민(refugee)[2] 발생으로 중대한 인도적·정치적 도전에 직면해 왔다. 아프가니스탄과 시리아 등지에서는 내전이 이어졌고, 우크라이나에서는 전쟁으로 대량의 난민이 발생하였다. 가령, 시리아에서는 2011년 아랍의 봄의 여파로 내전이 발발한 이후, 14년에 걸친 분쟁과 위기 속에서 전체 인구의 절반에 해당하는 1,300만 명 이상이 전화(戰禍)를 피해 고향을 떠나야

1 이 책에서 분쟁은 전쟁과 내전 등 다양한 형태의 무력 충돌을 수반하는 갈등을 포괄해서 일컫는 폭 넓은 용어로 사용한다.

2 난민에 대한 정의는 크게 난민협약과 난민의정서 그리고 유엔난민기구(UNHCR)규정 등에서 나타나고 있듯이 국제법적으로 합의된 난민 지위 부여 절차와 관련된 법적 정의가 일반적이다. 그런데 이와 같은 난민 개념에 대한 정의는 유라시아 전역에서 발생하고 있는 대규모 강제 이주자들의 삶의 비극과 도전을 담아내기에 한계가 있다. 따라서 이 글에서는 특별한 언급이 없는 한 '난민'이라는 용어를 확장적 의미로 사용하고자 하며, 이에 대한 자세한 논의는 다음 절에서 상술한다.

했다. 그중 700만 명 이상이 국내 실향민이 되었으며, 600만 명 이상이 튀르키예, 레바논, 요르단 등 주변국과 여러 나라에서 난민으로 살고 있다(UNHCR, 2024a). 아울러 2022년 발발한 우크라이나 전쟁은 유라시아 지역의 난민 문제를 전례 없는 새로운 국면으로 이끌었으며, 제2차 세계대전 이후 유럽에서 보기 드문 규모의 무력 충돌로 수많은 피란민을 발생시켰다. 우크라이나 인구의 약 40%가 인도적 지원이 필요한 상황에서 약 370만 명은 우크라이나 내 다른 지방에서 실향민으로, 약 650만 명은 다른 국가에서 난민으로 살아가게 되었다(UNHCR, 2024b).

이들 대량 난민의 이동은 분쟁 발생과 이주라는 선형적이며 직선적 경로를 넘어서는 모습을 보인다. 전황에 따라 국경을 반복해 넘는 순환적 이동, 일시적 귀환 뒤 재이주, 제3국으로의 연계 이동이 동시에 전개되는 복합적 양상을 띠고 있다. 실제로 우크라이나 전쟁 이후 난민들은 인접국인 폴란드나 루마니아에 정착하기도 하고, 그곳을 경유지로 삼아 독일이나 미주로 연계 이주하는 경로를 택하는 모습을 보였다. 나아가 일부는 상황 변화에 따라 본국으로 일시적 또는 영구적 목적으로 귀환하는 다양한 결정을 하고 있어서, 전쟁 발생 이후 난민 이동 양상은 상당히 다층적으로 나타났다. 다양한 배경을 지닌 난민들의 다층적 · 복합적 이동은 정치 · 사회 · 교육 · 경제 등 사회 전반에 파급효과를 미치면서 새로운 연구 질문들을 제기하고 있다. 그런데 과거 연구의 전통에 기대어 형성된 기존 분쟁 · 난민 연구 패러다임만으로는 현재 난민들의 삶의 현실이 빚어내고 있는 다양한 측면을 온전히 포착하고 설명하기에 부족하다. 따라서 현재 전개되는 위기의 새로운 면모와 도전의 특성을 반영한 새로운 시각과 더 다층적인 분석을 통해 연구의 지평을 확장할 필요성이 그 어느 때보다 분명하게 제기되고 있다.

이런 문제의식 하에 본서는 다음과 같은 구체적인 연구 목표를 설정하였다.

첫째, 본서에 실린 연구들은 21세기 들어 발생한 전쟁 또는 분쟁으로 발생하는 대규모 난민들의 (재)이동과 정착의 다층적 동학을 규명하고자 하였다. 이를 위해 본 연구는 난민의 발생부터 이동, 정착, 혹은 귀환에 이르는 전 과정에 영향을 미치는 국제적 환경과 관련국들의 국가 정책과 제도를 우선 분석하고, 이로부터 파생되는 사회·경제적 영향과 그로 인한 변동 양상을 추적함으로써 기존의 난민 연구 지평을 확장해 보고자 하였다.

둘째, 난민 연구와 관련하여 본서의 필진들은 새로운 연구 의제와 도전과제를 발굴하고 규명하고자 하였다. 급변하는 국제정세와 수용국의 국내정치적 동학 속에서 난민의 이동 경로와 정착 패턴은 끊임없이 도전받고 변화하게 되며, 이들의 법적 지위와 사회적 경험 또한 복잡한 양상을 띤다. 따라서 본서는 이러한 변화의 최전선에서 발생하는 현상들을 포착하여, 기존의 이론적 틀로는 온전히 설명하기 어려운 도전적 연구과제들로는 어떤 것들이 있는지 명확히 제시하고자 하였다.

셋째, 본서는 난민의 이동과 정착 과정에 관한 비교론적 연구를 통해 이론적 기여 가능성을 탐색하고자 하였다. 본서 전체가 구조화된 비교연구를 수행하고 있다고 보기는 어렵지만, 구체적으로는 난민의 이동과 정책 과정에서 수용국 사회에서 겪는 통합과 배제의 이중적 과정이 수용국 국내정치 상황 속에서 어떻게 다른 양태로 나타나는지 비교론적 관심을 유지하면서 분석하고자 하였으며, 이런 상이한 결과에 영향을 미치는 다양한 요인들이 무엇인지 규명하고자 하였다.

넷째, 이같은 연구는 기존 난민 정책의 한계를 진단하고 실효성 있는 대안을 모색하는 데 필요한 고려점을 식별하고자 하였다. 이를 바탕으로 현재 국제사회 및 각국 정부가 시행하는 난민 보호 및 지원 정책의 실질적인 한계와 보완이 필요한 지점을 비판적으로 진단하고, 인도주의와 실용주의를 아우르는 구체적이고 지속가능한 정책적 대안을 모색하는데 기여하게 되기를 기대한다.

II. 연구 대상과 용어 정의

본격적 논의에 앞서 본 연구의 대상인 '난민'에 대한 정의(definition)를 살펴볼 필요가 있다. 특히 전통적 난민 개념으로 포착되지 않는 새로운 이동 양식이 유라시아에서 빠르게 확산되고 있는 점을 고려해 본다면, 국제법적 정의와 실제 현장의 언어, 그리고 연구상 편의적 조작 정의가 구분될 필요가 있다. 우선, 국제법적인 영역에서 정의되는 난민은 가장 협의의 수준에서 이루어지는 정의라고 할 수 있다. 국제법에서의 난민은 1951년 '난민협약'(Refugee Convention)과 1967년 '난민 지위에 관한 의정서'(Protocol relating to the Status of Refugees)의 정의를 따르는데, 구체적으로 "인종, 종교, 국적, 특정사회집단의 구성원 신분, 정치적 견해로 박해받을 수 있다고 인정할 충분한 근거 있는 공포로 인하여 국적국의 보호를 받을 수 없거나 보호받기를 원하지 않는 자"이다.[3]

본 협약은 개별 심사, 비송환(강제송환 금지) 원칙, 기본 권리 보장을 골자로 하며, 2차 세계대전 이후 형성된 국제 난민 보호 체계의 출발점이 된다. 이 협약은 세계인권선언 제14조에 명시된 '박해로부터 비호를 구할 권리'를 기반으로, 난민의 권리와 강제송환 금지 원칙을 성문화한 기념비적인 성과였다. 그러나 협약의 초기 적용 범위는 1951년 1월 1일 이전 유럽에서 발생한 사건으로 시공간적 제약을 지녔다. 1967년 의정서가 이러한 시공간적 제약을 철폐했지만, 난민 정의의 핵심, 즉 '개인화된 박해'에 대한 개념은 그대로 유지되었다.[4]

---

3 원문; Someone who "owing to well-founded fear of being persecuted for reasons of race, religion, nationality, membership of a particular social group or political opinion, is outside the country of [their] nationality and is unable or, owing to such fear, is unwilling to avail [themself] of the protection of that country; or who, not having a nationality and being outside the country of [their] former habitual residence, is unable or, owing to such fear, is unwilling to return to it." 보다 자세한 내용은 다음을 참고; UN. "Convention relating to the Status of Refugees" https://www.ohchr.org/en/instruments-mechanisms/instruments/convention-relating-status-refugees (채택일: 1951년 7월 28일).

4 국내 난민법 2조는 " '난민'이란 인종, 종교, 국적, 특정 사회집단의 구성원인 신분 또는 정치적

그러나 난민 자격 획득은 쉽지 않은 것이 현실이다. 이에 따라, 각국은 난민에 대한 법적 인정에 따른 부담을 이유로 낮은 인정 비율을 유지하는 경향을 보인다. 실제로 한국에서도 난민 제도 도입 이후 난민 심사를 마친 사람 중 약 2.7%만이 정식 난민으로 인정받았다는 점은 이를 단적으로 보여준다(조선일보, 2025/08/08). 따라서 많은 수의 난민 지위 신청자들은 망명 신청자(asylum seeker) 지위로 새로운 사회에서 살아가고 있다. 망명 신청자는 난민 지위를 신청했으나 아직 심사가 완료되지 않은 사람을 뜻하며, 신청–대기–불인정–이의제기 등 절차를 거치는 동안의 체류 자격, 노동시장 접근, 사회서비스 이용 범위는 국가별 제도에 따라 상이하게 정해진다. 즉 난민 인정 여부가 확정되기 전 단계에서조차 적용되는 권리와 보호 수준에는 상당한 국가 간 편차가 존재한다는 것이다. 망명 신청자는 난민보다는 광의의 대상을 칭할 수 있다는 점에서, 개념적 유연성을 가지고 있다고 판단해 볼 수 있겠다.

그러나 이 두 용어만으로는 오늘날 유라시아의 여러 분쟁에서 비롯된 이주민들을 적절하게 지칭하고 설명하기에 충분하지 않은 것으로 판단된다. 대규모 무력 충돌에 따른 급격한 국경 횡단, 전황 변화에 따른 순환·역행 이동, 경유국에서의 장기 체류, 임시 보호의 장기화 등은 협약이 전제한 개별적 박해 중심의 틀을 넘어선다. 더구나 국가 실패와 치안 붕괴, 무차별 폭력으로부터의 대피, 분쟁과 환경 재해의 결합이 촉발한 이동, 집단 단위의 일괄 피난처럼 박해 사유를 특정하기 어려운 상황에서는 법률상 난민 요건을 충족하지 못하는 사례가 적지 않다. 즉 국제 난민법의 문언에 직접 명시되지 않은 전쟁·내란·내전의 원인별 난민, 환경적 원인에 따른 난민, 경제적 원인에 따른 난민은 현행 규정에 따라 보호의 사각지대에 놓이기 쉽다는 것이다. 또한 이러한 조항에 대한 국가별 해석 및 적용이 다르다는 것도 하나의 문제점이라고

견해를 이유로 박해를 받을 수 있다고 인정할 충분한 근거가 있는 공포로 인하여 국적국의 보호를 받을 수 없거나 보호받기를 원하지 아니하는 외국인 또는 그러한 공포로 인하여 대한민국에 입국하기 전에 거주한 국가로 돌아갈 수 없거나 돌아가기를 원하지 아니하는 무국적자인 외국인을 말한다"고 난민을 규정하고 있다(국가법령정보센터, 2016).

할 수 있다(이진우, 2022: 71).

이러한 전통적인 난민협약의 정의만으로는 오늘날 복잡하고 다양하게 나타나는 강제 이주 상황에 놓인 모든 이들을 포용하기 어렵다는 비판이 제기되는 상황 속에서, 협약상 난민 지위를 획득하지 못하는 이들에게도 국제 사회가 최소한의 보호를 제공해야 한다는 인식하에, '대안적 보호 방식'(complementary forms of protection)의 도입 필요성이 지속적으로 강조되었다. 그러한 대안적 보호 방식으로 흔히 거론되는 것이 '보충적 보호'(subsidiary protection), '보완적 보호'(complementary protection), '임시 보호'(temporary protection)라고 할 수 있다. 이 세 가지 모두 1951년 난민협약의 정의의 밖에 놓여 있으나 국제적인 보호가 필요한 사람들을 위해 마련된 대안적 방식의 보호 제도라는 공통점을 가진다. 그러나 세부적으로 이 세 가지 방식은 차이를 가진다. 보완적·보충적 보호는 난민 심사와 유사하게 개별 심사를 통해 보호 여부를 결정하는 개인 중심의 항구적 보호라고 할 수 있다. 반면 임시 보호는 내전·재해 등으로 대규모 유입이 발생해 개별 심사가 어려울 때, 집단에 대해 신속·한시적 보호를 제공하는 것을 목표로 한다. 법적 근거와 권리 수준도 달라서, 보완적 보호는 국제인권법에 기반해 협약 난민과 유사한 권리를, 보충적 보호는 주로 유럽연합 지침에 따라 상대적으로 제한된 권리를 부여하는 경우가 많다(장주영 외, 2021).

이와 같은 용어들은 난민이나 망명 신청자에 한정된 기존 개념의 범위를 넓혀 준다는 점에서 의미가 있다. 그러나 분석 대상을 규정할 때 이 용어들에 의존하면 제도적 틀에 초점이 맞추어져 이주자 자체에 대한 관찰과 해석이 흐려질 위험이 있으며, 국가·지역별 맥락 차이가 커서 공통의 비교 기준을 마련하기도 어렵다. 이를 보여주는 사례가 유라시아에서 최근 부상한 '렐로칸트(релоканты, 전쟁기피자)'이다. 이 표현은 우크라이나 전쟁 이후 러시아를 떠난 사람들을 가리키지만, 법률상 일률적으로 규정될 수 있는 범주는 아니다. 이 집단에는 고숙련 디지털·전문직과 원격근로자 및 청년층이 상대적으로 많이 포함되며, 정치·안보적 회피 동기와 경제·직업 상의 선택이 뒤섞여 있다. 전통적 협약 난민 요건이나 대안적 보호 제도에 꼭 부합하지 않더라도, 전쟁·

동원·정치적 압박 등 분쟁 관련 요인이 결정적 동인이 된 이동이라는 점에서, 본 연구는 이들을 넓은 의미의 분석 범주 속에서 관찰할 필요가 있다고 본다.

지금까지 살펴본 바와 같이, 난민협약의 정의(definition) 상의 한계를 보완하려는 여러 용어가 존재하지만, 임시보호·보충적 보호 대상, 망명 신청자, '렐로칸트'와 같은 이동 주체는 국제법상 난민 지위를 자동으로 구성하지 않으며, 일부 요건을 충족하더라도 그 자체로 충분조건이 되지는 않는다. 따라서 난민을 법적으로 지위를 획득하였는지 여부를 기준으로만 판단해 분석 대상을 설정하면 분석상의 한계가 나타날 수밖에 없다. 따라서 다양한 범주의 강압적 상황에서의 이주자들을 아우를 수 있는 종합적인 의미를 지닌 용어가 필요하다.

난민법이 제정된 1951년의 상황이 아니라 현재 유라시아를 포함한 전 지구적 차원에서 발생하는 복합적이고 대규모의 강제 이주의 현실을 담아내기 위해 현대적 난민 연구는, 확장된 난민 개념에 기초한 새로운 도전에 대응하는 연구의 필요를 강조하고 있다(Betts, 2010; Betts, 2013; Betts·Collier, 2017; Castles, 2003; Castles et al., 2020).

전통적 난민 정의가 개인에 대한 특정 사유의 박해에 집중했다면, 확장적 정의는 생존을 위협하는 구조적 환경과 그에 대한 난민의 주체적 대응의 구조-행위자 동학에 초점을 맞추어야 한다. 이런 관점에서 난민에 대한 개념을 확장적으로 이해하는 데에는 다음과 같은 범주의 이주민들에 대한 고려가 유용하다. 우선, 베츠(Alexander Betts)가 주장하듯이 "생존 이주"(survival migration) 개념은 박해뿐만 아니라 '국가 실패', 즉 국가가 국민의 기본권을 보장하지 못하는 상황이나 생존을 위한 최소한의 조건을 확보하지 못해서 국경을 넘는 사람들을 포함할 수 있다는 점에서 유용하다. 또한 아프리카단합기구(OAU) 협약이나 카르타헤나 선언(Cartagena Declaration)이 강조하듯이, 특정한 개인을 향한 표적화된 박해가 아니더라도 내전·점령·대규모 소요 사태 등으로 '일반화된 폭력'과 '공공질서 붕괴'로 인해 누구도 안전할 수 없는 상황으로부터 탈출한 이들에 대한 고려도 필요하다. 그 연장선상에서 단순한 경제적 동기로부터 촉발된 이주와는 달리 극도의 빈곤이나 식량 부족이 생명권을 위협하는 '구조적 박탈'(structural deprivation) 때문에 선택의 여지 없이 떠밀려 나온 경우에 대한 고려도 중요하다. 그리고 기후변화나 자연재해, 인위적 환경 파괴로 인한 삶의 터전의 상실 등으로 자신이 살던 곳에서 거주가 더 이상 불가능한 경우에 발생하게 되는 환경 및 기후 난민에 대한 고려도 점점 중요해지고 있다.

따라서 본서는 다음과 같은 확장적 의미에서 정의된 난민에 대한 이해를 바탕으로 하고 있다. **확장적 의미의 난민이란, 인종·종교·정치적 이유에 의한 개별적 박해뿐만 아니라, 전쟁·내전·일반화된 폭력, 국가 기능의 붕괴, 심각한 자연재해 및 생존을 위협하는 구조적 기근 등으로 인해 출신국에서 인간의 존엄과 생명권을 보장받을 수 없어 비자발적으로 국경을 넘거나 생활의 터전을 잃은 모든 강제 이주자**를 의미한다.

이같은 확장적 정의는 기존 법적 정의의 한계를 넘어 다음과 같은 유라시아의 현실을 포착할 수 있게 해준다. 우선, 난민에 대한 국제법적 정의에서 주목하는 '비자발성'의 의미를 확장할 수 있다. 이런 난민에 대한 이해는 '박해에 대한 공포'를 넘어 '생존 불가능성'을 비자발적 이주의 원인으로 인정할 수 있게 만든다. 또한, 이런 확장적 개념은 법적 난민과 경제적 이주민 사이의 모호한 회색지대에 있는 이들을 '불법 체류자'가 아닌 '보호가 필요한 존재'로 인정하게 된다. 가령, 내전 중인 국가에서 경제적 기반이 파괴되어 탈출한 사람들을 보호의 대상으로 포용할 수 있게 한다. 그리고 국적국의 보호 의지 여부보다, 현재 그 인간이 처한 '취약성'과 '보호 필요성'에 우선적 가치를 부여함으로써 인권 중심적 접근을 강화할 수 있게 해준다.

이러한 난민에 대한 확장적 정의는 유라시아 지역의 유동적이고 복합적인 비자발적 이주 흐름을 설명하는 데 있어 훨씬 더 적실성 있는 도구가 될 수 있다. 이런 견지에서 본서는 다양한 분쟁으로 인한 비자발적 이주민을 '분쟁 난민'(conflict refugee)로 주목하고자 한다. **분쟁 난민은 "무력 분쟁, 만연한 폭력, 또는 공공질서를 심각하게 교란하는 기타 사건들로 인해 출신국을 탈출하여 국제적 국경을 넘었으며, 그 결과 국제적 보호가 필요한 사람"**으로 정의될 수 있다. 이같은 분쟁 난민이라는 용어는 법이 미처 포섭하지 못한 이동의 현실을 설명하고, 정책 설계의 사각지대를 드러내기 위한 도구라고 할 수 있다. 이러한 맥락에서 본 연구는 앞서 언급한 바와 같이 보완적 보호 대상, 망명신청자, '렐로칸트'를 포함한 새로운 이동 주체를 넓은 의미의 분쟁 난민이라는 확장적 난민 개념 아래에서 관찰 및 기술하며, 이를 통해 변화하고 있는 현실의 이야기를 충실히 담아내는 동시에 학문적 비교와 정책 처방을 위한 공통 언어를 제공하고자 한다. 따라서 이하 특별한 언급이 없는 한 본서에서 사용되는 '난민'은 확장적 의미로 정의된 '분쟁 난민'을 의미한다.

III. 유라시아의 분쟁과 우크라이나 전쟁 개황

21세기에 들어선 이후 유라시아 대륙은 전례 없는 규모의 지정학적 충돌과 다중적 무력 분쟁을 겪으며 세계 난민 문제의 진원지가 되었다. **그림 1**에서 보듯, 서부 유라시아는 세계 이주 동학에서 가장 강력한 흐름을 형성하고 있다. 이

그림 1 2024년 세계 이주 동학 지도

출처: Dilger (2025)

지역에서 벌어진 분쟁들은 단일 국가의 내전이나 국지적 충돌을 넘어서, 강대국의 개입, 비국가 행위자 역할의 부상, 국제질서의 재편이라는 복합적인 지정학적 구조를 배경으로 한다. 시리아 내전, 아프가니스탄 사태, 우크라이나 전쟁, 그리고 최근의 가자 사태 등은 각기 다른 배경과 맥락을 지녔지만, 결과적으로 대규모 인구이동과 인도주의적 위기를 초래하며 유라시아 난민 문제를 세계적 의제로 부상시켰다.

먼저, 시리아 내전은 2011년 3월 반정부 시위로 촉발되어 장기화한 대표적 무력 충돌 사례이다. 초기에는 반정부 세력이 미국 등 국제사회의 지원으로 일정한 우위를 점하기도 했으나, 이란과 러시아의 군사·재정적 지원을 등에 업은 아사드 정부가 반격에 성공하면서 정황은 급변하였다. 특히 2014년 이후 이슬람국가(IS)의 등장으로 전쟁 양상은 더욱 복잡해졌으며, 시리아와 이라크 전역에서 극단적 폭력이 확산되었다. 이에 따라 시리아는 세계에서 가장 많은 난민을 배출한 국가 중 하나가 되었으며, 2024년 말 기준으로 약 610만 명이 해외 난민으로 등록되어 있고, 740만 명이 국내 실향민으로 집계되었

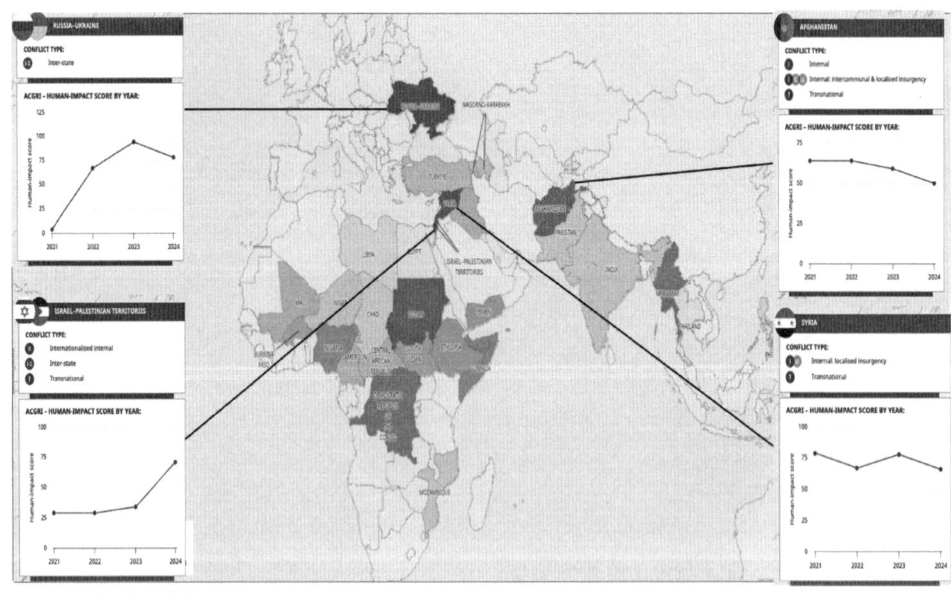

그림 2 유라시아 분쟁 지도

출처: IISS Conflict Trends Map 2024(2024)

다(UNHCR, 2025b). 시리아 인구의 절반 이상이 거주지를 상실한 셈이며, 튀르키예, 레바논, 요르단, 이라크 등 인접국에 난민이 집중되면서 지역 안보와 자원 분배에 심각한 부담을 가중시켰다.

아프가니스탄의 경우, 2001년 미국의 침공 이후 20년에 걸친 긴 전쟁을 겪었으며, 2021년 8월 미국과 나토 연합군의 철수 이후 탈레반이 전격적으로 정권을 장악하면서 난민 위기가 급격히 확대되었다. 인권 활동가, 언론인, 서방과 협력했던 시민들이 정치적 박해를 피해 탈출을 감행하였고, 이에 따라 이란과 파키스탄 등 인접국에는 수백만 명의 아프간 난민이 유입되었다. 2024년 말 기준, 약 580만 명의 아프간 난민이 국제 사회에 등록되어 있으며, 이 가운데 이란에는 약 350만 명, 파키스탄에는 약 160만 명이 거주 중이다(UNHCR, 2025a). 다만, 아프가니스탄의 이주 형태는 일방적이지 않아서 최근 몇 년간 280만 명이 본국으로 귀환한 사례도 있으나, 그중 약 135만 명은 강제송환에 가까운 형태였다.

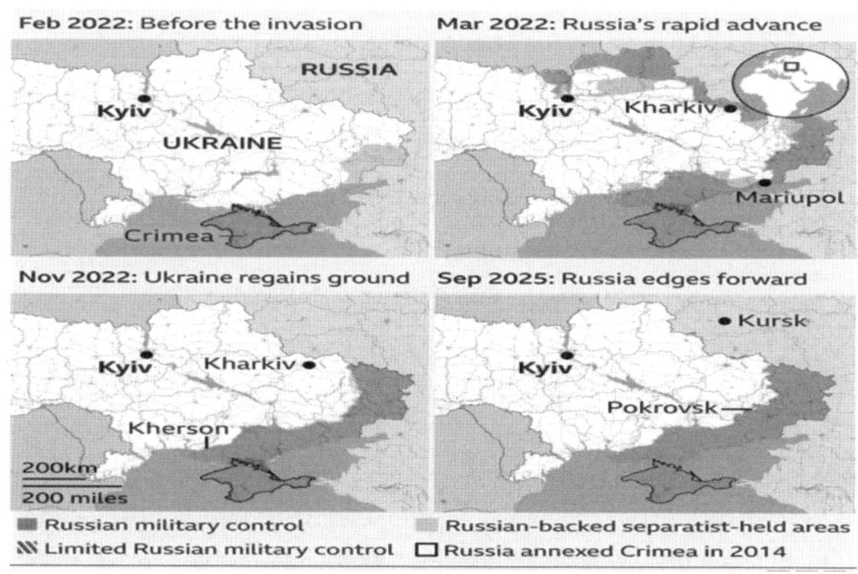

그림 3 2022–2025년 우크라이나 영토에 대한 러시아의 군사적 통제의 변화

출처: BBC(2025)

이어지는 분쟁의 연장선상에서 2022년 2월 24일 시작된 우크라이나 전쟁은 본서가 주목하는 분쟁이다. 러시아는 '특별 군사작전'이라는 명목하에 다축 공세를 감행하며 단기간 내 키이우를 점령하고 우크라이나의 조기 항복을 받아내려 하였으나, 우크라이나군의 저항, 보급선 문제, 지형의 불리함 등에 의해 초기 주도권 확보에 실패하였다. 이후 양국은 여러 차례 평화 협상에 돌입하였으나, 같은 해 4월 부차 학살 의혹이 국제적으로 알려진 이후 서방의 대러시아 강경 노선이 강화되었고, 협상은 사실상 중단되었다. 전쟁은 이후 장기화의 양상으로 접어들었으며, 2022년 하반기부터 2023년까지는 우크라이나가 하르키우, 헤르손 등 주요 거점에서 반격에 성공하며 전선 재편이 이루어졌으나, 2023년 이후 전쟁은 참호전을 중심으로 한 소모전 형태로 장기화되었고, 바흐무트, 아우디이우카 등에서 수개월간 이어진 전투는 양측 모두에게 극심한 인명 피해와 전장 피로도를 안겼다(**그림 3**).

우크라이나 전쟁은 정치적·군사적 차원을 넘어, 제2차 세계대전 이후 유럽 최대 규모의 난민 이동을 초래하여 사람들의 삶과 이동성을 근본적으로 변화시킨 사건으로 평가받는다. 수백만 명의 우크라이나인들은 불과 몇 주 만에 고향을 떠나야 했고, 이는 유럽 전역과 그 너머에 걸쳐 심대한 사회적·경제적·정치적 파장을 동반한 인도적 위기를 초래했다. 2025년 7월까지 전 세계적으로 약 690만 명의 우크라이나 난민이 공식적으로 집계되었고, 이 중 약 510만 명은 유럽에서 수용되었으며, 약 60만 명은 유럽 외 지역으로 이동하였다. 독일, 폴란드, 체코, 영국 등 유럽 국가들에 많은 난민이 집중되며 우크라이나 난민 문제는 유럽 정치에 영향을 주는 요인으로 부상했으며, 사회적 통합, 복지 제도 등에 관한 논쟁을 형성하고 있다.

이뿐만 아니라 우크라이나 전쟁은 러시아 내부에서도 이주를 촉발했는데, 2022년 이후 약 80~100만 명의 렐로칸트들이 국외로 떠났으며, 이는 1917년 혁명 이후 최대 규모의 이민 물결이라고도 할 수 있다(Jerstad et al., 2024). 전통적 정치 망명자와 달리 이들은 IT 전문가, 기업가, 사회활동가 등 고학력 젊은 전문직이 주를 이룬다. 이들의 이주는 두 차례의 주요 물결로 발생했는데,

첫 번째 시기는 침공 직후 언론인, 시민운동가, 반전 전문가들이 정치적 탄압을 피해 탈출한 시기이며, 두 번째 시기는 2022년 9월 푸틴 대통령이 부분 동원령을 선포한 후 약 70~80만 명이 국외로 떠난 시기이다(Krawatzek·Sasse, 2024). 대부분은 조지아, 카자흐스탄, 아르메니아 등 인접한 구소련 국가들로 이주했지만, 상당수는 이스라엘, 독일, 세르비아, 미국으로 재정착했다.

마지막으로, 유라시아에서 난민을 발생시키는 대표적인 분쟁으로는 70년 이상 지속된 팔레스타인-이스라엘 갈등과 최근 발발한 가자 분쟁으로 인한 이주가 제시될 수 있다. 가자 지구는 세계에서 가장 장기화된 인도주의적 분쟁 지역 중 하나로, 수년간 반복된 갈등과 봉쇄는 외부의 인도적 지원에 대한 만성적 의존 상태를 초래했다. '유엔 팔레스타인 난민 구호 사업 기구'(UNRWA)는 팔레스타인 난민을 "1946년 6월 1일부터 1948년 5월 15일 사이에 팔레스타인을 정상적인 거주지로 삼았으며, 1948년 분쟁으로 인해 집과 생계 수단을 모두 잃은 자"로 정의한다. 현재 약 590만 명의 팔레스타인인이 이 규정에 따라 UNRWA에 등록되어 있다(UNRWA, n.d). 2023년 10월 발발한 가자 분쟁은 하마스의 기습 공격과 이에 대한 이스라엘의 보복 공습으로 새로운 국면을 맞이했다. 이에 따라 약 190만 명의 가자 주민이 강제 이주를 당하였으며, 이는 전체 가자 인구의 90%에 가까운 규모이다. 또한 5만 명 이상이 사망한 것으로 추정된다. 가자 지구 내 난민 캠프에 대한 피해도 심각하며, UNRWA는 이번 사태가 팔레스타인 난민 역사상 가장 심각한 인도주의적 위기를 초래했다고 분석하고 있다.

이처럼 유라시아의 분쟁은 단일 사건이 아닌 상호 연결된 위기의 연쇄이며, 각 분쟁은 난민 발생의 물리적 기점일 뿐 아니라 새로운 난민 유형과 이동 동학을 창출해 왔다. 특히 시리아, 아프가니스탄, 러시아-우크라이나, 가자 전쟁은 전통적 난민 정의로 포섭되지 않는 다층적 피난민을 등장시켰다.

Ⅳ. 유라시아 분쟁과 우크라이나 전쟁으로 인한 난민 개황

유라시아 대륙에서 발생한 일련의 분쟁들은 단순한 군사적 충돌에 그치지 않고 수많은 사람들의 일상과 생존을 송두리째 흔들며 대규모 인구이동을 발생시켰다. 이에 따라 발생한 난민의 규모와 이동 방식은 국가 간의 경계를 넘어서 전 지구적 파급효과를 지닌 인도주의적·정치적 도전 과제로 자리 잡게 된 것이 분명하다. 유엔난민기구(UNHCR)와 각국 통계에 따르면, 시리아는 내전 발발 이후 세계 최대 규모의 난민을 배출한 국가로, 약 610만 명이 국외에 등록된 난민이며, 740만 명이 국내 실향민으로 누적 집계된다. 이는 전체 인구의 절반 이상이 거주지를 상실한 것을 의미하며, 주요 수용국은 튀르키예(250만), 레바논(72만), 요르단(46만), 이라크(30만), 이집트(12만) 등이다. 그러나 2024년 12월 아사드 정부가 붕괴되면서 자발적으로 시리아로 귀환하는 사람들이 늘고 있으며, 각국 정부들도 시리아 난민들의 귀환을 추진하고 있는 것으로 알려지고 있다. 2024년 11월 말 이후 약 100만 명이 넘는 시리아인들이 귀환했다(UNHCR, 2025b).

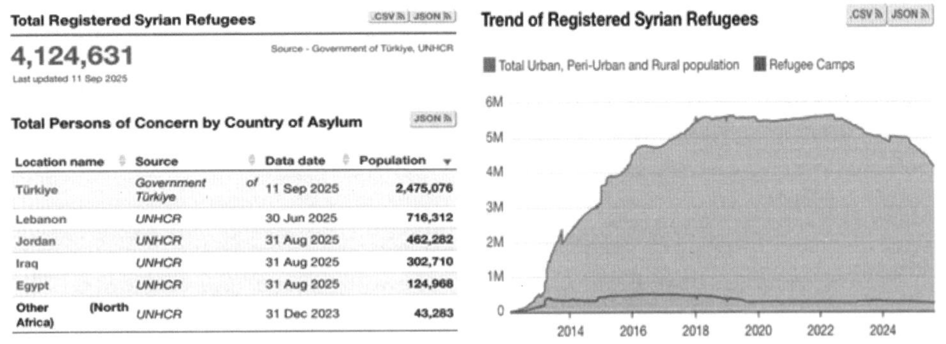

Total Registered Syrian Refugees

4,124,631

Last updated 11 Sep 2025

Source - Government of Türkiye, UNHCR

Total Persons of Concern by Country of Asylum

Location name	Source	Data date	Population
Türkiye	Government of Türkiye	11 Sep 2025	2,475,076
Lebanon	UNHCR	30 Jun 2025	716,312
Jordan	UNHCR	31 Aug 2025	462,282
Iraq	UNHCR	31 Aug 2025	302,710
Egypt	UNHCR	31 Aug 2025	124,968
Other (North Africa)	UNHCR	31 Dec 2023	43,283

그림 4 시리아 난민 현황 및 추세

출처: Operational Data Portal (2025b)

아프가니스탄에서는 2001년 이후 20여 년간 이어진 전쟁과 2021년 탈레반 재집권으로 인한 정권 붕괴 속에서 대규모 난민이 발생하였다. 2024년

말 기준, 약 580만 명의 아프간 난민이 해외에 체류하고 있으며, 그 중 이란(347만)과 파키스탄(175만)이 대부분을 수용하고 있다. 아프간 난민은 일부가 자발적 귀환했으나, 2025년 9월 기준으로 약 280만 명의 귀환자 중 약 135만 명은 강제 송환된 사례로 분류되고 있어 인권 및 국제법적 보호 체계의 한계를 드러내고 있다.

2022년 2월 개전한 러시아의 우크라이나 침공은 유럽 현대사에서 가장 빠르게 확산된 난민 위기로 평가받는다. UNHCR에 따르면 2025년 9월 기준

Registered Afghan Refugees, Asylum-seekers & Afghans in refugee-like situation (in Iran, Pakistan, Tajikistan, Uzbekistan, Turkmenistan) JSON

5,260,589

Source - UNHCR, Various

Last updated 30 Jun 2025

Registered Afghan Refugees, Asylum-Seekers & Afghans in refugee-like situation by country JSON

Location name	Source	Data date	Population
Iran (Islamic Republic of)	Various	31 Dec 2024	3,477,100
Pakistan (Islamic Republic of)	Various	31 Dec 2024	1,758,600
Tajikistan	UNHCR, Various	30 Jun 2025	13,575
Uzbekistan	Various	30 Jun 2025	8,005
Turkmenistan	Various	30 Jun 2025	3,309

Total Returns to Afghanistan in 2025 JSON

2,792,102

Source - IOM, UNHCR, Various

Last updated 22 Sep 2025

Total returns is an umbrella term that includes all returns including deportations, assisted Voluntary Repatriation (VolRep) and other returns of Afghans of all statuses such as PoR cardholders, ACC holders, Amayesh card holders, Headcount Slipholders and the undocumented, excluding passport/visa holders.

Total Returns to Afghanistan in 2025 by country CSV JSON

Country of origin	Source	Data date	Population
Iran (Islamic Rep. of)	UNHCR, Various	20 Sep 2025	2,083,700
Pakistan	IOM, UNHCR	21 Sep 2025	677,000
Various	UNHCR	22 Sep 2025	31,402

그림 5 아프가니스탄 난민 현황 및 귀환 현황

출처: Operational Data Portal (2025a)

Refugees from Ukraine recorded in Europe [1]

5,137,910

Last updated 02 September 2025 - Source: UNHCR collation of statistics made available by the authorities

Refugees from Ukraine recorded beyond Europe [1]

560,560

Last updated 02 September - Source: UNHCR collation of statistics made available by the authorities

Refugees from Ukraine recorded globally [1]

5,698,470

Last updated 02 September 2025 - Source: UNHCR collation of statistics made available by the authorities

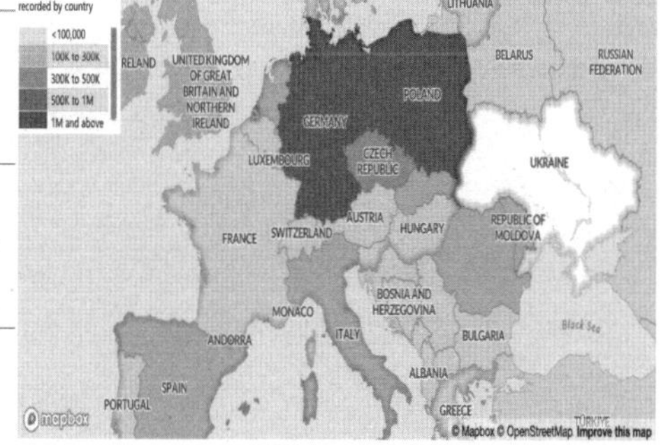

그림 6 우크라이나 난민 현황 및 분포 현황

출처: Operational Data Portal (2025c)

약 570만 명의 우크라이나인이 국외로 탈출하였고, 약 360만 명이 국내 실향민으로 남아 있다. 난민이 집중된 주요 국가는 독일(123만), 폴란드(100만), 체코(38만), 영국(25만)과 스페인(24만) 등이 있으며, 대부분의 이들은 도시 출신의 고학력자로서 서방 국가의 비교적 우호적인 수용 정책 속에서 신속히 노동시장에 진입하거나 복지 체계에 접근하고 있다(**그림 6**).

2023년 10월 발생한 가자 전쟁은 이스라엘과 하마스 간의 무력 충돌로 촉발되었으며, 단기간에 약 190만 명의 주민이 가자 지구 내부에서 강제 이주를 경험하였다. 이는 전체 인구의 약 90%에 해당하는 수치로, 이 지역의 역사상 가장 심각한 난민 사태로 기록된다. 특히 UNRWA에 따르면, 가자 지구에는 전쟁 이전에도 약 134만 명의 등록 난민이 거주하고 있었으며, 이번 사태 이후 이들의 난민 캠프 내 밀집도는 극단적으로 높아졌다. 현재 약 150만 명 이상이 요르단, 레바논, 시리아, 웨스트뱅크 및 가자 지구 내 58개의 공식 난민 캠프에서 생활하고 있다(Ali · Hussein, 2025). 하지만 수십 년간 지속된 봉쇄와 인프라 파괴, 인도주의 지원의 제한으로 인해 대부분의 난민은 물과 식량, 의료 서비스를 안정적으로 제공받지 못하는 상태에 처해 있다.

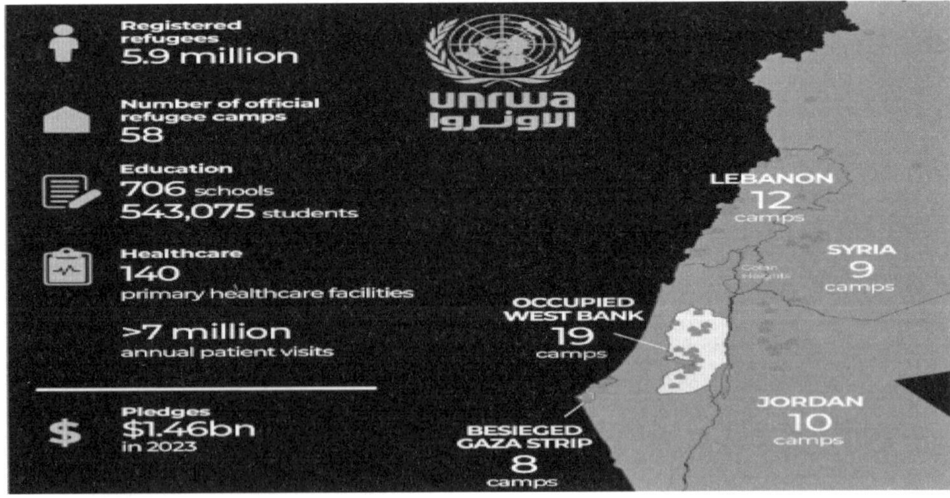

그림 7 UNRWA의 가자 분쟁 난민 현황

출처: Ali · Hussein (2025)

우크라이나 전쟁과 관련하여 주목할 또 하나의 흐름은 러시아 내부로부터의 정치적 이주, 즉 렐로칸트의 등장이다. 앞서 살펴본 바와 같이 이는 전통적인 난민 개념으로 포착되지 않는 새로운 유형의 분쟁 이주자로, 주로 20~40대의 고학력·전문직 종사자들이 정치적 억압과 군 동원 회피 등을 이유로 러시아를 탈출한 집단을 말한다. 이들의 이주는 2022년 침공 직후와 9월 동원령 발표 직후 두 차례 급증하였으며, 조지아, 카자흐스탄, 아르메니아, 독일, 이스라엘, 미국 등지로 분산되었다. 이들의 이동은 정치 망명이나 경제 이민이라는 기존 프레임과는 다른, '전쟁을 피한 전략적 탈출'이라는 점에서 새로운 분석 범주로 접근될 필요가 있다.

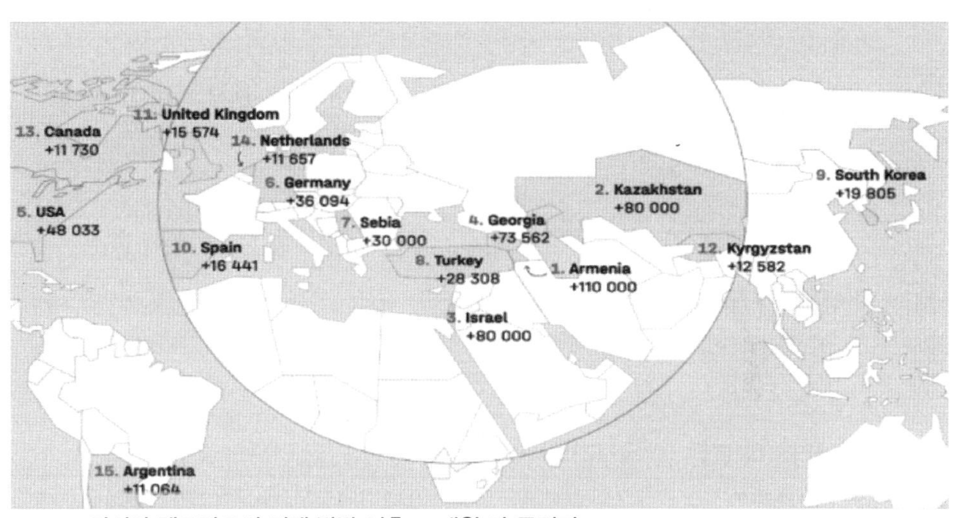

그림 8　러시아 렐로칸트의 전쟁 발발 이후 15개월 간 목적지

출처: Mironenko (2024)

한편, 이러한 글로벌 난민 이동의 흐름 속에서 한국은 상대적으로 낮은 수용률과 협의의 난민 정의를 고수하는 정책 구조를 보인다. 1992년 유엔 난민협약 및 의정서에 가입하였고, 1994년부터 난민 신청을 받아왔으며, 2013년 동아시아 최초로 단독 난민법을 제정·시행하면서 제도적 기반을 확립하였다. 이후 난민 신청자 수는 꾸준히 증가하여 2023년에는 역대 최고치인

18,837건을 기록하였고, 2024년에는 약간 감소한 18,336건이 접수되었다(법무부, n.d). 난민법 제2조는 난민을 인종, 종교, 국적, 특정 사회집단의 구성원 신분 또는 정치적 견해를 이유로 박해받을 우려가 있는 외국인으로 규정하며, 이는 국제사회가 통용하는 협의의 난민 개념과 일치한다(e-나라지표, 2025). 그러나 실제 난민으로 인정된 사례는 극히 제한적이다. 1994년부터 2024년까지 누적 난민 인정자는 총 1,544명에 불과하며, 2024년 한 해 동안 인정자는 105명에 그쳤다(법무부, n.d). 이에 따라 한국은 낮은 인정률과 긴 심사 기간, 제한된 사회적 수용성 등의 문제로 국제적 비교에서 실질적 난민 보호국으로 평가받기 어려운 실정이다.

결론적으로, 유라시아 분쟁이 초래한 난민 이동은 단순한 인도주의적 위기라기보다 국가별 제도, 정체성, 국제정치 질서를 통과하며 구조화된 정치적 현상이다. 우크라이나와 러시아 사례는 전통적인 '난민' 개념이 지니는 한계를 드러내며, 현대 분쟁은 새로운 형태의 피난민과 이동 주체를 양산하고 있다. 이들은 생존 전략, 정체성 재구성, 제도 밖 삶의 방식을 통해 끊임없이 자신들의 위치를 협상하고 있으며, 국가와 국제사회는 이를 포섭할 새로운 법적 및 정책적 틀의 고안을 고민해야 할 시점이다.

V. 유라시아 분쟁 및 우크라이나 전쟁으로 인한 난민 연구의 도전

기존 국내 난민 관련 연구들은 주로 난민의 법적 지위와 수용국의 정책적 대응 그리고 담론 형성에 초점을 맞추고 있다. 많은 연구자들이 난민 인정과 관련된 이슈들과 난민 정책 그리고 국내 난민 수용과 관련된 반응과 담론 등에 대한 연구를 수행해 왔다. 예를 들어 오승진(2022)은 국제난민법이 전쟁 난민을 충분히 포괄하지 못하는 현실에 주목하면서 국내외 법제도 안에서 전쟁 난민 보호의 실천적 방안을 모색했다. 김현옥·박해선(2022)은 한국 사회 내 난민 아동에 대한 환대와 혐오의 의미연결망을 분석하고 전쟁 난민 수용에 대한 사회문화적 태도를 조명하였다. 또한 고가영(2023)은 러시아의 침공으로 우크라이나를 떠난 고려인 난민 공동체가 광주 고려인마을 내에서 어떻게 정착하고 공동체를 확장해 나가는지를 실증적으로 분석하기도 했다.

국외에서는 최근 우크라이나와 인접국들의 사례를 분석한 많은 연구가 쏟아지면서 실증연구 실적이 축적되고 있다. 폴란드의 난민 수용 경험을 다룬 Duszczyk 외(2023)의 연구는 난민들의 노동시장 통합을 핵심 과제로 지목하고 있으며, Oviedo 외(2022)는 전쟁 난민들이 심리적 트라우마 속에서도 회복탄력성을 형성해 나가는 과정을 조망하였다. 그 외에도 전쟁 난민의 대규모 유입이 폴란드의 보건의료 체계에 미친 부담을 분석한 연구(Lewtak et al., 2022), 우크라이나 전쟁이 중앙아시아 이주 흐름에 미친 구조적 영향을 다룬 연구(Oshchepkov et al., 2024), 전쟁으로 인한 인구 감소와 고령화의 장기적 여파를 예측한 인구학적 연구(Kulu et al., 2023) 등과 같은 연구들이 나왔는데, 이런 연구들은 분쟁 난민 문제가 단일한 인도주의 이슈가 아니라 다양한 분야에 걸쳐 영향을 미치는 복합적 현상임을 보여주고 있다.

그러나 이러한 기존 연구들은 몇 가지 중요한 한계를 드러내고 있다. 첫째, 국내에서는 '분쟁 난민'이라는 주제를 본격적으로 다룬 연구 자체가 아직 제한적이다. 국제법적 보호 체계나 일부 수용국의 사례를 중심으로 한 논의는 존재하지만, 전쟁 내지 분쟁으로 인한 구조적 재난과 이로 인한 인구이동, 정치적 정체성, 사회적 정착이라는 복합적 문제를 총체적으로 분석한 연구는 드물다. 특히 우크라이나 전쟁처럼 현대적 무력 충돌 속에서 발생한 대규모 강제 이주와 그 사회적 파급효과에 대한 국내 연구는 초기 단계에 머물러 있다. 둘째, 난민을 피해자나 수용 정책의 대상자로만 보는 시각이 강하여, 난민 자신의 선택과 대응 전략, 주체적 삶의 조직 방식에 대한 논의는 여전히 부족하다. 셋째, 특정 국가 또는 지역의 사례에 집중한 연구가 대부분으로, 국가 간 이동, 제도적 경계 넘기, 난민을 둘러싼 국제정치적 역학 등 보다 거시적이고 비교적인 분석은 드물다.

이와 같은 한계를 보완하고자, 본서는 우크라이나 전쟁이라는 특정한 상황을 중심에 두고, '난민'이라는 현상을 정치적·사회적·인류학적 차원에서 다각도로 조명하고자 한다. 특히 본서는 난민을 단지 수용의 대상이나 인도주의적 수혜자가 아닌, 전쟁이라는 구조적 폭력에 맞서 자발적 생존 전략을 모색하고 공동체를 재편성하는 정치적 주체로 바라본다. 이를 위해 렐로칸트와 같이 기존 난민 정의로 포섭되지 않으나 전쟁으로 인해 이주를 선택한 새로운 유형의 이주민에 주목하고, 이들의 자기 명명, 이주 경로, 정착 전략 등을 분석한다.

지금까지 살펴본 바와 같이, 유라시아 대륙의 연이은 분쟁은 난민 문제를 단순한 인도적 사안에 그치지 않고 정치적·사회적·경제적 파급효과를 동반하는 중층적 현상으로 드러내고 있다. 시리아 내전, 아프가니스탄 내전, 우크라이나 전쟁, 최근의 가자 전쟁 등은 서로 다른 배경을 가졌지만 모두 대규모 난민을 발생시키면서 유라시아 지역을 세계 난민 문제의 중심으로 만들었다. 그러나 이와 같은 분쟁으로 발생한 난민에 초점을 맞출 경우 시리아와 우크라이나 분쟁 난민은 발생 맥락, 이동 양상, 정착 과정 등에서 뚜렷한 차이를 보인다. 시리아 난민은 내전의 장기화와 국가 기능 붕괴 속에서 인접국으로 대거 유입되었으나, 법적 지위가 제한적이고 장기간 임시 체류 상태에 머물며 안정적 정착이 어려웠다. 난민 캠프와 비공식 거주 형태가 일반화되었고, 아동·청년층의 교육 단절이 광범위하게 나타났다. 반면에 우크라이나 난민은 전쟁 발발 직후 단기간에 유럽 전역으로 확산되었으며, 유럽연합의 집단적 임시 보호 제도를 통해 비교적 빠르게 합법적 지위와 노동시장에 대한 접근이 보장되었다. 또한 도시 지역을 중심으로 분산 정착하며 복지·교육 서비스에도 신속히 편입되었다는 특징을 지닌다. 귀환 양상에서도 차이가 있는데, 시리아의 경우 안전 문제와 재건 부재로 자발적 귀환이 제한적이지만, 우크라이나는 전황과 인프라 복구 상황에 따라 귀환과 재이주가 반복되는 순환적 이동이 활발히 나타나고 있다.

이러한 상황은 기존 난민 연구가 전제해 온 틀인 국경을 넘어온 개인적 박해 피해자라는 정의만으로는 현실을 충분히 설명하기 어렵다는 점을 보여준다. 난민 발생 과정은 더 복잡하고, 이동 경로는 더 다층적이며, 정착 과정

또한 각국 정책과 사회적 환경에 따라 크게 달라진다. 이같은 난민 현상의 변화가 가져온 영향은 비교적 명확하다. 첫째, 전쟁 상황에 따른 순환적 이동, 일시적 귀환, 제3국으로의 복합 이주 등이 동시에 전개되면서, 난민 이동을 일회적 이동 또는 단선적 흐름으로 파악하기 어렵게 되었다. 둘째, 난민의 법적 지위가 국가별로 크게 달라 실제 생활 여건과 권리 보장의 수준에서 상당한 격차가 발생하고 있다. 셋째, 대규모 난민의 이동은 단지 난민 자신의 생존 문제 차원을 넘어 수용국의 사회·문화·경제 전반에 영향을 미치며, 수용 사회의 정책과 여론을 요동치게 만들고 있다.

이와 같은 현실은 난민 연구와 관련하여 여러 도전 과제를 제시한다. 첫째, 기존 난민 개념이 전통적 박해 사유에 치우쳐 있어 내전, 대규모 폭력, 국가 실패, 환경적 요인 등이 결합된 현대적 분쟁 상황을 포괄하기 어렵다는 점을 넘어서는 연구가 필요하다. 둘째, 난민 통계의 집계와 이동 실태의 파악은 국가별로 상이한 방식으로 파악되며, 비정규 체류자나 단기 순환 이주자는 제대로 반영되지 않는 경우가 많다. 셋째, 연구 접근법과 관련하여 난민을 피해자이자 수용국 정책의 대상으로만 보는 시각이 여전히 강하여 난민의 주체적 대응과 선택 및 공동체 형성 과정을 충분히 조명하지 못했다는 한계가 존재한다. 넷째, 연구 관련 접근성 등의 문제로 인해 특정 국가나 지역에 대한 사례연구가 많아, 국가 간 이동이나 국제적 정책 변동이 만들어내는 구조적 영향을 입체적으로 보여주지 못한 점도 난민 현상을 구조적으로 이해하지 못하게 하는 한계가 있다.

따라서 이러한 한계를 극복하기 위해서는 몇 가지 방향에서 연구가 보완될 필요가 있다. 첫째, 난민 개념을 법적 정의에만 의존하지 않고 실제 현장에서 드러나는 다양한 이동 양상을 포착할 수 있도록 확장적으로 정의할 필요가 있다. 둘째, 난민 이동의 경로와 정착을 국가 단위에 국한하지 않고, 출신국-경유국-수용국-재이주국을 연결하는 맥락 속에서 분석해야 한다. 셋째, 난민 자신의 주체적 선택과 대응 전략 및 네트워크 형성 과정을 강조하는 연구가 필요하다. 이러한 문제의식 아래에서 본서는 기존 난민 연구의 한계를 보완하며, 유라시아 분쟁과 난민 문제를 한층 폭넓게 이해할 수 있는 토대를 마련해 보고자 하였다.

VI. 책의 구성

본서는 크게 두 부분으로 구성되어 있다. 제1부에서는 우크라이나 전쟁으로 인해 형성된 난민의 이주 환경과, 이에 따라 수용국에 미친 영향을 다룬다. 특히 난민이 하나의 주체로서 선택하고 대응하게 되는 '환경'에 주목하여, 지역적 맥락과 수용국의 정책적 환경, 그리고 국내 정치적 동학을 분석함으로써 난민 이주 환경이 난민에게 미치는 영향과 수용국의 대응 양상을 종합적으로 살펴본다.

1부를 시작하는 **2장(윤민우·김은영, 전쟁과 인적 자원으로서의 난민: 폴란드와 키르기스스탄의 난민에 대한 태도 및 정책·제도 비교)**은 난민을 다루는 수용국의 정책적 관점을 조망한다. 윤민우와 김은영은 난민을 바라보는 국가의 인식은 통상 인도주의적 관점에 기초해 왔음을 설명하면서, 최근 들어 인구 감소와 노동력 부족 위기 등으로 인해 미국과 유럽 등 해외 선도국들을 중심으로 난민을 국가의 장기적 생존과 발전에 긍정적 영향을 미치는 인적자원(human resources)으로 보는 시각들이 증가하고 있음을 지적한다. 즉 난민 문제를 기존의 보편적 인도주의나 인권과 같은 가치 규범의 문제가 아닌 경제적 문제이자 인적 자원의 수용 루트로서의 관점이 부상하고 있는 것이다. 이에 따라 이들 선도국들은 장기적 국가 발전 전략에 따라 첨단기술을 갖춘 해외의 고학력 우수 인재들뿐만 아니라 단순 내지 중숙련 노동자들에 대한 체계적인 유치를 계획하는 적극적 노동이민 정책도 펼치고 있다.

한국의 경우에도 우크라이나 전쟁의 여파로 우크라이나 난민들이 유입되고 전쟁을 기피하는 러시아 난민 신청자도 급증하고 있다. 그러나 한국 사회는 아직까지도 이들 난민이 가지는 인적자원의 성격에 대해 주목하고 있지 못하는 것으로 보인다. 이와 같은 맥락에서 저자는 기존 국내 연구들이 주목하지 못했던 '인적자원으로서의 난민' 문제에 주목하며, 우크라이나 난민과 러시아 렐로칸트(전쟁기피자) 사례를 중심으로 이를 분석하였다. 특히 폴란드와 키르기스스탄의 사례를 중점적으로 비교하여, 이들 국가들이 특정 난민들에 대해 인적자원으로 접근하고 적극적으로 수용, 통합하는 접근을 취하고 있다는 사실을 경험적으로 살펴보았다. 이러한 분석 결과와 논의점은 최근 출산율 감소와 인구감소, 노동력 부족, 우수 인재 확보의 필요성 등 여러 경제적 활력을 유지하여야 하는 중대한 도전에 직면한 한국에게 여러 측면에서 정책적 고민의 필요성을 제시한다.

3장(김선희, 우크라이나 난민 유입이 폴란드 정치 지형에 미친 영향)은 러시아의 우크라이나 침공 이후 폴란드의 난민 수용이 국내 정치 지형에 미친 영향을 분석한다. 김선희는 우크라이나 전쟁과 우크라이나 난민의 대거 유입이 당시 폴란드 국내정치에 제기했던 구조적 환경을 재구성하고, 이 가운데 '법과 정의당'(PiS)의 정치 담론이 어떻게 전환되었는지를 검토하여, 2023년 폴란드 총선을 위시한 난민 유입과 국내 정치 변화의 상관관계를 추적하였다. 2015년 시리아 난민 위기 당시 강력한 반이민 정책을 펼쳤던 집권당 법과정의당은 2022년 이후 우크라이나 난민을 대규모로 수용하며 기존과는 상반된 난민 포용 정책을 펼쳤다. 저자는 이러한 난민에 대한 정책 변화가 우크라이나 난민의 특수한 속성과 폴란드의 정치 지형이 상호작용을 한 결과임을 보인다.

이런 배경하에서 당시 집권당이었던 법과정의당은 난민 수용의 담론 내에서 우크라이나 난민을 전통적인 반이민 그룹에 포함시키지 않고 '우리'로 재편하였으며 러시아에 맞서는 민주주의·안보 담론을 강화하는 방식으로 정책을 정당화했다. 이 과정에서 기존 반이민·반유럽연합 기조가 약화되었으며, 이는 2023년 총선에서 법과정의당의 패배와 극우 세력의 분열로 이어지는 한 요인이 되었다. 저자는 난민 유입이 극우 정치의 부상에 기여하기보다 국내외 환경의 맥락과 난민을 수용하는 정치 담론의 구조에 따라 다른 결과를 가져올 수 있음을 보여주었다는 점을 흥미롭게 보여준다.

4장(박지원, 중앙아시아 이주 러시아 난민의 경제적 영향)은 러시아의 렐로칸트들의 이주에 의한 경제적 영향을 평가한다. 박지원은 우크라이나 전쟁으로 인해 러시아 청년들은 징집령을 피하기 위해 인근의 중앙아시아로 대규모 이주했음을 지적하며, 이들의 유입이 경제적 측면에서 긍정적인 측면과 부정적인 결과를 모두 낳았음을 설명한다. 긍정적인 측면으로는, 첫째 이주를 감행한 청년들 가운데 IT 분야 엔지니어와 같은 고급 인재들의 비중이 높아 이들의 유입이 중앙아시아 국가들이 추진하는 IT 개발에 기여하고 있다는 점을 들 수 있다. 둘째, 이들의 유입이 지역 경기 활성화에 긍정적인 영향을 미치고 있다. 이들 가운데 일부는 러시아와의 교역에 종사하면서 중앙아시아의 러시아에 대한 수출 증가에 기여하고 있으며, 지역의 소비와 생산 부문을 활성화하고 있다.

이주의 부정적인 결과도 있는데, 이들이 대규모로 유입된 중앙아시아의 주요 대도시를 중심으로 부동산의 매매 및 임대료 상승이 크게 일어났다는 것이다. 또한, 일부 유입된 IT 전문가 등 전문적인 직종들이 현지 고급 일자리를 잠식하는 경우가 생겼다. 다만 저자는 부정적 요인은 빠르게 희석된 반면, 난민들이 지역에서 꾸준히 일하면서 창출하는 소비증대 효과와 각 중앙아시아 국가들이 추진하는 IT 발전 등 긍정적인 기여는 시간이 지나며 더욱 두드러질 수 있음을 보여준다.

5장(주송하, 카자흐스탄과 키르기스스탄의 러시아 난민에 대한 인식과 대응)은 러시아 이주민에 대한 중앙아시아 대중의 인식과 정부의 정책을 분석한다. 주송하는 카자흐스탄과 키르기스스탄을 중심으로 문헌연구, 현지조사, 인터뷰, 설문조사를 통해 다음과 같은 결론을 도출한다. 첫째, 중앙아시아 대중은 러시아 이주민을 부정적으로만 바라보지 않고, 복지와 취업 기회를 개선할 수 있는 대상으로서 긍정적으로도 평가하고 있다. 이와 같은 인식은 타국에서 일반적으로 나타나는 난민에 대한 부정적 태도와는 차별성을 보이는 지점이라고 할 수 있다. 카자흐스탄과 키르기스스탄 정부 역시 이주 러시아 난민을 적극 수용하지는 않지만, 이들의 체류를 불가능하게 하지는 않고 이들로부터 오는 경제적 이익 극대화를 위해 노력하고 있다.

둘째, 러시아 난민에 대한 대중 인식과 정부 대응에서 중앙아시아 간 중요한 차이가 나타난다. 키르기스스탄 대중과 정부는 카자흐스탄의 대중과 정부와 비교하여 러시아 이주 난민에 대해 상대적으로 수용적인 인식과 정책을 보여주고 있다. 저자는 이를 통해 러시아 이주민이 지역에 미치는 파급력과 중앙아시아의 복잡한 지정학적 계산과 고민을 잘 보여준다.

6장(황의현, 우크라이나 전쟁으로 재조명된 아랍권의 시리아 난민 정책의 역학)은 아랍권에서 우크라이나 난민에 대한 유럽의 반응이 어떻게 수용되고 있는지를 분석한다. 황의현은 전쟁 초기 유럽 국가는 우크라이나 난민들에게 우호적이었으며, 유럽의 반응은 시리아, 이라크, 아프가니스탄 등 중동 무슬림 난민에 대해 보여준 반응과는 확연히 다른 것이었다고 분석한다. 이 글에서 저자는 아랍 언론은 유럽의 난민 대응을 인종주의에 따른 이중잣대라고 비판하고 있음을 확인한다. 아랍 언론은 시리아 난민에 대해 유럽이 보여주었던 배타적이고 부정적인 대응을, 우크라이나 난민에 대한 보다 긍정적이고 포용적인 대응과 대비시키며, 이러한 차이의 배경에 유럽의 인종주의적 이중잣대가 작용하고 있다고 주장한다. 이를 위해 영어 매체를 통해 아랍의 비판 여론을 서구에 전달하는 한편, 아랍어 매체를 통해서는 비판적 여론을 조성하고 그 정당성을 부여하고 있다.

이어 저자는 레바논과 요르단의 난민 정책을 분석하며, 아랍은 유럽의 난민 정책에 대판 비판에서 자유로운지를 분석한다. 저자는 레바논은 시리아와 언어, 문화, 종교를 공유함에도 불구하고, 시리아 난민에 대해 그다지 포용적이지 않은 태도를 보인다고 설명한다. 레바논에서는 시리아 난민을 정책적, 사회적으로 배척하는 경향이 나타나며, 요르단은 시리아 난민에 비교적 우호적인 편이나 경제적, 사회적 안정을 위한 통제는 이루어지고 있다. 이러한 양상은 난민을 거부하고 배척하는 경향이 문화적 차이에서만 비롯되는 결과가 아니라는 점을 시사한다. 즉 저자는 문화적 동질성과 이질성에 대한 인식이 유럽과 아랍에서 시리아 난민을 바라보는 시각에 영향을 미치는 유일한 요인은 아님을 지적한다. 난민 정책과 인식에는 각국의 특수한 정치적, 사회적, 문화적, 역사적 요인이 복합적으로 작용한다. 저자는 이러한 복잡성을 간과한 채 각국의 난민 정책을 일반화하여 설명하는 것은 지나치게 단순하다고 평가하며, 왜 일부 국가는 특정 난민을 배척하고 특정 난민은 환대하는지, 왜 국가마다 난민 정책이 다른지 등의 질문에 답하기 위해서는 '이중잣대'나 '인종주의적 차별'과 같은 단순한 개념보다 구체적이고 세밀하며 총체적인 분석이 필요하다고 주장한다.

2부에서는 주체로서의 난민의 전략적 주도성에 초점을 맞추어 그들의 이동과 생존을 위한 전략적 선택과 실천을 교육과 사업 그리고 도전이라는 측면에서 분석을 시도하였다. 2부를 시작하는 **7장(최아영, 폴란드에 거주하는 우크라이나 난민 아동 교육과 사회 통합)**은 폴란드가 우크라이나 난민 아동의 보호와 교육을 위해 시행하고 있는 법과 제도를 살펴보고, 18세 이하 학령기 난민 아동의 교육 형태와 그 결정 요인을 분석하여 난민 아동 교육과 사회 통합 간의 관계를 고찰한다. 현재 폴란드에 거주하는 우크라이나 난민의 약 40%가 18세 이하 아동이라는 점에서, 난민 아동의 교육은 난민 집단의 사회 통합 수준을 가늠할 수 있는 핵심 지표라 할 수 있다.

최아영은 2024년 2월 바르샤바에서 우크라이나 난민과 교육 및 난민 지원 단체 관계자와 실시한 21건의 인터뷰 자료를 분석에 활용했다. 분석 결과, 2024년 현재 우크라이나 난민 아동은 폴란드 학교, 우크라이나 학교(온·오프라인), 그리고 폴란드 학교와 우크라이나 온라인 교육의 병행이라는 세 가지 교육 경로를 따르고 있는 것으로 나타났다. 폴란드 정부가 자국민과 동일한 교육 서비스를 제공하고 있음에도 불구하고, 본국 귀환, 제3국 이주, 정착에 대한 불확실한 전망이 교육 선택에 반영되면서 상당수 아동이 폴란드 학교에 등록하지 않는 경향이 확인되었다.

한편, 저자는 폴란드가 난민 문제와 관련한 초기 대응에서 장기적 사회 통합 전략으로 전환하는 양상을 보이고 있음을 지적한다. 이는 2024~2025

학년도부터 시행되고 있는 우크라이나 난민 아동의 폴란드 학교 출석 의무화와, 폴란드 학교에 등록한 아동에게만 기존 복지 혜택을 제공하는 정책으로 구체화되고 있다. 저자는 이러한 변화와 더불어 폴란드에 거주하는 난민 가정은 자녀가 폴란드라는 유럽연합 국가에서 교육을 받는 경험을 새로운 기회로 인식하기 시작하고 있으며, 전쟁 장기화로 체류 기간이 늘어날수록 이러한 경향은 더욱 강화될 것이라고 주장한다. 이는 궁극적으로 우크라이나 난민들의 폴란드 사회 통합을 심화시키는 방향으로 작용할 것임을 저자는 보여준다.

8장(바딤 슬랩첸코, 우크라이나 전쟁 이후 러시아 이주민의 아르메니아 정착 현상 연구)은 우크라이나 전쟁 발발 이후 러시아인들의 아르메니아 이주 현상을 분석했다. 바딤 슬랩첸코는 아르메니아가 러시아 이주민들의 핵심 정착지로 부상하게 된 요인들을 규명하고, 이들의 현지 적응 방식을 경제적 적응과 사회적 통합의 측면에서 고찰했다. 이를 위해 러시아에서 이주한 렐로칸드 10명을 대상으로 심층면담을 실시했으며, 관련 문헌 분석과 참여관찰을 병행했다. 연구 결과, 아르메니아의 이주 흡인 요인은 필요조건과 충분조건으로 구분되었다. 필요조건으로는 비자런을 통한 무제한 체류 연장이 가능한 무비자 제도, 거주지 등록 제도, 이민법 위반에 대한 관대한 행정 집행이 확인되었다. 충분조건으로는 기후적 이점, 생활비 우위, 입국 절차의 용이성, 개방적 노동시장 정책, 친서방 외교 노선, 문화적 친밀성과 네트워크 효과, 러시아어 통용과 현지인들의 환대 등이 파악되었다.

저자는 또한 렐로칸트들의 현지 적응을 경제적 적응과 사회적 통합 측면에서 분석하였다. 경제적 적응은 원격근무, 현지 창업, 현지 기업 취업이라는 세 가지 패턴으로 나타났다. 사회적 통합은 시민사회 활동 참여를 통해 이루어지고 있었는데, 특히 환경보호 운동과 인도주의적 지원활동이 두드러졌다. 저자는 이러한 발견이 향후 이주민 통합 정책 수립에 있어 중요한 시사점을 제공한다고 설명한다.

9장(고가영, 한국으로 온 우크라이나 전쟁 난민 고려인의 정착과 재이동)은 우크라이나 전쟁의 고려인 이동성을 분석하였다. 고가영은 러시아의 우크라이나 침공 이후 시작된 장기전이 2차 세계대전 이래 유럽에서 최대 규모로 전쟁 난민을 발생시켰음을 지적하며, 주로 여성과 아이들로 구성된 우크라이나 난민들이 인근 국가에서 환대를 받았음을 보여준다. 이들 난민들 중에는 고려인들도 포함되며, 전쟁 발생 이후 난민이 된 우크라이나 고려인들이 한국으로 약 1500명이 한국으로 입국하였다.

저자는 우크라이나 전쟁 난민 고려인들의 한국 입국에 적극적으로 나선 것은 광주 고려인마을 공동체임을 강조한다. 계기는 고려인마을이 위치한 월곡동에 거주하는 고려인들의 자녀들을 입국시킨 것이었다. 초기에는 단지 미성년 자녀들을 항공권을 제공하여 데려왔지만, 점차 일가족 전체, 여성과 아이들, 무국적자인 고려인들, 노년층들이 광주 고려인마을의 항공권 제공으로 입국이 이루어졌다. 이들 난민들의 개인적 경험들은 우크라이나 전쟁에 대한 심층적인 이해를 제공한다.

저자는 또한, 우크라이나 고려인 난민들이 기존에 갖추어져 있던 광주 고려인마을의 인프라를 활용하여 정착할 수 있었으며, 이들의 유입으로 광주 고려인마을은 더 확장될 수 있게 되었음을 설명한다. 그런데 경제적, 제도적 한계들로 인해 우크라이나 난민 고려인들은 광주를 떠나 수도권으로, 제3국으로, 러시아로, 그리고 우크라이나로 귀환하고 있으며, 이는 160여년 전에 시작된 고려인들의 모빌리티가 오늘날까지 이어지고 있음을 시사한다.

더불어 저자는 우크라이나 난민 고려인에 대한 환대는 전쟁 난민에 대한 환대라기보다, 재난을 당한 동포에 대한 도움으로 한정되어 있음을 지적한다. 우리 사회에서는 우크라이나 전쟁 난민 고려인들을 난민이라는 호칭보다 '우크라이나 탈출 고려인 동포'로 부르고 있다. 이를 통해 우리 사회의 난민에 대한 선별적 수용의 현실을 알 수 있다. 저자는 향후 한국 사회가 '특별기여자'나 '재난당한 동포'라는 특별한 수식어가 필요한 선별적 환대에서 한걸음 더 나아가, 단지 '난민들'이라는 이유만으로도 그들을 긍정적으로 수용할 수 있는 사회로 나가야 하며, 환대를 실질적으로 가능하게 하는 제도적 인프라의 확충에도 노력을 기울여야 한다고 강조한다.

참고문헌

1차 자료

국가법령정보센터. 2016. "난민법." https://law.go.kr/LSW/lsInfoP.do?lsiSeq=188376#0000 (검색일 2025. 9. 20).

법무부. n. d. "난민." https://www.moj.go.kr/moj/2417/subview.do. (검색일 2025. 9. 25).

e-나라지표. 2025. "난민 통계 현황." https://www.index.go.kr/unity/potal/main/EachDtlPageDetail.do?idx_cd=2820. (검색일: 2025. 9. 25).

Operational Data Portal (UNHCR). 2025a. "Afghanistan situation." https://data.unhcr.org/en/situations/afghanistan (검색일: 2025. 9. 25).

Operational Data Portal (UNHCR). 2025b. "Syria Regional Refugee Response." https://data.unhcr.org/en/situations/syria (검색일: 2025. 9. 25).

Operational Data Portal (UNHCR). 2025c. "Ukraine Refugee Situation." https://data.unhcr.org/en/situations/ukraine (검색일: 2025. 9. 25).

UN. n. d. "Convention relating to the Status of Refugees." https://www.ohchr.org/en/instruments-mechanisms/instruments/convention-relating-status-refugees (채택일: 1951년 7월 28일).

UNHCR. 2024a. "시리아의 최근 상황이 시리아 난민에게 미치는 영향." (12. 16). https://www.unhcr.org/kr/news/stories/what-do-recent-events-syria-mean-syrian-refugees (검색일: 2025. 9. 21).

UNHCR. 2024b. "우크라이나 전쟁 2년." (3. 22). https://www.unhcr.org/kr/news/stories/Two-years-of-war-in-Ukraine (검색일: 2025. 9. 21).

UNHCR. 2025a. "Afghanistan Refugee Crisis Explained." https://www.unrefugees.org/news/afghanistan-refugee-crisis-explained/#Afghanistan (검색일: 2025. 9. 25).

UNHCR. 2025b. "Syria Refugee Crisis Explained." https://www.unrefugees.org/news/syria-refugee-crisis-explained/ (검색일: 2025. 9. 25).

UNRWA. n. d. "Palestine Refugees." https://www.unrwa.org/palestine-refugees

(검색일: 2025. 9. 25).

2차 연구자료

고가영. 2023. “우크라이나 전쟁 난민 유입과 광주 ‘고려인마을’ 공동체의 확장.” 『호모미그란스』 28: 7-50.

김현옥·박해선. 2022. “전쟁난민 아동에 대한 국민국가의 환대와 혐오: 유입 난민 아동에 대한 허용 및 거부의 의미연결망과 토픽 분석.” 『한국사회복지질적연구』 16(1): 29-54.

오승진. 2022. “전쟁난민의 보호.” 『강원법학』 68: 413-444.

이진우. 2022. “한국의 난민제도의 문제점과 개선방안에 대한 연구-난민 불복 소송 판례 분석을 중심으로-.” 『민족연구』 79: 68-91.

장주영 외. 2021. “난민 유사상황에 대한 대안적 국제보호 연구.” 『이민정책연구원 워킹페이퍼 시리즈』 21: 1-41.

Betts, A. 2010. “The Refugee Regime Complex.” *Refugee Survey Quarterly* 29(1): 12-37.

Betts, A. 2013. *Survival Migration: Failed Governance and the Crisis of Displacement*. Ithaca, NY: Cornell University Press.

Betts, A. and Collier, P. 2017. *Refuge: Transforming a Broken Refugee System*. London: Allen Lane.

Castles, S. 2003. “The International Politics of Forced Migration.” *Development* 46(3): 11-20.

Castles, S., de Haas, H. and Miller, M. J. 2020. *The Age of Migration: International Population Movements in the Modern World* (6th ed). New York: Guilford Press.

Duszczyk, M., Agata G. and Paweł K. 2023. “War refugees from Ukraine in Poland-one year after the Russian aggression. Socioeconomic consequences and challenges.” *Regional Science Policy & Practice 15*(1): 181-200.

Krawatzek, F. and Sasse, G. 2024. “The Political Diversity of the New Migration from Russia Since February 2022.” *ZOiS Report*. https://www.

zois-berlin.de/en/publications/zois-report/the-political-diversity-of-the-new-migration-from-russia-since-february-2022 (검색일: 2025. 9. 25).

Kulu, H., Sarah C. and Chia L. 2023. "The war, refugees, and the future of Ukraine's population." *Population, Space and Place* 29(4): e2656.

Lewtak, K, Kaneck, i K. and Tyszko P. 2022. "Ukraine war refugees-threats and new challenges for healthcare in Poland." *Journal of Hospital Infection* 125: 37-43.

Oviedo, L., Seryczyńska, B., Torralba, J., Roszak, P., Del Angel, J., Vyshynska, O., Muzychuk, I. and Churpita, S. 2022. "Coping and resilience strategies among Ukraine war refugees." *International journal of environmental research and public health* 19(20): 13094.

Oshchepkov, A., Kanat, T. and Gerry, C. 2024. "How war in Ukraine has shaped migration flows in Central Asia." *University of Central Asia*.

기타 (미디어 및 기타 인터넷 자료)

조선일보. 2025. "난민 심사 끝난 5만여명, 인정률은 2.7%뿐." (8. 8). https://www.chosun.com/national/court_law/2025/08/08/WGG53SDGYZHBNJRNCJO4NUEZS4/ (검색일 2025. 9. 20).

Ali, M. and Hussein, M, A. 2025. "What Israel's UNRWA ban means for millions of Palestinians: By the numbers." (January 29). https://aje.io/dqbsrx (검색일: 2025. 9. 25).

BBC. 2025. "Ukraine in maps: Tracking the war with Russia." https://www.bbc.com/news/articles/c0l0k4389g2o (검색일: 2025. 9. 25).

Dilger, D. 2025. "World Refugee Day: The biggest migration routes in the world." (June 20). https://www.unicef.ch/en/current/news/2025-06-20/world-refugee-day-biggest-migration-routes-world (검색일: 2025. 9. 25).

IISS. 2024. "IISS Conflict Trends Map 2024." https://www.iiss.org/publications/armed-conflict-survey/2024/iiss-conflict-trends-map/ (검색일:

2024. 9. 25).

Jerstad, E. and Barrosa, M. and Charles University Student. 2024. "Russian Emigration Patterns during the Russia-Ukraine War: Interviews with Wartime Émigrés." (May 31). https://fsi.stanford.edu/publication/russian-emigration-patterns-during-russia-ukraine-war-interviews-wartime-emigres (검색일: 2025. 9. 25).

Mironenko, P. 2024. "Russia's 650,000 wartime emigres." *The Bell* (July 19). https://en.thebell.io/russias-650-000-wartime-emigres/ (검색일: 2025. 9. 25).

제1부
난민 이주의 환경과 영향

• • • •

제2장

전쟁과 인적 자원으로서의 난민: 폴란드와 키르기스스탄의 난민에 대한 태도 및 정책 · 제도 비교

윤민우 · 김은영

I. 머리말

통상적으로 난민(refugee)은 인권과 인도주의(humanitarianism)와 같은 가치적이고 규범적인 관점에서 다루어져 왔다. 난민에 대해 국제사회는 보호의 의무가 있다는 것을 당연한 가치로 받아들이고 각국에 이 같은 의무의 이행을 난민협약 등을 통해 부여한다(권한용, 2016: 213-249). 이 같은 난민에 대한 규범적이고 당위론적인 시각과 태도는 난민 수용을 찬성하는 사람들 사이에서 보편적으로 나타난다. 연구에 따르면, 난민 수용 찬성의 가장 큰 이유로 "난민 인권에 대한 존중(74%)", "난민협약 가입국으로서의 책임(56%)", "난민의 처지에 대한 공감(50%)" 등과 같은 규범적, 가치적 이유가 압도적으로 높게 나타났다(한국리서치 난민인식조사연구팀, 2021: 6). 국가들 역시 난민 문제를 이 같은 규범적, 당위론적 시각으로 접근해 왔다. 따라서 난민에 대한 지원을 자국의 국제적 이미지 제고나 국제사회에서의 위상 증대를 위해 치러야 할 비용의 문제로 간주해 왔다(권한용, 2016: 213-249).

단편적인 당위론적 인식과 동시에 다른 한편에서 난민에 대한 부정적 인식과 난민 지원에 대한 소극적 태도로 나타났다. 난민을 반대하는 가장 큰 이유는 "난민 수용을 위한 정부와 국민의 부담(74%)", "범죄 등 사회문제 야기(57%)," "범죄 사회문제 증가(52%)" 등이다. 이는 난민을 온전히 경제적·사회적 비용지출의 문제로 바라보기 때문이다(한국리서치 난민인식조사연구팀, 2021: 6). 이러한 상반된 태도는 국가 차원에서도 비슷하게 나타난다. 실제로 난민에 대한 보호가 국제협약에 따라 각국에 의무 사항으로 부과되고는 있지만, 난민 수용국가들은 여러 정치적, 사회적, 경제적 부담을 이유로 난민의 권리보호에 소극적인 태도를 보여왔다. 이들은 유엔난민기구(UNHCR)과 같은 난민 지원 국제기구에 필요 최소한으로 협조하고 협력하는 경향을 보인다. 예를 들면 키르기스스탄에서는 아프간 난민에 대해, 요르단에서는 시리아 난민에 대해, 그리고 폴란드에서는 중동이나 북아프리카 등의 이슬람권 난민에 대해, 관련 국제법과 난민협약에 따라 적절한 지원을 하면서도 난민을 자신들의 사회로 적극 수용하고 통합하는 교육, 복지, 고용노동 등의 정책이나 지원 등에는 소극적인 태도를 보였다.

난민을 비용지출의 문제이면서 당위론적으로 어쩔 수 없이 보호해야 하는 대상으로 바라보는 전통적인 접근은 일본과 같은 비교적 단일한 인종, 역사, 문화를 기반으로 한 국가들에서 두드러진다. 일본은 비교적 최근까지도 난민뿐만 아니라 아예 공식적인 이민정책이 부재한 국가였다. 이는 일본의 역대 정부가 공식적인 이민 확대를 금기시해 왔기 때문이다(하정봉, 2023: 1-2). 일본의 난민인정제도는 1981년 난민조약 가입과 난민 지위에 관한 의정서 발효가 이루어지면서 1982년부터 본격적으로 운영되기 시작하였다. 그러나 난민을 직접 수용하는 데는 소극적이어서 신청자 수는 증가추세이지만 인정자 수는 많지 않은 실정이다(하정봉, 2023: 1-2).

2000년대 이후부터는 난민에 대한 부정적이고 비판적인 정서가 난민 수용국에서 강하게 대두되면서 국제적 난민 수용 환경이 더욱 적대적으로 바뀌었다. 특히 미국, 캐나다, 영국, 프랑스, 독일 등 서구권 국가들에서 두드러졌다. 이는 2001년 9.11 테러 이후 중동, 남아시아, 그리고 아프리카 등지에서 밀려든 난민의 급격한 증가와 이로 인한 이슬람 극단주의 테러와 범죄 등 각종 사회문제의 대두와 관련이 있다(윤민우 · 김은영, 2020: 173-191). 인도적인 취지에 의한 아프가니스탄, 이라크, 그리고 시리아 등지로부터의 전쟁 난민의 수용은 수용국 내부의 반난민 정서와 극우 극단주의의 증대를 부추기는 동력이 되었다(윤민우 · 김은영, 2020: 173-191). 이는 난민의 증가가 초래하는 수용국 내의 복지 등 경제적 부담과 범죄, 테러, 인종 · 사회 · 문화 · 종교 갈등 등 사회적 비용의 증대 때문이었다(남부현 · 박민희, 2023: 440-441).

난민과 관련된 여러 부정적인 문제들과 그로부터 파생된 좋지 않은 이미지들로 인해 난민을 거부하는 정서가 서구 국가들에 만연해 있다. 이에 따라 영국 등 서구권 국가들의 난민 정책 역시 최근 들어 난민 심사를 더욱 어렵게 하여, 이들을 단순 이민자로 간주, 불법체류자로 처리하는 등 더욱 엄격하게 난민수용정책과 제도를 운용하는 방향으로 변화하고 있다(국민호, 2019: 95-134).

한국도 그와 같은 통념적 인식을 공유한다. 난민 문제는 규범적 · 당위론적으로 인식된다. 일본과 마찬가지로 한국도 비교적 최근까지 국가 장기전략 차원에서 해외로부터의 인적 자원 수급을 위한 이민정책의 일환으로 난민 문제를 바라보고 있지는 않았다. 난민 문제는 여전히 국제사회의 일원으로 인도주의적 차원에서 치러야 하는 비용의 문제로 인식되고 있는 것처럼 보인다. 이 같은 한국의 기조는 매우 낮은 수준의 난민인정비율과 소극적인 난민 수용 태도에서 확인된다.

한국 사회 내 분위기도 난민 수용 문제를 경제적 · 사회적 비용 부담의 문제로 받아들여 반대하거나 규범적 · 당위론적 문제로 이해하여 적극적으로 찬성하는 단편적인 두 입장이 첨예하게 대립 · 갈등하고 있다. 예를 들면, 한편에서는 9.11 테러 이후 국제적으로 점증한 무슬림권 난민과 관련된 부정적 인식과 거부, 그리고 위협인식을 바탕으로 난민수용에 반대하는 목소리가 존재한다. 몇 년 전 예멘 난민에 대한 한국민들의 상당한 비판과 거부감은 이 같은 한국 사회 내부에 자리 잡은 반난민 정서가 발현된 하나의 구체적인 사례이다.

다른 한편에서는 난민을 인도적이고 당위적인 지원과 보호의 대상으로 보고, 우리 사회에 적극적으로 수용하려는 태도를 취한다. 이 같은 두 입장은 서로 평행선을 달리며 대치하고 있는 것처럼 보인다. 그럼에도 불구하고 두 입장 모두 난민 문제를 지나치게 단편적인 시각으로 접근하고 있다는 점에서는 같다고 볼 수 있다(BBC News 코리아, 2018).

하지만 난민 문제는 그와 같은 단편적인 또는 단선론적인 시각만으로 접근할 수 있는 문제가 아니다. 난민 문제는 난민수용국가와 난민유출국가, 그리고 주체적 행위자로서의 난민이라는 세 개의 서로 다른 행위자들이 만들어 내는 역동적인 관계의 결과물이다. 따라서 난민 문제는 서로 얽혀있는 다면적이고 복합적인 문제들에 대한 이해를 바탕으로 이해할 필요가 있다. 각각의 행위자는 각기 다른 자기이해(self-interest)를 가진다. 그리고 그 뿌리에는 난민의 인적 자원(human resources)으로서의 본질적 성격이 존재한다. 국가는 인적 자원이 필요하다. 고학력과 전문지식을 가진 고급 두뇌와 양질의 노동력은 국가의 번영에 가장 기본적인 투입요소이다. 이 때문에 국가는 안정적인 인적 자원 수급이 필요하다. 출산율 저하와 인구 감소가 국가의 안보 위기로 다루어지는 것은 이 때문이다.

반면 인적 자원으로서의 난민은 자신들의 인적, 경제적, 사회관계적, 문화적 자산을 활용하여 최적의 난민수용국가를 선택할 수도 있다. 특히 고학력과 전문지식을 갖거나 부유한 난민, 또는 여러 이유로 난민수용국에서 선호되는 난민은 더 많은 선택지를 가질 수 있다. 이는 국경을 넘는 이주자로서의 난민이 모두 같은 처지나 입장에 있는 것은 아니라는 의미다. 어떤 난민은 다른 난민에 비해 더 많은 기회와 이점을 갖고 반대로 어떤 난민은 다른 난민에 비해 더 좁은 기회와 열악한 상황에 직면한다. 국가는 난민 수용국과 난민 유출국으로 구분될 수 있다. 이들은 난민이라는 인적 자원을 두고 서로 경쟁하는 관계에 있을 수도 있다. 어떤 측면에서는 후자는 인적 자원을 잃는 것이고 전자는 인적 자원을 획득하는 것이다.

이 글에서 "난민"은 좁은 국제법적 개념 정의를 넘어 더 넓게 정의된다. 이 같은 정의를 택하는 이유는 국제법적으로 엄밀히 규정된 난민의 정의가 사회과학적으로 현상을 이해하는데 적절치 않기 때문이다. 특히 인적 자원으로서의 특성을 갖는 난민을 분석하려면 보다 유연한 개념 정의가 필요하다. 실제로 이 글의 대상이 되는 우크라이나 난민과 러시아 전쟁 기피 이주자(또는 렐로칸트)들은 전쟁 직후에 폴란드를 포함한 유럽 국가들로 이주했지만, 난민 신청을 하지 않고 합법적인 체류자격을 획득했다는 점에서 엄밀한 의미에서 국제법적인 난민의 정의에 포함되지 않을 수도 있다. 예를 들면 키르기스스탄이나 다른 구소련 구성 공화국들로 피신한 러시아의 렐로칸트는 합법적으로 해당 국가에 체류할 수 있기때문에 굳이 난민 신청을 할 필요가 없다. 키프로스 등지에서 합법적으로 영주권 등의 체류자격을 획득한 부유한 러시아인들도 난민으로 정의되지는 않는다. 그럼에도 불구하고 그들 모두는 전쟁이라는 단기적인 충격 요인으로 더 나은 개인적 삶의 선택지를 찾아 국경을 넘어 국제적 이주를 선택했다는 점에서 본질적으로는 "전쟁 난민"의 범주에 들어갈 수 있다.

사실상 난민은 이주자의 범주에 포함될 수 있다. 일반적인 의미에서 이주자가 만성적인 열악한 사회경제적 이유로 인해 보다 완만히 진행되는 시간표를 따라 국경을 넘는 이주를 선택한 사람들이라면 난민은 전쟁, 자연재해, 또는 정치적 격변 등과 같은 갑작스러운 이벤트로 인해 급격히 악화된 생존의 위기 또는 중대한 위해로부터 피신하기 위해 국경을 넘는 이주를 선택한 사람들로 볼 수 있다. 이 때문에 난민은 넓은 의미에서 이주민의 한 유형에 속한다고 할 수 있다. 이 같은 측면에서는 난민 신청을 하지 않았거나 난민으로 인정되지 않은 다수의 우크라이나 이주자들과 러시아 렐로칸트도 이 글에서 의미하는 난민의 범주에 포함될 수 있다

이 글은 기존의 난민을 규범적·당위적으로 보거나 아니면 사회경제적·안보적 비용부담으로만 보던 이분법적 시각을 넘어 난민의 인적 자원으로서의 측면에 주목한다. 이를 위해 특히 우크라이나 난민을 수용한 유럽 국가들

과 러시아 렐로칸트를 수용한 구소련 구성 공화국들의 사례를 비교한다. 특히 그 가운데 폴란드와 키르기스스탄의 사례를 중심으로 비교해 봄으로써 이들 국가들이 특정 난민을 인적 자원으로 이해하고 따라서 정책과 제도를 통해 난민을 적극적으로 수용하고 활용하는 접근을 취하고 있다는 사실을 경험적 연구를 통해 보여준다. 기존의 아프가니스탄, 예멘, 시리아, 이라크 등의 무슬림권 난민을 대하던 통념적인 난민수용국들의 난민 정책의 접근방식과는 매우 다르다는 점에서 해당 사례들은 흥미로운 연구 대상이 된다.

러시아-우크라이나 전쟁으로 촉발된 난민의 사례는 어떤 난민은 난민수용국가들에 의해 상대적으로 더 환영받을 수도 있다는 사실을 보여준다. 이 같은 사례는 난민의 인적 자원으로서의 측면을 부각하는 측면이 있다. 따라서 이 글은 기존의 난민에 대한 통념과는 다른 난민 문제의 역동성을 보여줄 수 있을 것이다. 이 글을 위해 폴란드와 키르기스스탄을 직접 현지 조사하여, 난민 또는 이주자들과 관계자들, 관련 전문가들, 그리고 정부 및 국제기구 담당자들을 인터뷰하였다. 폴란드와 키르기스스탄을 중심으로 살펴보았지만 깊이 있는 논의를 위해 일부 다른 유럽 국가들과 구소련 구성공화국에 대해서도 간략히 살펴보았다.

최근 들어 미국과 유럽 등의 해외 주요 국가들에서는 이민·난민 등을 국가의 장기적 생존과 발전에 긍정적인 영향을 미치는 인적 자원으로 보는 시각들이 나타나기 시작했다. 이는 선진국들에서 보편적으로 나타나는 인구 고령화와 출산율 저하로 인한 인구 감소 위기 때문이다. 이 같은 인구구조의 변화로 해당 국가들은 노동력 부족의 위기에 직면하고 있다. 이 글의 주요 대상이 되는 폴란드 역시 고령화가 심각해 향후 200만 명의 외국인 노동력이 필요한 실정이다(백지혜, 2023).

또한 AI, 반도체, IT(Information Technology), 바이오 나노 테크놀로지 등 첨단과학기술 인재를 유치해야 하는 필요성이 커짐에 따라 부족한 고학력 우수 인재를 해외로부터 유치하고자 하는 필요성도 증대되었다. 예를 들면 영국의 경우 브렉시트 이후 영국의 저숙련 노동자의 부족과 해외 우수 인재 유치 문제를 해결하기 위해 여러 비자제도를 도입하였으며, 특히 전문기관을 활용한 전문적인 시장 분석을 기초로 노동력 부족 직업 리스트를 작성하고 이에 기반을 둔 노동이민 정책을 펼치고 있다(장익현, 2023: 45). 전통적으로 이민에 대해 적대적이고 소극적이었던 일본조차도 최근 들어서는 인구 감소와 노동력 부족의 문제에 대처하기 위해 외국인력 확대 정책을 추진하고 있다. 특히 일본도 영국과 마찬가지로 경제활력 유지를 위해 고급인재 위주의 외국인력 유입 정책뿐만 아니라 단순, 중급 숙련 노동자에 대해서도 체계적인 유입 확대를 꾀하고 있다(하정봉, 2023: 24-25).

이 같은 노동력에 대한 수요는 선진국들뿐만 아니라 키르기스스탄과 같은 개발도상국에서도 높다. 실제로 인구 고령화와 출산율 저하 문제를 겪지 않는 키르기스스탄 역시 노동력 부족의 문제를 가진다. 이는 두 가지 이유 때문인데 하나는 IT와 AI 등과 같은 첨단신업 분야에 필요한 고급 노동력이 부족하다는 것이며, 다른 하나는 젊은 노동 인구의 해외 유출이 국내 노동 인력의 부족으로 이어진다는 점이다.

이민 문제의 하위 범주로서 난민 문제는 국내 노동력 부족 문제를 해소하기 위한 한 대안으로 이해될 수 있다. 난민에게는 생존과 안전, 그리고 더 나은 삶을 위해 새로운 국가 또는 지역으로 이동해 가는 문제이지만 난민 수용국의 입장에서는 노동력 부족 문제를 해소하고 이를 통해 경제 활력을 유지하기 위해 노동력 확보와 우수인재를 유치할 좋은 기회이기도 하다. 따라서 이 같은 맥락에서 난민은 인적 자원으로 이해될 수 있다. 따라서 각국은 자신들의 경제와 사회문화에 더 잘 기여할 수 있고, 그 국가의 정치체제와 문화, 가치 등에 더 잘 통합될 수 있는 난민을 더 선호하는 경향이 나타난다.

이 같은 경향이 최근 들어 두드러진 사례가 유럽의 우크라이나 난민과 과거 구소련 구성 공화국들의 러시아 렐로칸트다. 이들은 중동, 아프리카, 아프가니스탄 등지의 다른 지역 출신 난민과는 달리 비교적 난민 수용국에서 환영받고 있으며, 해당 국가들(예를 들면 폴란드와 같은)에서 적극적으로 자신의 사회 내로 통합하려는 노력을 하고 있다. 이러한 난민은 또한 난민 수용국의 경제성장에 상당히 긍정적으로 영향을 미친 것으로 파악되고 있다.

이처럼 난민 문제는 기존의 보편적 인도주의나 인권 등과 같은 가치규범의 문제 이외에도 한 국가의 경제적 문제이자 부족한 인적 자원의 수용 루트로서의 측면을 동시에 가진다. 따라서 이 글은 기존 국내 연구들에서 주목하지 않았던 이 같은 인적 자원으로서의 난민 문제를 우크라이나 난민과 러시아 렐로칸트의 사례를 통해 살펴보고자 한다. 특히 인구 고령화, 출산율 감소로 인한 인구 감소, 노동력 부족, 우수 인재 확보의 필요성 등 경제적 활력을 유지하기 위해 넘어야 하는 여러 중대한 도전에 직면한 한국에게 주요한 함의점을 제시할 수 있다.

II. 유럽 국가들의 난민에 대한 태도, 정책·제도: 폴란드를 중심으로

최근 들어 유럽 국가들의 난민에 대한 태도는 일반적으로 난민 수용에 대한 인도적 취지에는 공감하면서도 급증하는 난민 문제로 인해 적대적·부정적이다. 난민의 유럽 내 최초 도착지에 해당하는 그리스와 이탈리아는 수용 능력과 부담이 이미 한계점에 도달했고, 독일, 영국, 프랑스, 오스트리아 같은 서유럽 국가들은 급증한 난민으로 인해 여러 갈등과 범죄, 사회적인 문제를 겪고 있다. 이에 따라 이들 유럽 국가 사이에서 보편적으로 난민 수용 반대 주장에 힘이 실리고 있다(장영욱, 2022).

이 같은 가운데 상대적으로 부유한 서유럽 국가들과 상대적으로 열악한 처지에 있는 동유럽 국가들 사이에 심각한 갈등 양상도 보인다. 서유럽 국가들은 EU를 통해 동유럽 국가들의 반대를 무릅쓰고 각국이 고통을 분담해야 한다는 취지로 일정 수의 난민 수용을 강제하는 쿼터제를 강하게 추진했다. 이에 동유럽 국가들은 "난민 문제는 근본적으로 강대국이 해결해야 하며", "EU 회원국들의 각자 다른 상황에 대한 고려 없는 일방적 기준에 의한 강요이자", "동유럽의 난민 수용 능력이 한계점을 크게 넘었다"라는 이유를 들면서 강력히 반발했다. 폴란드, 헝가리, 크로아티아 등 동유럽 국가들 사이에서도 "국경 폐쇄" 등을 통해 서로 난민을 떠넘기는 '폭탄 돌리기'와 상호비방과 마찰이 나타났다(김철민, 2015). 폴란드를 포함한 동유럽 국가들이 난민 수용에 반대하는 이유는 문화적, 종교적 차이에 따른 우려와 함께 경제적 부담 때문이다(윤수민, 2024).

이 같은 일반적인 반난민 정서와는 달리 다른 한편에서는 "난민 수용"에 대한 필요도 존재한다. 이는 유럽 국가 대부분이 직면하고 있는 심각한 노동력 부족의 해소를 통한 경제활력 회복이라는 현실적 이유 때문이다. 예를 들면 마이너스 성장에 직면한 독일 정부는 난민을 노동시장에 성공적으로 융합시키는 일을 최우선 과제로 꼽고 있다. 심각한 고령화와 출산율 저하로 인해 노동력 부족 위기가 초래되었기 때문이다. 이민자가 대규모로 유입되지 않으면 독일의 노동인구는 고용률이 일정하다고 가정했을 때 2020년 기준 4,740만 명에서 2060년 3,130만 명까지 감소할 것으로 추산된다(장서우, 2023).

이처럼 유럽 국가들은 인구 감소 문제 해소와 노동력 확보를 위해 해외로부터의 필요 노동력 유입을 추구하고 있다. 예를 들면 영국의 경우 고급 인재 유치를 위해 고도잠재력 비자(high potential visa), 스케일업(scale-up) 비자 등의 제도를 도입하였다. 이는 잠재력을 가진 기업들이 본인들이 원하는 인력을 국적에 상관없이 채용함으로써 기업의 성장을 촉진하고자 하는 제도이다(장익현, 2023: 39-40). 이와 함께 영국은 영국의 노동시장에 필요한 근로자들이 부족하지 않도록 해외 노동력 유치를 위한 비자 제도를 재편하였다(장익현, 2023: 39-44). 이와 함께 유럽 국가들은 해외로부터 유입된 이민자와 난민을 적극적으로 자국의 가치, 정치, 사회, 문화에 통합시키는 방향으로 정책을 추진하고 각각의 다문화로 분리되는 것을 지양하고 있다.

예를 들면 영국의 경우 영국적 가치를 중심으로 해외 이주자들을 대상으로 적극적인 사회통합정책을 추진하고 있다. 이 같은 정책의 목표는 이민자들을 대상으로 영국 정부가 응집된 하나의 영국인 정체성을 형성하는 것이다(장익현, 2023: 41-42). 이 같은 상황은 독일에서도 유사하다. 독일은 고급 전문

인력 확보와 함께 양질의 미숙련 및 저숙련 노동자 확보를 위해 자격을 갖춘 이주민들을 적극적으로 유치하기 위한 정책을 추진한다. 이와 함께 독일 역시 영국과 마찬가지로 독일 사회로의 해외 이주자들의 통합을 목적으로 필요한 교육, 언어 정책 등 다양한 프로그램을 시행하고 있다(남부현·박민희, 2023: 441-451).

난민과 관련하여 유럽 국가들의 경우는 대체로 다음과 같은 공통된 특성을 공유한다. 먼저, 이들은 고도로 선진화된 사회경제적 수준을 갖추고 있다. 이로 인해 글로벌 이주 흐름에서 최종 목적지에 해당한다. 따라서 보다 사회경제적 수준이 낮고, 빈곤하고, 정치적으로 불안한 난민유출국에서 온 난민이 절대 다수를 차지한다. 둘째, 난민수용국으로서 유럽 국가들은 난민유출국에 비해 국제정치적, 경제적으로 더 우세한 영향력을 갖고 있으며, 이 때문에 난민 정책을 추진함에 있어 난민유출국의 영향으로부터 비교적 자유롭다. 셋째, 이 국가들은 출산율 저하, 인구 고령화로 인한 심각한 노동력 부족의 문제에 직면하고 있다. 이는 중, 장기적으로 심각한 경제의 마이너스 성장의 위기로 이어진다.

따라서 이 같은 문제를 해결하기 위해 유럽 국가들은 해외로부터 이민 또는 난민의 형태로 노동인구의 유입을 모색해야 하는 상황에 처해 있다. 특히 해외로부터의 고급 전문인력을 유치해야 함은 물론 내부적으로 부족한 중숙련, 단순 노동 인력도 수급해야 하는 전반적인 노동력 확보의 문제를 갖고 있다. 넷째, 그럼에도 불구하고 내부적으로 북아프리카, 이라크, 시리아, 아프가니스탄 등 무슬림권으로부터 온 난민의 폭증이 야기하는 심각한 사회적, 정치적 갈등에 직면하고 있다. 난민으로 인한 각종 테러, 범죄, 사회문제의 증가와 이와 연계된 강한 반난민 정서와 혐오, 정치적 극우화로 인한 문제들이 불거지고 있다.

더욱이 유럽 국가들 내에서도 대체로 독일 등 부유한 서유럽 국가들과 폴란드 등 동유럽 국가들 사이에 반목과 갈등이 존재한다. 이는 유럽 지역 내에서의 인구 이주의 위계적 경향성 때문이다. 유럽 내 인구 이주 흐름에서 상대적으로 더 부유하고 경제적 수준이 높은 서유럽 국가들이 최종 목적지가 되고 더 가난하고 경제적 수준이 낮은 동유럽 국가들이 노동력 유출국이 된다. 이를 반영하듯, 브뤼셀, 쾰른, 뮌헨, 베를린 등의 도시에는 루마니아, 불가리아 등지의 동유럽 국가들로부터 온 도시빈민들과 노숙자들이 빈번히 관찰된다.

이 같은 현상이 나타나는 것은 가난한 동유럽 국가들의 사람들이 부유한 서유럽 국가들로 이주하기 때문이다. 실제로 소피아와 같은 불가리아의 대도시에서는 심각한 인구 감소로 도심이 텅 비는 현상들이 나타난다. 폴란드와 같이 상대적으로 여건이 나은 동유럽 국가들 역시 자국의 경제 발전에 꼭 필요한 우수한 인재들과 양질의 노동력을 더 부유한 독일 등 서유럽 국가들로 뺏기고 있다. 헝가리도 고급 두뇌와 양질의 노동력의 해외 유출이라는 비슷한 경제적 도전에 직면했다.[1] 비유럽 지역 난민 역시 가능하다면 최종 목적지는 더 부유한 서유럽 국가들이다. 이 같은 국제적 이주 흐름에서 크로아티아, 헝가리, 폴란드와 같은 동유럽 국가들이나 그리스, 이탈리아와 같은 남유럽 국가들은 최종 목적지인 서유럽 또는 북유럽 국가들로 가는 중간 경유지가 된다.

이 같은 난민을 포함한 국제 이주자의 쏠림 현상을 회피하기 위해 EU 집행부에서 더 강한 영향력을 행사하는 서유럽 국가들은 "부담 나누기(burden sharing)"를 이유로 "난민쿼터제"를 강행하여 동유럽 국가들에게 의무적으로 일정 수의 난민을 책임지도록 하는 강제 할당을 밀어붙이고 있다. 하지만 자국의 노동력이 서유럽으로 유출되는 상황에서 무슬림권 난민을 강제로 떠안아야 하는 동유럽 국가들은 이 같은 서유럽 국가의 EU 집행부를 통한 "난민 수용" 강요를 횡포와 강압으로 받아들인다. 이 같은 난민 정책을 둘러싼 갈등은 현재 서유럽 국가들과 동유럽 국가들의 EU 내에서의 심각한 갈등 요인이 되고 있으며, 전반적인 유럽 각국의 분열로 이어지고, 궁극적으로 EU 자체의 붕괴위기설까지 나오는 원인이 되었다(최지은, 2023).

이와 같은 상황에서 러시아-우크라이나 전쟁 발발로 나타난 대규모 우

---

1 헝가리 국제관계 전문가 인터뷰, 2019. 10. 1. 바쿠.

크라이나 난민은 유럽 국가들 특히 폴란드와 같은 동유럽 국가에게 양질의 인적 자원을 확보할 수 있는 기회요인이 되었다. 이는 유럽 국가들이 난민을 대하는 이중적 정책 태도에서 잘 드러난다. 예를 들면, 폴란드의 경우 시리아, 이라크, 아프가니스탄 등에서 온 난민에 대한 태도와는 달리 우크라이나 난민에 대해서는 상대적으로 적극적으로 지원하고 또 폴란드 사회와 경제로 통합시키려는 정책 기조를 보여주었다. 이 같은 현상은 헝가리, 슬로바키아, 루마니아, 독일, 북유럽 국가들 등 유럽 국가들 전반에 걸쳐 보편적으로 나타났다(Mickelsson, 2024).

폴란드를 포함한 유럽 국가들의 우크라이나 난민에 대한 상대적으로 우호적인 분위기는 우크라이나 난민에 대한 매우 신속하고 적극적인 수용 정책 기조, 미디어와 소셜미디어에서의 우크라이나 난민에 대한 우호적인 보도와 언급들, NGO 등에서의 우호적이고 적극적인 지원, 그리고 대중 여론의 전반적인 우크라이나 난민에 대한 지지 분위기 등과 함께 나타났다.[2] 이 같은 태도는 난민이 수용국들에 의해 차별적으로 다루어지고 어떤 난민은 다른 난민보다 더 환영받는다는 것을 보여준 사례로 지적될 수 있다(Mickelsson, 2024).

다른 난민과는 달리 우크라이나 난민에 대해서 폴란드 정부는 매우 간소화된 출입국 절차를 신속히 마련하였고, 사회적 혜택과 간편한 등록 절차 등의 서비스를 제공했다. 이는 다른 국가나 지역 출신의 난민과 비교할 때 매우 이례적인 일이었다.[3] 이 같은 난민 수용에 있어서 차별적 태도는 우크라이나 난민 사이에서도 나타났다. 같은 우크라이나 난민임에도 백인 우크라이나 난민과는 달리 우크라이나 집시 난민(Ukrainian Roma refugees)의 경우에는 폴란드를 비롯한 유럽 국가들에서 환영받지 못했으며, 난민 인정과 지원을 받는데 더 상당한 어려움과 난관을 경험했다(Rozanova, 2024).

이처럼 난민 수용국이 난민을 환영하거나 배제할 때 난민의 인종, 국적,

2 UNHCR 폴란드 지부 관계자 인터뷰, 2024. 2. 20. 바르샤바.

3 UNHCR 폴란드 지부 관계자 인터뷰, 2024. 2. 20. 바르샤바.

종교, 문화, 지리적 근접성, 성별, 교육 정도 등 다양한 요인들이 영향을 미친다. 이 같은 경향은 특히 유럽 국가들에서 우크라이나 난민과 시리아, 아프가니스탄, 이라크 등 무슬림권 출신 난민을 대하는 차별적 태도에서 드러났다. 다수의 전문가와 연구자에 따르면, 난민은 현실적으로 보편적이고 일반적인 기준에 따라 다루어지지 않으며, 민족적 특성, 인종적 배경, 문화적 정체성 또는 동질성, 종교적 공통점, 인구통계학적 특성, 지리적 근접성, 역사적 공유 경험 등 다양한 요인들로 이루어지는 난민의 자질(quality)에 따라 어떤 그룹은 더 환영받고 포함되며, 다른 그룹은 더 의심받고 배제된다. 이는 난민에 대한 차별적 담론(discourse)으로도 나타난다. 우크라이나 난민은 도와줄 대상으로 이야기되거나 기껏해야 일자리를 위협하는 경제적 위협(economic threats) 정도로 인식되는 반면, 시리아나 아프가니스탄, 이라크 등 무슬림권 난민은 안보 위협(sccurity thrcats)으로 인식되어 적극적으로 안보적 대응과 감시, 배제의 대상이 된다(Mickelsson, 2024).

우크라이나 난민에 대한 수용국들의 정책·제도는 신속하고, 실효적이었으며, 이들을 적극적으로 수용하고 통합하려는 지향성을 보여주었다. 이 같은 우크라이나 난민에 대한 우호적인 태도는 EU 전반적으로 유사하게 나타났다. 이는 우크라이나 난민이 우수 인재 유치와 양질의 노동력 확보의 필요성을 충족하는 동시에 인종적, 사회문화적, 종교적인 동질성을 갖추고 있어 비유럽 지역 출신 난민을 대체할 수 있는 보다 더 나은 선택지를 EU 국가에게 제공했기 때문이다.

러시아-우크라이나 전쟁이 발발하고 우크라이나 난민이 발생하자 EU는 전례 없는 적극성과 속도로 우크라이나 난민을 지원하였다. EU는 임시보호제도(Temporary Protection Directive) 도입, 보조금 도입, 아동 난민 대상 교육 및 의료서비스 제공 등 다양한 방법으로 우크라이나 난민을 지원하였다. EU는 전쟁 발발 직후인 2022년 3월 2일부터 임시보호제도를 통해 EU 회원국에 입국하는 우크라이나 난민에게 체류자격을 부여하기로 결정하였다. 임시보호제도는 2022년 2월 24일 이후 탈출한 우크라이나 영구거주자를 대상으로 하며,

근로, 의료, 교육, 주거, 복지 등에 대한 권리를 제공받을 수 있도록 하였다. 덴마크를 제외한 모든 EU 회원국은 해당 제도의 적용을 받으며, 스위스, 노르웨이, 리히텐슈타인, 아이슬란드 등 솅겐 지역(Schengen Area)은 대상에서 제외되었다.

임시보호 대상자는 180일 기간 내에서 90일까지 EU 회원국 및 솅겐 지역으로 여행이 가능하였다. 임시보호제도는 2023년 3월 4일까지 적용되었고, 전쟁이 지속될 때 자동 연장되었다. 4월 6일, EU 이사회는 난민 지원을 위해 REACT-EU(Recovery Assistance for Cohesion and the Territories of Europe)의 선지급금 규모를 35억 유로(한화 약 4조 6,000억 원)로 증액하였다. 2022년 4월 7일, 회원국별 선지급금 증액 규모는 해당 회원국에 유입된 난민 수에 연동되었다. 자국 인구 1% 이상의 난민을 수용한 헝가리, 폴란드, 루마니아, 슬로바키아, 오스트리아, 불가리아, 체코, 에스토니아, 리투아니아 등에는 선지급금이 45% 증액되었다. 해당 기금을 활용하여 난민 1인당 주 40유로의 지원금을 최대 13주까지 지급할 수 있었다.

또한 유럽의회는 우크라이나 국내외 아동 난민 지원을 위한 결의문을 채택하였으며, 전쟁을 피해 이주한 아동 난민에 대한 적절한 교육과 의료 제공에 더해, 사회심리적 지원, 정신건강 지원, 성폭력 예방, 가족 재결합 등 다양한 지원책을 마련할 것을 촉구하였다. 그리고 이 같은 결의안에 따라 관련된 제도와 예산이 마련되었다. 이 같은 EU의 대응은 과거 시리아, 아프가니스탄, 이라크 등지의 비유럽 난민에 대한 것과 비교해 볼 때 파격적이고, 신속하며, 적극적인 것이었다.[4]

EU의 기조와 마찬가지로 폴란드 역시 시리아 등의 비유럽 국가 출신의 난민과는 달리 우크라이나 난민에 대해서는 적극적으로 수용하고 가급적 이들을 폴란드 사회 내로 흡수하고 통합하려는 정책 방향성을 보여주었다. 예를 들면, 폴란드는 우크라이나 난민에게 필요한 교육 및 의료 서비스를 장기적인

4 UNHCR 폴란드 지부 관계자 인터뷰, 2024. 2. 20. 바르샤바.

차원에서 제공하고, 이들이 가능하면 폴란드에 정착해서 장기간 거주할 수 있도록 하는 방향으로 유도하였다. 이 밖에도 폴란드는 우크라이나 난민의 합법적 체류 기간을 연장하고 법적 지위를 법제화함으로써 이들의 체류 안정화를 지원하였다.

폴란드 정부의 우크라이나 난민에 대한 정책은 시리아 등 비유럽 지역 난민에 대한 그것과는 눈에 띄게 달랐다. 폴란드 정부의 우호적이고 적극적인 우크라이나 난민 정책의 효과 때문인지 폴란드 거주 우크라이나 난민의 19% 정도가 폴란드 내 영구 체류를 희망하고 있으며, 전쟁이 장기화되면서 난민의 우크라이나 복귀 비율 역시 지속적으로 줄어들고 있는 것으로 나타나고 있다.[5]

우크라이나 난민 대다수는 바르샤바와 같은 폴란드의 대도시에 주로 거주하고 있는 것으로 나타났다. 이는 대도시가 난민에게 제공하는 의료, 교육, 취업, 거주 등의 접근성 때문이다. 대도시의 우크라이나 난민은 폴란드에서의 생활, 근로, 교육에 대체로 만족하고 있는 것으로 파악되었다. 특히 폴란드의 경우 다른 유럽 국가들에 비해 우크라이나 난민이 상대적으로 선호하는 편이다. 이는 우크라이나 난민에게 폴란드는 언어가 비슷하고, 문화가 친숙하며, 지리적으로도 가깝고, 실업률도 높지 않아 만족스러운 생활 여건을 제공하기 때문이다.[6]

폴란드는 독일 다음으로 가장 많은 수의 우크라이나 난민을 받아들였다. 2023년 3월 기준으로 99만 3,800명을 보호 중이다. 폴란드는 이 같은 우크라이나 난민을 자국에 필요한 인적 자원으로 인식하고 적극적으로 수용하고 자국 내로 통합시키려고 하는 경향을 보인다. 이처럼 적극적이고 통합적인 지향성을 띠는 폴란드의 우크라이나 난민수용정책의 몇몇 사례들을 구체적으로 살펴보면 다음과 같다.

5 UNHCR 폴란드 지부 관계자 인터뷰, 2024. 2. 20. 바르샤바.

6 UNHCR 폴란드 지부 관계자 인터뷰, 2024. 2. 20. 바르샤바.

먼저, UNHCR 폴란드 지부 관계자와의 인터뷰에 따르면,[7] 다른 지역 출신 난민과는 달리 우크라이나 난민에 대해서는 폴란드 정부는 적극적이고 전향적인 정책·제도를 택했다. 2022년 러시아-우크라이나 전쟁 이후 약 800만 명 이상의 난민이 폴란드를 포함하여 EU 국가들로 들어오게 된다. 이에 대해 폴란드 정부는 매우 적극적으로 반응했고 난민출입제도를 대폭 간소화했다. 우크라이나 난민에게 "임시보호지침(Temporary Protection Directive)"에 따라 합법적 지위를 부여했다. 이에 따라 이동한 우크라이나 난민 170만 명 가운데 100만 명이 등록하고 등록 ID 번호(Register ID number)를 받았다.

둘째, 실제 난민 정책을 집행하는 현장에서도 폴란드 정부의 적극적이고 세심한 난민지원노력이 관찰되었다. 예를 들어 우크라이나 난민이 국경을 넘어 폴란드 바르샤바 중앙역으로 도착하면, 우크라이나 난민을 지원하는 인력들이 배치되고 지원제도가 마련되어 이들을 각각 나누어 수용하고 지원하였다. 이후 우크라이나 난민의 희망과 사정에 따라 폴란드 국내 또는 다른 유럽 지역 국가들에 분산된 난민지원센터로 분산 수용하고 난민을 관리하였다. 이 같은 폴란드 및 다른 유럽 국가들의 우크라이나 난민 지원은 유럽 국가들이 직면했던 다른 전쟁 난민과는 질적으로 다른 높은 수준의 지원이었다. 노인들과 장애인들에게는 의료 및 각종 복지 혜택 등이 주어졌다. 연금생활자의 경우 우크라이나 연금생활자 카드를 폴란드 내에서도 그대로 사용할 수 있도록 하였다. 우크라이나 난민에게는 심지어 바르샤바 시내 관광 프로그램 등도 지원했다. 이 같은 난민 지원 프로그램에 대해 우크라이나 난민은 대체로 상당한 만족을 표시했다.[8]

셋째, 우크라이나 난민 아동과 청소년들에 대한 교육정책에서도 이들을 폴란드 사회 내로 적극적으로 통합하려는 노력이 나타났다. 폴란드는 우크라이나 난민 어린이들과 청소년들을 무료로 폴란드 학교에 편입시켜 교육하고

7 UNHCR 폴란드 지부 관계자 인터뷰, 2024. 2. 20. 바르샤바.

8 우크라이나 노년 여성 난민 2명 인터뷰, 2024. 2. 21. 바르샤바 가족지원센터.

있다. 이러한 정책은 이들을 폴란드 사회 내로 적극적으로 통합하려는 정책 의지가 반영된 것으로 보인다. 우크라이나 학생들은 폴란드 학교에 무료로 다니고 있는데 폴란드어와 역사 등에 대해 배우고 있다. 우크라이나어가 폴란드어와 같은 슬라브어권에 속하기 때문에 우크라이나 학생들은 일정 정도 수업을 들으면 비교적 쉽고 빠르게 폴란드어에 익숙해질 수 있다. 보통 우크라이나인이 3개월 정도 폴란드어를 배우게 되면 폴란드어에 능숙해진다. 일부 우크라이나 난민 가정은 전쟁 종료 후 우크라이나로 돌아갈 것에 대비해서 자녀들에게 온라인으로 우크라이나 교육과정을 수강하도록 권장한다. 이 때문에 일부 난민 학생들은 폴란드 교육과정과 우크라이나 교육과정을 동시에 수강해야 하는 어려움을 경험한다.

우크라이나 젤렌스키 대통령은 이 같은 우크라이나 학생들에 대한 폴란드화 정책에 대해 비판한 바 있으며, 우크라이나 정부는 전쟁 종료 이후 우크라이나의 젊은 인력들을 폴란드에 빼앗기지 않기 위해 해외에 있는 우크라이나 난민 학생들에게 우크라이나 교육과정을 온라인으로 이수하도록 강조하고 이를 적극적으로 추진하고 있다. 우크라이나 전쟁 난민 어린이와 청소년들을 둘러싼 폴란드와 우크라이나 사이의 교육 갈등은 미래의 인적 자원을 둘러싸고 벌이는 두 나라 간의 경쟁의 측면으로도 이해할 수 있다. 확실히 폴란드의 우크라이나 난민 아동과 청소년들에 대한 교육 정책에는 난민 지원이라는 명목으로 이들을 폴란드 사회와 문화에 통합시킴으로써 폴란드의 미래 인적 자원을 확보하려는 의도가 숨어있다고 추정해 볼 수 있다.

넷째, 폴란드 정부는 우크라이나 난민 통합을 위한 다양한 정책을 추진해 왔으며, 우크라이나 난민이 폴란드 사회에 빠르게 적응할 수 있도록 다양한 제도와 프로그램을 마련하고 운용하였다. 예를 들면, 주거지원과 관련하여, 폴란드 정부는 난민에게 임시 숙소와 장기 주거지를 마련하여 체계적으로 운용하였다. 임시 숙소는 난민이 처음 도착했을 때 머무를 수 있는 장소로, 기본적인 생활 필수품과 식사를 제공한다. 이후 난민은 장기 주거지로 이동하여 더 안정적인 생활을 이어갈 수 있다.

또한 난민은 임시보호지위를 획득하게 되면 폴란드 내에서 합법적으로 체류하고 일할 수 있는 권리를 얻는다. 의료 서비스도 무료로 제공받을 수 있다. 이 밖에도 사회통합을 위한 프로그램으로 우크라이나 난민은 폴란드어 교육을 받을 수 있으며, 직업 훈련과 취업 지원 프로그램을 제공받아 안정적인 일자리를 찾을 수 있도록 도움을 받을 수 있다. 이 같은 다양한 정책 및 제도들은 우크라이나 난민이 폴란드 경제에 기여하도록 함으로써 장기적인 경제성장을 촉진할 수 있도록 유도한다(대외경제정책연구원, 2024).

우크라이나 난민은 폴란드의 경제에 대체로 긍정적인 영향을 미쳤다. 난민 수용이 일시적인 경제적 부담을 증가시켰지만 중·장기적으로 지속적인 경제 발전을 위한 새로운 기회요인이 되었다. 난민 수용으로 정부 예산이 증가하고, 주거와 의료 서비스 등 공공 서비스에 대한 수요가 급증했으며, 궁극적으로 정부와 지방자치단체의 재정적 부담을 증가시켰다.

하지만 난민 수용은 폴란드 경제에 긍정적인 영향을 미쳤다. 폴란드에 거주하는 우크라이나 난민 가운데 약 65%가 폴란드 노동시장에 참여하고 있다. 이들은 주로 제조업, 서비스업, 농업 부문에 종사하며 이들이 제공하는 노동력은 폴란드 경제성장에 긍정적인 영향을 미쳤다. 특히 유입된 우크라이나 난민의 노동력은 폴란드의 노동력 부족 문제를 완화하는 데 큰 역할을 했다. 제조업과 건설업 등 주요 산업 분야의 노동력 부족 문제를 우크라이나 난민이 충당하였으며, 이는 폴란드 GDP 성장에 기여했다.

2023년 우크라이나 난민이 폴란드 경제에 기여한 금액은 GDP의 약 0.7%에서 1.1%에 달한다고 추정된다. 이는 폴란드 정부가 난민 지원에 투입한 비용을 상회하는 수치로 난민 수용의 비용-효과성을 보여준다. 이 밖에도 우크라이나 난민의 경제활동은 국가 재정에도 긍정적인 영향을 미쳐, 폴란드 내 세금 수입 증가에 기여하였다. 2023년 우크라이나 난민이 납부한 세금은 약 182억-225억 즈워티(약5조 6,000억-6조 9,000억)로 추산된다(대외경제정책연구원, 2024).

이 같은 우크라이나 난민 유입의 폴란드 경제에 대한 긍정적인 기여는 인터뷰 내용에서도 확인된다. 우크라이나 난민은 대체로 폴란드 내에서 폴란드인들이 꺼려 하는 저임금 직종에 종사한다. 폴란드와 같은 동유럽 국가의 경우 출산율 저하 등으로 인한 인구 감소에 더해 다수의 노동력이 독일이나 프랑스 등의 고소득 EU 국가들로 이동해 간 여파로 노동력 부족의 문제를 겪고 있다. 우크라이나 난민은 폴란드의 이와 같은 문제들을 메워주고 있다. 우크라이나인들은 특히 폴란드어를 잘 구사하지 못하는 데다가 난민이라는 지위로 인해 공장, 청소 등의 파트타임 저임금 직종에 집중적으로 몰릴 수 밖에 없다. 폴란드는 이들 우크라이나인들의 노동 기여와 소비로 인해 러시아-우크라이나 전쟁 이후 경제성장을 경험하고 있다.[9]

물론 우크라이나 난민에 대해서도 다른 비유럽지역 출신 난민과 마찬가지로 폴란드인들로부터의 차별과 혐오가 존재한다. 특히 전쟁 초기에 매우 적극적으로 지원하고 환영했던 분위기와는 달리 전쟁이 장기화됨에 따라 폴란드인들도 피로감을 느끼면서 우크라이나 난민에 대한 혐오와 적대감을 드러내고 있는 경우가 증대하고 있다. 예를 들면 일부 폴란드인들은 "러-우 전쟁은 우리의 전쟁이 아닌 너희의 전쟁이다. 너희 나라로 돌아가라"라고 비난하거나 물리적인 폭력을 행사하거나 하는 사례들이 우크라이나 난민을 대상으로 나타나고 있다.[10]

하지만 대체로 중동이나 아프리카 등의 비유럽지역 출신 난민과 비교했을 때 우크라이나 난민에 대한 폴란드인들의 태도는 상당히 우호적인 편이다. 우크라이나 난민은 전쟁 초기에는 폴란드인들이 동정심으로 매우 적극적으로 우크라이나인들을 잘 도와주고 환대했다고 말한다. 하지만 시간이 지날수록 폴란드에서도 우크라이나인들에 대한 차별과 혐오가 나타났다. 폴란드인들은 우크라이나인들을 대체로 반기지 않으며, 폴란드 학생들은 우크라이나 학생

9 우크라이나 중년 여성 난민(N) 인터뷰, 2024. 2. 21. 바르샤바 가족지원센터.

10 바르샤바 Global Expo 난민쉘터 수용 난민 인터뷰, 2024. 2. 20. 바르샤바 Global Expo 난민쉘터.

들을 욕하기도 한다. 폴란드 내에 정치적 극우 정당도 존재하고 폴란드인들이 대체로 국가적이어서 우크라이나인들에 대해 부정적인 태도가 존재한다.

그럼에도 불구하고 폴란드에 체류하는 우크라이나인들은 자신들의 삶에 대해 대체로 만족감을 나타낸다. 폴란드 내에 우크라이나 커뮤니티도 존재하고 은행 계좌를 자유롭게 열 수 있는 등 폴란드에서의 생활이 폴란드 내 다른 국가 출신들의 난민에 비해서는 매우 양호한 편인 것으로 파악되었다. 이에 따라 폴란드 내 우크라이나 난민은 자신들의 삶에 대해 대체로 만족감을 나타내며 전쟁이 장기화됨에 따라 폴란드의 생활에 익숙해져 현지에서 정착하고자 하는 경향이 높아지고 있는 것으로 나타났다.[11]

III. 구소련 구성국들[12]의 난민에 대한 태도, 정책 · 제도: 키르기스스탄을 중심으로

일부 부유한 러시아인이 전쟁을 피해 키프로스와 같은 영주권이나 국적을 취득할 수 있는 EU 국가들로 이주한 것을 제외하면, 대다수 러시아 렐로칸트 또는 전쟁 기피 이주자는 주로 중앙아시아 국가들을 포함한 구소련 구성국으로 이주하였다. 러시아 렐로칸트가 주로 향한 조지아, 아르메니아, 카자흐스탄, 키르기스스탄 등 국가들은 과거 소련에 속했다가 소련 해체 이후에 독립한 국가들이라는 공통점이 있다(장영욱, 2022).

다수의 러시아 렐로칸트가 구소련 구성국을 선택한 이유는 러시아 국경

11 우크라이나 중년 여성 난민(N) 인터뷰, 2024. 2. 21. 바르샤바 가족지원센터.

12 구소련 구성국들은 1991년 소련 해체 후 독립한 국가들로, 아르메니아, 아제르바이잔, 조지아, 벨라루스, 카자흐스탄, 키르기스스탄, 몰도바, 러시아, 타지키스탄, 투르크메니스탄, 우즈베키스탄, 우크라이나, 그리고 발트 3국(라트비아, 리투아니아, 에스토니아) 등을 의미한다. 러시아-우크라이나 전쟁 이후 러시아 렐로칸트는 전쟁 중인 우크라이나를 제외한 다른 구소련 구성 공화국들로 이주하였다.

에서 가깝고 비자면제협정 등으로 특별한 출입국 절차 없이 쉽게 입국하여 체류할 수 있기 때문이다. 또한 과거 같은 소련에 속했던 역사적인 이유로 언어와 문화, 사회 시스템 등이 친숙한 것과 인적 네트워크가 있는 것 등도 해당 국가들을 최종 목적지로 선택하는데 주요한 이유가 되었다(Oschchepkov et al., 2024: 3).

이들 러시아 렐로칸트는 전통적인 의미에서의 난민으로 보기 어려운 측면도 있다. 그들은 체류 국가에서 난민 신청을 하지 않는 경우가 대다수이다. 그들은 체류국에서 사업 또는 취업을 하고, 학교에 다니거나 호텔 등에 머물면서 체류하는 등 체류 국가의 난민 지원을 받지 않고 스스로의 재원으로 생활을 영위한다. 또한 난민 자격 없이도 앞서 언급한 대로 비자면제협정에 의하거나 아니면 체류국의 거주 허가, 영주권, 또는 시민권을 갖고 있어 러시아를 떠나 해외에서 합법적으로 거주하고 있다.[13]

구소련 구성국들의 난민에 대한 태도는 이중적이다. 구소련 구성국들 가운데 러시아 이외의 지역으로부터 온 난민을 수용하고 있는 국가들은 주로 키르기스스탄을 포함한 중앙아시아 국가들이다. 아르메니아 등 다른 구소련 구성국들에서는 러시아 렐로칸트 이외에 다른 국가 출신의 난민을 찾아보기는 어렵다.

중앙아시아 국가들은 러시아 렐로칸트 이외에 다수의 아프가니스탄 난민을 수용하고 있다. 키르기스스탄의 경우에도 1,300명의 난민 가운데 400명이 난민 인정 절차를 받고 있고, 그 가운데 절반이 아프가니스탄인이다.[14] 이는 이들 국가들이 남쪽으로 분쟁지역인 아프가니스탄과 접하고 있으면서 민족적, 사회문화적으로 가깝기 때문이다. 중앙아시아 국가들이 러시아 렐로칸트에 대해 보여주는 관용적이고 포용적인 태도와는 달리 아프가니스탄 난민에 대해서는 형식적이고 일반적인 지원에 그치고 있으며 이들을 포용하거나

13 키르기스스탄 체류 러시아 렐로칸트 인터뷰, 2024. 2. 15. 비슈케크

14 UNHCR 키르기스스탄 지부 관계자 인터뷰, 2024. 2. 14. 비슈케크

통합하는데 소극적이다. 아프가니스탄 난민에 대해서는 자국 사회로부터 분리 수용하고 궁극적으로 미국이나 유럽 등지의 제3국으로 떠나보내거나 아프가니스탄 본국으로 돌려보내는 등 해외로 이주시키려는 방향으로 정책을 추진한다. 이 과정에서 중앙아시아 국가들은 아프가니스탄 난민이 일시적으로 거쳐 가는 임시 체류지의 역할을 한다.

이 같은 중앙아시아 국가들의 태도는 다음의 사례들에서 확인해 볼 수 있다. 예를 들면 타지키스탄, 카자흐스탄, 키르기스스탄 등은 난민의 불법 입국에 대한 비처벌원칙 협약 가입국임에도 불구하고, 타지키스탄은 불법 입국 난민을 형사 처벌한 사례가 있으며, 카자흐스탄에서는 난민 신청 절차와 형사 사법 절차가 동시에 진행되어 추방한 경우가 있다. UNHCR은 이를 강제송환으로 간주한다. 상황이 다른 중앙아시아 국가들보다 나은 키르기스스탄에서도 이 같은 협약의 이행과 예외적 규제는 50:50 정도이다(Saidumarova, 2025).

키르기스스탄은 2022년 이후 난민 관련 국내 법제를 개정해 오고 있고, 2023년에는 난민법을 제정하여 난민 지위를 받으면 국내 의료 서비스를 받을 수 있도록 했다. 또한 키르기스스탄은 난민 보호 신청자들에게 개방되어 있어서, 난민이 국경을 넘어 키르기스스탄으로 들어오는 것에 대해 많은 제한을 하지는 않고 있다. 또한 난민 신청자들은 불법체류를 해도 법적 처벌을 하면 안 된다는 법 조항도 두고 있다. 난민 지위 획득자들은 키르기스스탄에서 노동을 할 수 있으나, 난민보호신청자들은 노동권을 보장받지 못하고 있다. 이처럼 표면적으로는 키르기스스탄 정부가 아프가니스탄 난민에 대해 관용적인 태도를 취하며, 국제적 기준을 따르려고 노력하는 것처럼 보인다. 문제는 키르기스스탄의 난민 인정률 자체가 매우 낮다는 점이다. 이 때문에 아프가니스탄 난민 보호의 실효성 면에서 의문이 제기된다.

현실적으로 아프간 난민이 키르기스스탄 사회에 정착하고 통합되기는 어렵다. 이는 아프간 난민이 키르기스스탄에 정착, 통합하기 위해 필수적인 교육, 노동, 법적 지위 등의 필요한 제도적, 정책적 지원들이 부재하기 때문이다. 키르기스스탄에서 난민 인정률은 매우 낮기 때문에 아프가니스탄 난민 대다수는 키르기스스탄 내에서 합법적인 노동을 할 수 없으며, 정상적인 교육 기회를 제공받기도 어렵다. 따라서 키르기스스탄 내에서 교육과 노동 등의 접근 기회가 차단되고, 키르기스스탄 사회에 통합될 기회를 갖지 못한 채, 단지 UNHCR 등 국제기구의 보호를 받는 잉여 인구로 존재하게 된다. 이 같은 상황으로 인해 키르기스스탄 내 아프가니스탄 난민은 2022년에 있었던 시위와 제3국으로의 이주 요구 등과 같은 일이 키르기스스탄 현지에서 자주 벌어지고 있다.[15]

반면에 러시아 렐로칸트에 대한 중앙아시아 국가들의 태도는 대체로 포용적이고 우호적이다. 이는 아프가니스탄 난민에 대한 태도와 구별된다. 2022년 푸틴의 전쟁 동원령 또는 징집령을 피해 러시아를 탈출한 다수의 러시아인(주로 젊은 남성)이 카자흐스탄, 키르기스스탄 등 국경을 접한 중앙아시아 국가들로 도피하였다. 카자흐스탄 한 곳에만 20만 명이 넘는 러시아인들이 몰려들었으며, 키르기스스탄 수도 비슈케크에서는 이들 몰려드는 러시아인들로 도심 호텔 객실이 모두 동이 났다. 이들 가운데는 엔지니어, 컴퓨터 프로그래머, 그리고 작가와 같은 고학력 지식인들이 많았다.

이들에 대해 중앙아시아 국가들은 대체로 환대하는 분위기였다. 카자흐스탄 대통령은 자국 국민에게 러시아로부터 온 새로운 입국자들을 환영해달라고 당부했다. 카심-조마르트 대통령은 "그들 대부분은 어쩔 수 없는 상황 때문에 고국을 떠나온 사람들입니다. 우리는 그들을 돌봐야 하며 안전을 지켜줘야 합니다"라고 말했다. 키르기스스탄에서도 러시아 렐로칸트가 체류하거나 학교를 다니거나, 취업이나 사업 등 경제활동을 하는데 별다른 제약이 없었고, 오히려 키르기스스탄 정부에서는 이들을 적극적으로 포용하려는 태도를 보였다(최석진, 2022). 실제로 인터뷰를 진행한 한 러시아 렐로칸트는 키르기스스탄의 지원 정책과 대우에 대해 대체로 만족하고 있으며, 높은 임대비용 등 다양

15 UUNHCR 키르기스스탄 지부 관계자 인터뷰, 2024. 2. 14. 비슈케크

한 문제들이 있지만 대체로 만족한다고 답변했다.[16]

난민 수용국으로서 이들 키르기스스탄을 포함한 구소련 구성국의 경우는 앞서 언급한 폴란드를 포함한 유럽 국가들과는 매우 다른 상황에 처해 있다. 이 같은 구소련 구성국이 공유하는, 유럽 국가들과 뚜렷이 구별되는 특성은 다음과 같다. 우선, 이들 국가는 사회경제적으로 취약한 개발도상국에 속한다. 이로 인해 이들은 글로벌 이주 흐름에서 통상적으로 인구 유출국에 해당한다. 실제로 다수의 중앙아시아 출신 사람들은 미국, 유럽, 러시아, 한국 등으로 취업과 교육 등의 기회를 찾아 이주하고 있으며, 해외에 취업한 근로자들이 보내오는 해외송금이 이들 국가 GDP의 주요한 부분을 차지한다. 키르기스스탄의 경우 세계은행의 통계에 따르면, 2021년 GDP 대비 32.6%까지 기록한 바 있다. 2023년에는 18.8%로 떨어졌으나 이 역시도 국가 GDP의 상당 부분을 차지하는 수치이다(World Bank Group, 2025). 이 같은 상황 때문에 이 지역들로 유입되어 온 난민 역시 키르기스스탄 등의 구소련 구성국들보다는 가능하다면 미국이나 유럽 등의 선진국들을 자신들의 최종 목적지로 선호한다.

둘째, 난민수용국으로서 난민 유출국인 러시아로부터 상당한 국제정치적 압박과 영향력을 받고 있으며, 경제적으로도 취약하여 의존적 관계를 형성하고 있다. 예를 들면, 키르기스스탄 인구의 약 30%가 빈곤 속에 살고 있으며, 추가로 10%가 빈곤선 아래로 떨어질 위험에 처해 있다(Eurasianet, 2025). 또한 대다수의 키르기스스탄 출신 이민자들이 특히 러시아에서 건설, 무역, 서비스 분야에서 일하며 역사적으로 키르기스스탄 GDP의 약 30%를 차지하는 송금을 보냈다. 이 같은 조건으로 인해 키르기스스탄은 국제정치적, 경제적으로 러시아에 대한 의존도가 매우 높으며 러시아의 영향력에서 자유롭지 못하다.

이 같은 상황을 고려하면, 러시아에서 키르기스스탄으로 유입된 러시아 렐로칸트 사례는 통상적인 난민 이주의 국제적 흐름을 고려할 때 강대국에서

16 키르기스스탄 체류 러시아 렐로칸트 인터뷰, 2024. 2. 15. 비슈케크

약소국, 경제적으로 부유한 국가에서 상대적으로 경제가 취약한 국가로 이주한 "흐름의 역전" 현상으로 볼 수 있다. 이 같은 구조적 조건 때문에 키르기스스탄 등 구소련 구성국들은 러시아 렐로칸트를 수용하고 관리하는데 있어 난민 유출국인 러시아의 영향력에서 자유롭지 못하다. 예를 들면, 키르기스스탄의 러시아 렐로칸트는 키르기스스탄의 러시아와의 정치적 관계를 고려하여 난민 지위 신청을 하지 않는 경향을 보인다. 이는 키르기스스탄이 러시아를 의식해 자신들을 추방할 위험이 있다고 생각하기 때문이다. 실제로 키르기스스탄에서 러시아로부터 유입된 보호책임자들 가운데 정치적 활동가들과 징집 기피자들을 러시아 본국으로 송환 신청한 적이 있었다. 이는 키르기스스탄이 체결한 난민협약에 위반되는 사건이었다.[17]

셋째, 구소련 구성국 가운데 특히 중앙아시아 국가들의 경우는 유럽 지역 난민 수용국들과는 달리 출산율 저하, 인구 고령화로 인한 노동력 부족의 문제를 겪지 않고 있다. 오히려 이들 중앙아시아 국가들의 경우는 급격한 인구 증가로 인한 높은 실업률과 노동인구 증가에 대한 대책이 필요한 실정이다. 2050년까지 카자흐스탄은 현재 1,700만 명에서 2,300만 명, 키르기스스탄은 580만 명에서 810만 명, 타지키스탄은 850만 명에서 1,450만 명, 투르크메니스탄은 550만 명에서 780만 명, 우즈베키스탄은 현재 3,000만 명 수준에서 4,090만 명까지 증가할 것으로 전망된다(UN, 2018).

그럼에도 불구하고 심각한 노동력 부족에 직면한 유럽 지역 국가들과는 다른 맥락에서 이들 중앙아시아 국가는 해외로부터 이민 또는 난민의 형태로 인재 유치와 같은 우수 노동인구의 유입을 모색해야 하는 필요가 있다. 일반적으로 경제, 자본, 과학기술의 인프라가 취약한 구소련 구성국들은 국가의 경제 발전을 위해 필수적인 고학력에 전문지식이나 기술, 경험을 갖춘 우수한 인적 자원, 숙련된 양질의 노동력, 기업가들, 그리고 자본 투자자들이 늘 부족하다는 문제를 갖고 있다. 이들 국가는 공통적으로 경제 수준이 열악하여 고

---

17 UNHCR 키르기스스탄 지부 관계자 인터뷰, 2024. 2. 14. 비슈케크.

학력 전문인력을 해외로부터 유인할 수 있는 양질의 고소득 일자리를 창출할 수 없다. 또한 교육 및 과학기술 수준이 낮아 고급 전문인력을 국내적으로 육성하기도 어렵고, 만약 우수한 인재를 국내에서 양성할 수 있다고 하더라도 그들을 국내에 붙잡아 둘 양질의 일자리가 부족하다. 이 때문에 많지 않은 이들 국가 출신의 우수 인재들은 미국이나 EU 국가들, 또는 한국 등 해외 선진국들로 취업이나, 학업, 그리고 거주 등의 목적으로 빠져나가는 심각한 두뇌 유출의 문제들을 공통적으로 갖고 있다. 따라서 갑작스러운 전쟁으로 자신들의 국가로 유입된 우수한 두뇌와 높은 교육 수준, 그리고 양질의 노동력을 갖춘 러시아 렐로칸트는 오히려 자국의 경제에 좋은 기회요인으로 인식되었으며, 이들을 적극적으로 수용하려는 정책 태도가 나타났다.

넷째, 이 같은 상황으로 인해 강한 반난민 정서를 보여주는 유럽 국가들과는 달리 많은 구소련 구성국은 러시아 렐로칸트에게 대체로 우호적이다. 사회적, 경제적으로 교육 수준이 높고, 전문지식과 경험이 있으며, 양질의 노동력을 갖추고, 자본투자의 여력이 있는 러시아 렐로칸트의 유입은 환영할 만한 일로 인식되는 것처럼 보인다. 이 같은 분위기는 키르기스스탄에 체류하는 러시아 렐로칸트와의 인터뷰에서도 드러난다. 물론 이들은 경제적 여건이 된다면 미국이나 유럽과 같은 선진국으로 갈 생각은 있지만, 현지인들도 러시아에서 온 사람들을 잘 대우해 주고, 평안하고, 안정적인 삶을 영위하고 있기 때문에 대체로 만족하며 계속 키르기스스탄에서 살기를 원한다고 밝혔다.[18] 심지어 중앙아시아인들은 자신들이 노동·이주 목적으로 러시아에 체류했을 때 현지에서 심각한 차별을 받은 경험을 갖고 있음에도 자신들의 국가로 역이주한 러시아 렐로칸트에게 같은 종류의 차별을 보여주지 않고 우호적으로 대하는 경향을 보여주었다(최석진, 2022/10/11).

2022년 러시아-우크라이나 전쟁으로 인해 통상적인 중앙아시아 또는 다른 구소련 구성국에서 러시아로 향하던 인구 이주의 흐름에 역전이 일어났

18 키르기스스탄 체류 러시아 렐로칸트 인터뷰, 2024. 2. 15. 비슈케크

다. 전쟁 이전에는 대다수의 러시아인이 서방의 부유한 국가들로 이동하였으나 전쟁으로 인해 2022년 이후 이 같은 흐름은 눈에 띄게 감소했다. 반면 전쟁 또는 그로 인한 징집 기피를 위해 러시아를 떠나 카자흐스탄, 키르기스스탄을 비롯한 중앙아시아 국가들과 아르메니아 등 다른 구소련 구성국들로 향하는 인구이동이 급격히 증가하였다. 카자흐스탄의 경우 전쟁 직전인 2021년에 러시아인 17,000명이 입국한 것과 비교해 전쟁 이후 2022년에는 러시아인 입국자의 수가 93,000명으로 폭증하였다. 키르기스스탄에서도 러시아인 입국자 수는 2021년 대비 2022년에 약 30% 급증하였다. 러시아인 입국자 대다수는 고숙련, 고학력, 전문인력이었다. 이들은 따라서 상대적으로 낙후된 구소련 구성국의 경제와 기술 발전에 강한 잠재적 혜택이 될 수 있었다(Oschchepkov et al., 2024: 3-6).

이 같은 상황변화에 대해 중앙아시아 정부들은 표면적으로는 출입국 및 체류 정책과 관련하여 현상을 유지했다. 이는 다분히 러시아의 눈치를 살핀 조치로 해석된다. 우즈베키스탄의 경우 2022년 6월에 러시아와의 새로운 출입국 관련 협정이 발효되었지만, 이는 전쟁 발발 1년 전에 체결된 것이었다. 이에 따르면, 러시아 국적자는 입국 15일 이후에 등록하면 6개월 동안 임시 체류 허가를 받을 수 있다. 카자흐스탄, 키르기스스탄, 타지키스탄 등 대부분의 다른 CIS 국가의 경우에도 러시아 국적자들이 비자 없이 입국하여 짧게는 30일 길게는 6개월까지 합법적으로 체류할 수 있다(Oschchepkov et al., 2024: 10).

유입되는 러시아 렐로칸트에 대한 정책·제도적 대응은 각국마다 차이가 크다. 중앙아시아 국가들 가운데는 키르기스스탄이 가장 적극적으로 러시아 렐로칸트를 유치하기 위해 반응했다. 카자흐스탄은 단지 제한적 반응을 보였다. 반면 우즈베키스탄과 타지키스탄은 전혀 적극적인 반응을 보이지 않았다. 중앙아시아가 아닌 다른 CIS 국가들 가운데에서는 아르메니아가 가장 적극적인 정책, 제도적 반응을 보인 것으로 평가된다(Oschchepkov et al., 2024: 10-11).

결과적으로 러시아로부터의 대규모 고숙련(high-skilled) 이주자의 유입이 있었고, 그들이 잠재적인 인적 자원으로서의 활용 가치가 높았음에도 불구하고, 일반적으로 키르기스스탄을 제외한 다른 중앙아시아 국가들의 정책기획자의 관심을 끌지 못한 것으로 보인다. 나머지 중앙아시아 국가들에서는 대체로 러시아 렐로칸트의 유입에 반응하는 어떤 체계적인 정책도 나타나지 않았다. 이는 아마도 대부분의 국가가 러시아의 정치적, 경제적 영향력에 민감하게 반응하여 러시아의 눈치를 살폈거나 아니면 이들 국가가 모두 저개발 국가들이어서 고숙련 이주자를 받아들일 만한 여건이 되지 못했던 이유 때문인 것으로 추정되고 있다(Oschchepkov et al., 2024: 12).

중앙아시아 국가들 가운데에서는 키르기스스탄이 러시아 렐로칸트의 자국 유입에 가장 적극적으로 반응했다. 러시아로부터 유입된 고숙련 이주자를 적극적으로 포용하려는 의지가 반영된 정책·제도를 마련하고 실행했다. 대표적으로 키르기스스탄의 "디지털 노마드" 제도는 우수한 두뇌와 전문역량을 갖춘 러시아 렐로칸트를 적극적으로 수용하려는 정책으로 보인다. 키르기스스탄은 해외의 고숙련 IT 전문가를 자국으로 유인하기 위한 목적으로, 이들 IT 분야 종사자를 대상으로 영주비자를 쉽고 빠르게 제공한다. 이 제도는 키르기스스탄이 독창적으로 고안하고 운영하는 시스템이다.

물론 이 제도가 적용되는 대상 국가는 러시아에 국한되지만은 않는다. 러시아 이외에도 아제르바이잔, 아르메니아, 벨라루스, 카자흐스탄, 몰도바 등의 CIS 국가들과 영국, 독일, 인도, 미국, 한국, 일본까지 포함되어 있다. 따라서 표면적으로는 반드시 러시아 IT 인력을 대상으로 한다고 보기는 어렵다. 하지만 현실적으로 미국, 유럽, 한국 등의 선진국 IT 인력들이 키르기스스탄으로 이주할 개연성이 별로 없다는 점과 이들 CIS 외 6개국들은 2023년 11월에야 리스트에 확대 포함되었고, 2022년 8월에 애초 제도가 시행될 당시에는 러시아를 포함한 CIS 6개국만을 대상으로 하고 있었다는 점, 그리고 러시아-우크라이나 전쟁 직후에 제도가 도입되었다는 점 등을 종합해서 감안하면, 실질적으로 이 제도의 핵심 대상은 전쟁과 동원령을 피해 러시아를 떠난 러시아 IT 전문인력들(IT specialists)인 것으로 보는 것이 타당하다(Oschchepkov et al.,

2024: 10-11).

키르기스스탄 경제통상부 및 노동사회부 관계자들과의 인터뷰에 따르면, 디지털 노마드 제도는 다음과 같다.[19] 먼저 키르기스스탄은 해외로부터 디지털 분야 우수 인력 유치를 위해 2023년 8월 러시아 및 구소련 구성 공화국 5개국(아제르바이잔, 아르메니아, 벨라루스, 카자흐스탄, 몰도바) 등 6개국 출신 이주민에게 무비자 협정을 통해 비자 없이 체류할 수 있도록 하였다. 이후 키르기스스탄 정부는 미국, 한국, 일본 등도 이 범주 안에 포함해 적극적으로 우수 해외 디지털 인재를 유치하고자 하고 있다. 키르기스스탄은 이와 관련한 파일럿 프로젝트(pilot project)를 시작하여 1년 동안 진행한 바 있으며, 2024년 6월까지 프로젝트를 연장할 것을 계획하고 있다. 현재까지 키르기스스탄 정부는 프로젝트가 성공적이라고 판단하고 있으며, 상시 도입을 위한 법령 개정을 진행하고 있다.

디지털 노마드 지위의 신청은 온라인을 통해 해외에서도 가능하지만, 그 지위는 키르기스스탄 국경을 넘어 입국하는 순간부터 발효된다. 해당 자격을 취득하게 되면 해당 외국인은 키르기스스탄 노동부의 별도의 허가 없이 기업 활동을 시작하는 것이 가능하며, 취업도 가능하다. 디지털 노마드 제도에 따라 관련 코드를 부여받게 되는데 이때 거주지 등록이나 키르기스스탄 현지 기업의 초청 등이 없이도 사업 활동 또는 취업이 가능하다. 따라서 이 같은 입국 허가서와 디지털 노마드 허가서를 받은 사람들은 이미 거주와 경제활동에 관한 법적 지위를 획득한 상태에서 키르기스스탄으로 입국하게 되는 것이다.

파격적인 키르기스스탄의 해외 우수 인력 유치 제도를 신청하는 외국인 대다수는 러시아인이다. 이들은 키르기스스탄의 디지털 노마드 제도를 통해 입국하는 해외 우수인력 가운데 70퍼센트를 차지하며, 이들 대다수는 이른바 렐로칸트라고 불리는 전쟁 기피 이주자들이다. 이 때문에 대다수의 키르기스스탄 입국 러시아인들은 젊은 남성들로 구성되어 있다. 러시아 다음으로 많은

19 키르기스스탄 경제통상부 및 노동사회부 책임자 및 담당자 인터뷰, 2024. 2. 13. 비슈케크

수의 유입 외국인들의 출신국은 벨라루스이다.[20]

디지털 노마드 제도를 이용하는 외국인은 1년간 무비자로 입국 및 체류가 가능하며, 1년 단위로 횟수 제한 없이 무기한 연장이 가능하다. 해당 외국인은 온라인으로 해외에 체류하면서 일할 수 있고, 또는 키르기스스탄에 머물면서 일할 수도 있다. 키르기스스탄 정부는 이 같은 제도가 긍정적인 효과를 내고 있다고 평가한다. 인터뷰를 수행한 정부 관계자에 따르면, 해당 제도는 해외로부터 고숙련 전문가들을 유입하는데 긍정적인 영향을 미쳤다. 이와 함께 외화가 국내시장에 유입되고 젊은 국내 인재 고용효과가 있으며, 간접세 등을 포함해 세수 이익이 발생했고, 관광 및 스타트업 등에 대한 투자유치를 통한 경쟁력 및 수익 제고, 그리고 이 같은 긍정적 내용들이 서로 시너지 효과를 내면서 다층적 경제 효과를 가져올 것으로 기대했다. 이 때문에 디지털 노마드 제도를 확대하고 이-레지던스(e-residence) 개념 등을 도입해 해외 혜택국가 외국인들을 더 늘리려고 계획하고 있다.[21]

키르기스스탄 정부 관계자들에 따르면, 러시아인 다수가 러시아-우크라이나 전쟁 때문에 키르기스스탄으로의 입국을 선택하고 있다. 키르기스스탄은 언어와 문화면에서 러시아인들에게 친숙할 뿐만 아니라 세법, 세금 정책 등 기업을 운영하기에 매우 용이한 환경을 제공한다. 키르기스스탄 이외에도 우즈베키스탄이나 카자흐스탄 등의 인근 중앙아시아 국가들 역시 이 같은 러시아 전쟁 기피 이주자들 가운데 전문인력을 유치하기 위해 경쟁하고 있다. 이는 전 세계적으로 IT 인재 등과 같은 고급 인력에 대한 수요가 높기 때문이다. 키르기스스탄은 인근 중앙아시아 국가들보다 더욱 적극적으로 고급 인력 유치에 나서고 있으며, 이를 통해 경제적 효과를 기대하고 있다. 인터뷰를 수행한 키르기스스탄 정부 관계자들은 이 같은 러시아 고급 인력 유치와 활용이 우연하게도 러시아-우크라이나 전쟁과 함께 추진된 부분은 있으나 이 같은

20 키르기스스탄 경제통상부 및 노동사회부 책임자 및 담당자 인터뷰, 2024. 2. 13. 비슈케크

21 키르기스스탄 경제통상부 및 노동사회부 책임자 및 담당자 인터뷰, 2024. 2. 13. 비슈케크

전쟁이 주는 기회 요건을 적극적으로 활용하여 인력 유치 경쟁에 주도권을 잡기 위해 노력하고 있음을 굳이 숨기지 않았다.[22]

키르기스스탄은 이 밖에도 전쟁을 피해 러시아 렐로칸트에게 대학과 같은 교육기관에 등록하거나 키르기스스탄에서 취업과 거주에 있어서 각종 우호적인 정책적 편의를 제공하고 있다. 이 같은 중앙아시아 국가들의 러시아 렐로칸트에 대한 우호적인 정책 기조는 역내 아프가니스탄 난민에 대한 정책과 비교해 볼 때 상대적으로 두드러진다. 러시아인들은 키르기스스탄에서 6개월 동안 비자 없이 거주할 수 있으며, 거주 등록만 하면 된다. 이는 앞서 언급한 디지털 노마드 제도와는 별도로 운영된다.[23] 인터뷰를 진행한 한 러시아 청년 역시 키르기스스탄으로 오게 된 이유에 대해 이민법의 관대함과 거주자 등록과 학생비자 취득의 용이함 등을 들었다.[24]

한편 인터뷰를 진행한 다른 러시아 전쟁 기피 이주자 역시 키르기스스탄의 정책과 현지에서의 대우에 대해 매우 만족한다고 표현했다. 그럼에도 불구하고, 가능하다면 더 나은 경제적 또는 삶의 기회를 찾아 미국이나 유럽 등으로 다시 이주해 갈 생각은 있다고 표명하였다. 하지만 그녀의 남편은 키르기스스탄 현지에서의 삶에 대체로 만족하고 정착하고 싶어 하며, 자신 역시 러시아에서 늘 전쟁뿐만 아니라 다른 여러 문제로도 불안한 삶을 영위해 온 점과 비교해 볼 때 키르기스스탄에서의 안정적인 삶에 대체로 만족한다고 진술했다.[25]

러시아 렐로칸트에 대한 우호적이고 적극적인 유입 정책은 과거 구소련 구성국이었던 아르메니아에서도 동일하게 관찰된다. 러시아-우크라이나 전쟁으로 인해 아르메니아는 러시아 IT 인력들과 기업들의 주요 이주 목적지가

---

22 키르기스스탄 경제통상부 및 노동사회부 책임자 및 담당자 인터뷰, 2024. 2. 13. 비슈케크

23 키르기스스탄-한국대학교 총장 및 부총장 인터뷰, 2024. 2. 14. 비슈케크

24 키르기스스탄 대학에서 공부하고 있는 러시아 청년(D) 인터뷰, 2024. 2. 14. 비슈케크

25 키르기스스탄 체류 러시아 여성 인터뷰, 2024. 2. 14. 비슈케크

되었다. 경제적으로 낙후되고 만성적인 고급 두뇌와 양질의 노동력 부족에 시달렸던 아르메니아는 러시아 렐로칸트의 유입으로 유례없는 경제 발전의 기회를 잡았다. 러시아-우크라이나 전쟁 이후 러시아 IT 기업의 투자와 인력들의 유입으로 아르메니아 경제가 눈에 띄게 성장한 것으로 나타났다.

흥미로운 점은 전통적으로 러시아와 우호적인 관계를 유지해 왔던 아르메니아뿐만 아니라 러시아와 적대적이면서 2008년에 한 차례 전쟁까지도 치른바 있는 조지아에서도 러시아 렐로칸트를 적극적으로 수용하고 있다는 사실이다. 조지아 역시 아르메니아와 마찬가지로 과거 구소련 구성국이었지만 2008년 전쟁 이후로 친서방 정책을 적극적으로 추진하면서 러시아와는 적대적인 긴장 관계를 유지해 왔다. 하지만 러시아-우크라이나 전쟁을 계기로 전쟁 기피 목적으로 러시아를 떠나 조지아로 유입된 러시아 렐로칸트를 적극적으로 수용하고 있다. 전쟁 이후 아르메니아와 마찬가지로 많은 러시아 IT 기업의 투자와 인력들이 유입되었으며, 이로 인해 조지아 역시 눈에 띄는 경제 발전을 경험했다. 조지아는 이 같은 러시아 렐로칸트를 적극적으로 조지아 내로 흡수하기 위해 정책적 지원을 시행하고 있다.

IV. 인적 자원으로서의 전쟁 난민과 난민 수용국과 난민 유출국의 이해 관계

러시아-우크라이나 전쟁은 기존의 통념적인 전쟁 난민과는 다른 성격의 전쟁 난민을 만들어 냈다. 일반적으로 규범적, 가치적으로는 지원, 포용에 동의하면서도 현실적으로는 배제와 거부의 대상이었던 통상적인 난민과는 달리 상대적으로 난민 수용국에서 환영받는 난민이 생겨났다. 우크라이나 난민과 러시아 렐로칸트는 모두 자신들의 난민 수용국에서 상대적으로 환영받고 있다는 점에서 공통점을 가진다. 이는 어떤 난민은 다른 난민에 비해 더 우호적으로 지원받고 수용될 수도 있다는 사실을 보여준다.

이 같은 차이는 우크라이나 난민과 러시아 렐로칸트가 갖는 인적 자원으로서의 상대적인 가치평가 때문이다. 이들은 난민 수용국의 경제적 필요를 충족시켜 그 국가의 경제 발전에 긍정적인 영향을 미칠 수 있는 인적 자원으로 평가되었다. 이는 전쟁이라는 격렬한 이벤트에 의해 생겨나는 난민이 단순히 인도적 지원의 대상일 뿐만 아니라 국경을 넘어 이동하는 인적 자원으로서의 성격도 동시에 갖고 있다는 것을 의미한다. 따라서 난민 수용국의 입장에서 볼 때 어떤 난민은 다른 난민에 비해 인적 자원으로서 상대적으로 더 선호될 수 있다. 이 글에서 살펴본 폴란드와 키르기스스탄 두 사례 모두 다른 난민에 비해 우크라이나 또는 러시아에서 온 난민을 더 선호했다.

전쟁 난민의 국경 간 이동을 통해 난민 유출국에서는 인적 자원의 유출이 난민 수용국에서는 인적 자원의 유입이 발생한다. 하지만 이 같은 관계가 반드시 난민 유출국의 손실과 난민 수용국의 이득으로 이어지는 것은 아니다. 이 글에서 살펴본 사례들을 볼 때 두 개의 서로 다른 모델들이 나타난다. 하나는 제로섬(Zero-Sum) 모델이다. 난민의 국경 간 이동이 난민 유출국의 순손실과 난민 수용국의 순이득으로 나타나는 경우이다. "우크라이나-폴란드"의 조합이 여기에 해당한다. 우크라이나 난민의 유출은 우크라이나의 인적 자원의 순손실로 연결되는 것처럼 보인다. 폴란드는 반면에 우크라이나 난민의 유입으로 상당한 긍정적 경제적 효과를 보았다. 이 경우에는 난민이라는 인적 자원을 두고 난민 유출국과 난민 수용국 간의 갈등 또는 경쟁 관계가 형성되는 것처럼 보인다.

한편 다른 하나는 윈-윈(Win-Win) 모델로 설정할 수 있다. "러시아-키르기스스탄" 조합이 이에 해당한다. 러시아 렐로칸트의 키르기스스탄으로의 유입은 키르기스스탄에 고숙련 노동인력을 제공함으로써 IT와 같은 첨단산업의 경제 발전을 도모하는 계기로 작용할 수 있다. 반면에 난민 유출국인 러시아의 경우에도 의도치 않은 인적 자원의 국제적 진출로 러시아의 IT 산업의 국제적 네트워크와 영향력의 확장이라는 긍정적인 결과로 이어질 수 있었다. 이 같은 경향은 "러시아-아르메니아" 조합에서 더욱 뚜렷이 관찰된다. 이 같은 맥락에서 보면 러시아 렐로칸트의 국경 간 이동은 러시아에게는 인적 자원의 순

손실이 아니라 투자 비용으로 간주될 수도 있다.

이처럼 러시아-우크라이나 전쟁이 만들어 낸 전쟁 난민은 "인적 자원으로서의 난민의 속성"을 부각했다. 또한 이와 관련하여 난민 수용국과 난민 유출국의 이해 관계의 다양한 역동성도 보여주었다. 이 같은 점들을 난민 수용국과 난민 유출국의 이해관계의 관점에서 자세히 살펴보면 다음과 같다.

1. 난민 수용국의 이해관계

전쟁이라는 충격적 이벤트는 국경을 넘어 이동하는 난민을 만들어 내고 이는 난민 수용국들에게 하나의 도전이 된다. 러시아-우크라이나 전쟁으로 촉발된 우크라이나 난민과 러시아 렐로칸트에 대한 난민 수용 각국의 태도와 정책·제도를 보면 난민의 인도적 지원의 이면에 숨어있는 각국의 현실적 이해관계를 확인할 수 있다. 전쟁 난민을 인도적 지원 대상으로 보고 이들을 수용하고, 지원해야 한다는 국제적 기준과 요구에 부응하면서도 국가의 사회적, 경제적 부담의 최소화와 편익의 최대화를 모색한다. 이 과정에서 국가는 어떤 난민을 다른 난민에 비해 더 선호하고 자국의 필요를 위한 인적 자원으로 활용하려는 경향을 보여주었다. 폴란드에게는 우크라이나 난민이 키르기스스탄에게는 러시아 렐로칸트가 그와 같은 최적의 대안인 것처럼 보인다.

기존의 아프가니스탄, 시리아, 이라크 난민과는 달리 우크라이나 난민과 러시아 렐로칸트는 난민 수용국에서 상대적으로 우호적으로 수용되었다. 이 같은 난민 수용 국가들의 선별적인 수용 태도와 정책·제도적 지원에는 각국의 경제적 필요와 이들 특정 난민의 인적 자원으로서의 가치가 영향을 미쳤다. 전쟁 난민에 대한 규범적·인도적 지원이라는 국제사회의 보편적 원칙의 이면에서, 어떤 난민은 인적 자원으로서 가지는 내재가치 때문에 다른 난민에 비해 더 환영받는다. 이 같은 난민의 내재가치에는 난민 수용국과의 문화적, 종교적, 언어적, 역사적 동질성이 포함될 수 있다.

하지만 보다 더 중요하게 고려되는 것은 난민이 가지는 경제적 가치인 것으로 보인다. 폴란드의 우크라이나 난민 수용과 키르기스스탄의 러시아 렐로칸트 수용은 앞서 살펴본 것처럼 난민 수용국의 경제적 필요와 우크라이나 난민과 러시아 렐로칸트의 인적 자원으로서의 내재적 가치가 서로 맞아떨어진 측면이 크다. 이 같은 내재적 가치에는 난민 수용국의 경제적 필요에 부응할 수 있는 높은 교육 수준과 전문적 지식·기술·경험, 양질의 노동력, 그리고 자산 등이 포함된다. 이렇게 보았을 때, 동질적인 문화, 종교, 언어, 역사와 같은 변수들도 경제적 측면에서 해석될 수 있다. 이는 그와 같은 동질적인 비경제적 변수들이 난민 수용국이 난민을 수용하고 통합하는데 따르는 경제적, 사회적, 정치적 비용 부담을 최소화하기 때문이다.

오늘날 난민 수용국들은 노동력 부족의 문제를 해소하고 우수한 인적 자원을 유치함으로써 지속적인 경제 발전을 도모하기 위해 전쟁 난민을 하나의 기회요인으로 바라보는 것처럼 보인다. 이러한 경향은 특히 러시아-우크라이나 전쟁으로 발생한 전쟁 난민의 수용과정에서 나타났다. 어떤 난민을 수용할 것인지를 결정하는 데 있어 난민 수용국들은 자국의 노동 수요, 인재 확보의 필요, 그리고 난민을 정치·사회·경제적으로 통합하는 데 드는 비용 등을 종합적으로 고려할 수 있다. 이 과정에서 배제되는 난민과 적극적으로 수용되는 난민으로 구분된다.

배제되는 난민은 대체로 난민 수용국의 관점에서 통합 비용이 크며, 경제적인 편익이 크지 않다. 이 경우에 해당 난민에 대한 조치는 국제사회에서의 자국 이미지와 국제정치적 관계를 고려한 최소한의 보호에 머물며, 이들을 적극적인 사회경제적 통합의 대상으로 다루지는 않는다. 종종 이들은 경제적 부담이자 안보 위협으로 인식되며, 이와 관련된 내러티브의 생성과 유포, 확산을 통해 배제의 대상이 된다.

반면, 수용 대상이 된 난민은 사회문화적 통합 비용이 적으며, 고학력, 전문기술, 양질의 노동력, 자산 등 여러 측면에서 큰 경제적 편익을 제공할 수 있는 것으로 평가된다. 이러한 난민은 난민 지원이라는 당위적 가치 실천으로 자국의 국제사회에서의 이미지를 제고할 수 있음은 물론, 경제적 실익도 동시에 챙길 수 있는 적절한 대상이 된다. 따라서 이 같은 난민은 수용국의 적극적인 지원과 통합의 대상이 되며 관련된 여러 교육, 복지, 경제, 법적 지위 등의 정책·제도가 마련되고 시행된다.

2. 난민 유출국의 이해관계

전쟁 난민의 유출국 역시 서로 다른 이해관계를 가진다. 이는 우크라이나와 러시아의 비교를 통해 살펴볼 수 있다. 우선 우크라이나 사례에서 관찰할 수 있는 것처럼 대규모 전쟁 난민의 발생은 난민 유출국에게 막대한 인적 자원의 손실을 가져다 준다. 러시아-우크라이나 전쟁 발발 이후 우크라이나 전체 인구의 약 4분의 1에 달하는 수가 우크라이나를 떠났다. 특히 이들 가운데 많은 수는 전후 우크라이나의 경제발전을 이끌어 갈 수 있는 아동과 청소년들이었다. 이 같은 2차 대전 이후 유럽 지역 내에서 발생한 최대 규모의 인구이동으로 인한 인적 자원의 손실은 앞으로 우크라이나의 전후 복구와 경제 발전에 심각한 걸림돌이 될 수도 있다.

이 같은 상황을 보다 악화시키는 것은 역설적이게도 우크라이나 난민이 난민 수용국에서 상대적으로 환영받고 있다는 점이다. 유입된 우크라이나 난민은 자국의 출산율 저하와 인구 고령화 등으로 인한 노동력 부족의 문제를 해결할 수 있는 적절한 대안으로 평가된다. 이로 인해 폴란드를 비롯한 유럽 국가 대다수는 이들을 사회경제적으로 적극적으로 통합시키고자 하는 정책·제도를 시행하고 있다. 이는 전쟁이 끝난 이후에도 우크라이나 난민이 사회경제적으로 뒤떨어진 본국으로 돌아가지 않고 상대적으로 부유하고 안정적인 현재 거주하고 있는 난민 수용국에 그대로 남을 가능성을 높인다. 특히 폴란드의 우크라이나 난민 자녀에 대한 적극적인 폴란드 사회·문화로의 통합교육 정책은 이 같은 개연성을 뒷받침한다.

젤렌스키 대통령과 우크라이나 정부는 우크라이나 난민에 대한 이와 같은 유럽 국가들의 적극적인 통합정책에 대해 강한 불만을 표시한 바 있다. 우크라이나 정부는 다른 유럽 국가들에 거주하는 우크라이나 아동과 청소년들이 현지 국가의 교육 기관이 아니라 온라인으로 우크라이나 학교의 교육과정을 이수하도록 강제하고 있다. 이는 우크라이나의 미래세대가 현지화되는 것을 차단하고 우크라이나 정체성과 교육과정에 통합시킴으로써 전후에 이들이 다시 우크라이나로 돌아올 수 있도록 하려는데 목적이 있는 것으로 보인다. 이 같은 우크라이나 난민(특히 아동과 청소년들)을 둘러싼 '교육 갈등'은 인적 자원을 둘러싼 우크라이나와 다른 유럽 국가들 사이의 보이지 않는 경쟁인 것처럼 보인다.

하지만 러시아의 사례를 보면 전쟁으로 인한 인적 자원의 유출이 반드시 난민 유출국의 이해에 반하는 결과로 이어지는 것만은 아니다. 러시아 역시 전쟁으로 인해 다수의 고학력, 고숙련 노동력의 해외 유출을 경험했다. 이들 러시아 렐로칸트는 자신들이 체류하고 있는 국가의 경제 발전에 상당한 기여를 한 것으로 파악되었다. 이는 외견상 러시아의 인적 자원의 손실과 난민 수용국의 이득으로 보인다. 실제로 경제적으로 취약했던 아르메니아는 IT 분야 러시아 렐로칸트의 유입으로 2022년 전쟁 이후 경제가 눈에 띄게 성장하였다.

이 같은 러시아의 인적 자원 유출은 오히려 러시아의 IT와 같은 첨단기술 분야의 경제적 영향력이 오히려 의도치 않게 해외로 확장되는 지전략적(geo-strategic), 지경학적(geoeconomic) 이익으로 돌아왔다. 아르메니아, 조지아, 키르기스스탄, 카자흐스탄 등지로 빠져나간 러시아 투자자들, 기업가들, 전문가들, 고숙련 인력들, 학생들과 같은 인적 자원들이 본국과 다시 연결되어 국제적 인적 네트워크가 구축되었다. 이 때문에 전쟁으로 인해 러시아가 미국-서방 국가 주도의 국제적 제재로 인해 어려움을 겪었음에도 러시아의 국제경제적 네트워크와 경제·사회·문화적 영향력은 오히려 더 확장되는 결과로 이어졌다.

결국 이 같은 우크라이나와 러시아 두 사례를 비교해 보면, 전쟁으로 인한 인적 자원의 유출이 난민 유출국의 경제적, 전략적 이해에 도움이 되는지 손실이 되는지는 인적 자원 유출 그 자체가 아니라 유출된 인적 자원이 어떻게 국제적으로 네트워크화되고, 어떻게 본국과 다시 연결되는지에 달려 있는 것으로 보인다. 다른 한편으로 이는 난민 유출국의 국제정치 및 경제적 역량과 관련이 있어 보인다.

전쟁이라는 충격적 이벤트는 필연적으로 난민을 만들어 낸다. 그리고 이 같은 난민이라는 인적 자원의 국경 간 이동은 난민 수용국과 난민 유출국 모두에 새로운 기회와 도전 요인이 된다. 이 같은 새로운 기회와 도전의 요인을 어떻게 잘 활용하여 자국의 인적 자원으로 활용할 것인지는 결국 난민 수용국과 난민 유출국의 역량에 달려 있는 것처럼 보인다. 최근 러시아-우크라이나 전쟁으로 인해 2차 대전 이후 유럽 내에서 처음으로 나타난 대규모의 전쟁 난민의 국경 간 이동은 전쟁 난민에 대한 그간의 통념적인 인식과 이해를 넘어 인적 자원으로서의 전쟁 난민의 속성을 잘 보여주었다.

V. 맺음말: 함의와 논의

1. 국경을 넘는 주체로서의 난민

이 글에서는 주로 난민을 수용하거나 난민이 유출되는 국가의 시각을 중심으로 난민의 문제를 살펴보았다. 하지만 난민이 국경 간 인구이동에서 단순히 피동적인 객체로서의 성격만을 갖는 것은 아니다. 이들은 국경을 넘어 자신의 삶을 개척하는 능동적인 주체로서의 성격도 동시에 가진다.

국제적 인구이동의 흐름은 사회경제적으로 낙후된 개발도상국에서 발전된 선진국으로 향한다. 이 흐름의 가장 마지막 종착역은 미국, 캐나다, 독일, 영국, 프랑스 등과 같은 북미와 서유럽의 선진국들이다. 이민자들과 마찬가지로 전쟁 난민은 자신들이 갖고 있는 인적·물적 자산과 사회관계망, 그리고 비자 협정이나 지리적·언어적·문화적 근접성과 같은 기회 조건들을 종합적으로 고려해서 이동 경로와 최종 종착지를 선택한다.

이 과정에서 난민 개인이 갖고 있는 종합적 역량은 해당 난민이 본국에서 국제적 선진국으로 이어진 위계적 여행경로를 따라 어디까지 도달할 수 있을지를 결정하는 자산이 된다. 폴란드의 우크라이나 난민과 키르기스스탄의 러시아 렐로칸트는 모두 공통적으로 가능하다면 미국이나 독일과 같은 국제적 인구이동의 흐름에서 가장 정점에 있는 지역으로의 이주를 희망했고, 그 가운데 상당수는 그와 같은 국가들로 이주하였다. 예를 들면 전쟁 이후 키프로스로 유입된 러시아인들은 대체로 부유하고 사회경제적 지위가 높은 사람들이었다. 이들은 현지에 자산 투자를 통해 손쉽게 영주권이나 국적과 같은 합법적 체류자격을 취득할 수 있었다.[26] 이는 시리아나 아프가니스탄 난민 사이에서도 보편적으로 관찰되는 현상들이다. 그들 역시도 가능하다면 미국, 캐나다, 독일, 영국 등의 선진국으로의 이주를 희망했다. 하지만 이 같은 바람에도 불구하고 제한된 자산을 가진 난민은 자신들의 현실적 한계를 감안하여 최종 종착지를 타협한다. 이들은 자신들의 기회 조건과 개인적 사정, 그리고 자신의 역량과 같은 것들을 복합적으로 고려하여 폴란드나 키르기스스탄 등과 같은 국제적 이주 흐름의 중간 경유지에 해당하는 국가들을 최종 목적지로 최적 선택하는 경향을 보여주었다.

이처럼 전쟁이 만들어 내는 난민은 단순히 인도적 지원과 도움을 받기만 하는 피동적인 대상만은 아니다. 이들은 개인적 안전, 경제적 기회 등과 같은 보다 나은 삶의 조건을 찾아 적극적으로 탐색하고 이동하는 능동적인 주체이다. 전쟁은 어떤 면에서는 이들의 이주를 보다 더 격렬한 방식으로 추동하는 하나의 요인이다. 우크라이나 난민의 경우에 이들은 폴란드에서 다시 우크라이나로 돌아가거나, 폴란드에 남거나, 아니면 다른 유럽 국가들 또는 그 외 미국, 캐나다, 일본, 한국 등 다른 비유럽 국가들로 이동한다.

이 같은 다양한 우크라이나 난민의 이동 경로의 선택은 일반적인 이민과 같은 국제적 거주 이동성(residential mobility)의 측면에서 이해될 필요가 있다. 실제로 난민이 자신의 이주 경로와 종착지를 선택할 때 일반적인 국제적 이주에서 나타나는 가족, 친척, 또는 지인과의 사회적 관계, 가용한 교육 기회, 난민 수용국 또는 이주 국가가 제공하는 여러 지원과 혜택, 임금과 근로조건, 삶

26 키프로스 현지 참여관찰과 인터뷰, 2025. 7. 14.

의 질, 이주 국가의 사회·문화·언어적 친숙함 등이 복합적으로 고려된다.

이 같은 경향은 흥미롭게도 탈북자의 사례에서도 유사하게 관찰된 바 있다. 탈북자 역시 단지 폭압적인 김정은 정권을 피해 탈출한 피동적인 도움의 대상에 머물지 않으며, 적극적으로 더 나은 삶의 기회와 조건을 찾아 능동적으로 이동하는 국제적 이주자로서의 성격도 동시에 가진다. 따라서 이들 역시 한국 이외에도 캐나다, 독일, 영국, 미국 등 다양한 거주 종착지의 기회 조건들을 끊임없이 탐색하고 서로 비교하며 자신들의 최종 목적지를 선택한다.

유사한 경향성이 러시아 렐로칸트에게도 나타났다. 이들 역시 전쟁 징집을 피해 해외 국가들로 이주하였지만, 이주 대상 국가를 탐색하는 과정에서 여러 기회 조건을 비교하면서 자신들의 삶을 능동적으로 개척했다. 이들은 다른 난민과 마찬가지로 가족, 친척, 또는 지인과의 사회적 관계, 가용한 교육 기회, 난민 수용국 또는 이주 국가가 제공하는 여러 지원과 혜택들, 임금과 근로 조건, 사업 기회, 삶의 질, 이주 국가의 사회·문화·언어적 친숙함 등을 복합적으로 고려했다. 더욱이 이들은 러시아를 떠난 이후에도 끊임없이 러시아 내에 있는 자신의 인적, 사회적 관계망을 유지하고 활용하면서 자신들의 사업, 교육, 진로, 취업 기회들을 모색하고 활용하였다. 그 과정에서 러시아로 돌아가거나 러시아 내 인적·물적 자원들을 활용하여 자신의 거주 국가에서 자신의 삶과 사업 기회를 넓히거나, 아니면 다른 제3국과의 사회적 관계망을 탐색하고 이용하여 이주하거나 사업을 확장하였다.

이처럼 전쟁 난민은 단지 국제적 도움의 대상이 되는 객체가 아니라 자신의 삶을 적극적으로 개척해 가는 국제적 이주자의 성격을 가진다. 전쟁은 단지 그들의 거주 이동성을 추동하는 하나의 자극 또는 기회 요인이 된다. 난민의 지위는 오히려 역설적으로 그들이 국제적으로 이동할 기회 조건이 된다. 이는 특히 우크라이나 난민에게 그러했다. 전쟁으로 인해 보다 더 쉽게 폴란드를 포함한 유럽 국가로 이주할 수 있었으며, 다른 이민자들에 비해 상대적으로 더 많은 혜택을 누릴 수 있었다. 이는 전쟁이 아니라면 가능하지 않았을지 모른다. 이 과정에서 이들이 공식적으로 전쟁 난민으로서의 국제법적 지위를 부여받는지 여부는 현실적인 의미에서는 그다지 중요하지 않아 보인다. 실제로 다수의 우크라이나 난민과 러시아 렐로칸트는 국제법적 난민으로 정의되지도 그와 같은 지위를 부여받지도 않았다. 그럼에도 이들은 다양한 방법으로 다른 국가들로 이주했다. 러시아-우크라이나 전쟁은 분명히 이들의 그와 같은 국제적 이동을 추동한 기회요인이 되었다.

2. 한국에 대한 함의

러시아-우크라이나 전쟁의 여파로 한국에도 우크라이나 난민이 유입되었으며, 러시아 출신의 전쟁 기피 이주자 신청자도 급증한 것으로 알려졌다. 그럼에도 불구하고 아직 한국 사회의 시각은 이들을 주요한 인적 자원으로 인식하고 있지는 못한 것으로 보인다. 이는 유럽 각국과 구소련 구성 공화국들이 러시아-우크라이나 전쟁으로 발생한 우크라이나와 러시아의 전쟁 난민을 인적 자원으로 확보하기 위해 경쟁적으로 정책적 노력을 기울이는 것과는 대비된다.

한국 역시 출산율 감소, 인구 고령화로 인해 심각한 인적 자원 고갈의 위기에 직면하고 있다. 인구 감소는 결혼과 가족, 출산, 육아, 교육, 직업, 경력, 경제, 라이프스타일 등 다양한 사안들에 대한 인식과 문화적 태도의 복합적 함수의 결과물이다. 따라서 단편적인 주택정책이나 출산 보조금 지급, 캠페인 등으로 해소될 수 있는 단순한 문제가 아니다. 그렇기 때문에 해외로부터의 쓸모 있는 양질의 인적 자원을 수혈하는 것은 지속적인 경제의 고도성장과 혁신을 위해서는 필수적이다.

오늘날 세계 각국은 지속적인 경제 발전과 혁신을 위해 인적 자원의 유치와 확보에 총력을 기울이고 있다. 이 같은 상황에서 전쟁 난민은 인적 자원을 확보하기 위한 좋은 기회요인이 된다. 오늘날 자국민의 출산율 증대 정책만으로 인구 감소를 해소하고 필요한 인적 자원을 확보하겠다는 발상은 비현실적이다. 따라서 한국 역시 난민의 인적 자원으로서의 성격에 대해 주목할 필요가 있다. 미래로 갈수록 해외로부터 양질의 인적 자원을 끌어들일 수 있는 보다 개방된 매력적인 국가들이 더 높은 경쟁력 확보를 통해 지속적인 고도 경제성장과 혁신을 달성할 개연성이 높다.

한국은 난민의 이중적 성격에 대해 이해할 필요가 있다. 하나는 전쟁이나 천재지변 등의 불행한 이벤트로 생명과 재산 등에 대한 심대한 위해에 직면하여 긴급히 피신한 사람들이라는 점이다. 따라서 이들은 인도적 구호의 대상이 된다. 하지만 난민이 이처럼 단순히 일방적으로 도움을 받기만 하는 피동적 대상에 그치는 것은 아니다. 다른 한편에서 난민은 전쟁 등의 이벤트가 촉진 요인이 되어 더 나은 삶과 기회를 찾아 이동하는 적극적인 이주자로서의 성격을 동시에 가진다. 이들은 각자의 삶의 목표와 방향, 기대에 따라 더 우호적인 환경을 찾아 국경을 넘어 새로운 삶의 터전으로 이주한다. 이때 전쟁이나 천재지변과 같은 충격적 이벤트는 이동을 촉진하는 하나의 기회요인이 된다.

이러한 맥락에서 난민은 적극적으로 자신이 가진 자원과 기회요인들을 활용하여 이주 국가를 물색하고 선택하는 적극적인 탐색자(seeker)가 된다. 이때 인적 자원으로서의 가치가 높은 난민일수록 더 많은 이주 국가의 선택지가 생길 수 있다. 따라서 어떤 측면에서는 각 국가는 난민이라는 인적자산을 유입하기 위한 경쟁 관계에 있다. 어떤 특정 난민이 높은 가치를 가지는 인적 자원으로 평가될 경우 국가들 간의 경쟁에서 그와 같은 난민은 더 선호될 수 있다. 이때 더 매력적인 국가가 더 큰 협상력을 가진다. 한국은 이 같은 인적 자원 유입의 경쟁에서 더 매력적인 선택지가 되어 더 양질의 인적 자원 가치를 지닌 난민을 흡수할 수 있도록 노력할 필요가 있다.

한편 러시아의 사례에서 보듯 인적 자원의 유출이 반드시 한 국가의 경제적, 국제정치적 역량의 손실로 이어지지만은 않는다는 사실도 주목할 필요가 있다. 국내에서 해외로 나가는 고급 두뇌 또는 양질의 인적 자원은 오히려 한국의 해외에 대한 전략적 영향력의 투자로 이어질 수도 있다. 이는 한국의 인적 자원이 해외로 나가는 것과 관련된 개방성이다. 해외로 빠져나가는 양질의 인적 자원들이 한국의 국가 경쟁력에 부정적인 영향을 미칠 수도 있지만, 오히려 글로벌 인적 네트워크의 구축을 통한 전략적 영향력의 확장이 될 수도 있다. 이는 국내에서 출생한 한국인이 해외로 나가는 경우에도 적용되지만,

해외에서 한국으로 들어왔던 난민이나 이주자들이 국내에서 경험을 쌓고 다시 해외로 이주하는 경우에도 적용된다. 이 경우에도 친한국화된 해외에서 출생한 난민과 이주자들은 한국의 국제정치적, 경제적 영향력 확장의 중요한 전략자산이 될 수 있다.

결국 21세기에 성공적인 글로벌 중추 국가가 되기 위해서는 인적 자원들이 국가 안으로 들어오고 나가는 것과 관련한 높은 수준의 개방성이 확보되어야 한다. 이 과정에서 한국은 더 매력적인 국가가 될 필요가 있다. 해외의 사람들을 국가적 매력을 통해 끌어당기거나, 반대로 해외 각지에 진출하여 활동하는 다양한 한국과 인연이 있는 사람들의 인적 네트워크의 매력적인 플랫폼으로 작동할 필요가 있다. 특히 이 과정에서 기존의 민족적·역사적·문화적 동질성의 고정관념의 한계를 넘어설 필요가 있다.

따라서, 한국인 또는 이른바 동포라고 불리는 한국계뿐만 아니라 다양한 민족·역사·문화적 배경을 가진 인적 자원들을 한국이라는 거대한 플랫폼 안으로 폭넓게 담아낼 수 있어야 한다. 난민을 이 같은 개방적이고 매력적인 한국이라는 플랫폼을 드나드는 대상으로 바라볼 필요가 있다. 이 같은 관점에서 한국은 난민을 포함한 다양한 유형의 양질의 인적 자원을 흡수하고, 이들을 활용하는 보다 개방되고, 유연하며, 탄력적인 국가로 혁신해 가야 할 것이다. 이와 관련하여 중요한 점은 인적 자원의 확보 과정에서 국익에 부합하는 특정 배경과 자질을 갖춘 난민과 이주자들을 선별적으로 받아들이는데 주저하지 말아야 할 것이다. 폴란드를 비롯한 유럽 국가들과 키르기스스탄 등 여러 구소련 구성국의 사례는 현실정치에서 각국은 자신들의 경제적, 정치적, 사회적 이익에 부합하는 인적 자원으로서의 가치가 높은 특정 난민과 이주자들을 선별적으로 받아들이는 태도를 취한다는 것을 보여준다. 한국 역시 이러한 국제적 현실을 잘 헤아려 자국의 이익을 극대화하는 방안을 모색해야 할 것이다. 국가는 규범을 실천하는 존재가 아니라 이익을 추구하는 현실정치의 행위자이기 때문이다.

참고문헌

1차 자료

UN. 2018. "2050년 중앙아시아 인구 증가 전망." (5. 19). https://www.central-asia-korea.org/korcen/na/ntt/selectNttInfo.do?nttSn=38094&bbsId=1106(검색일: 2025. 8. 28).

World Bank Group. 2025. https://data.worldbank.org/indicator/BX.TRF.PWKR.DT.GD.ZS?locations=KG (검색일: 2025. 8. 28).

인터뷰

바르샤바 Global Expo 난민쉘터 수용 난민 인터뷰, 2024. 2. 20. 바르샤바 Global Expo 난민쉘터.

우크라이나 노년 여성 난민 2명 인터뷰, 2024. 2. 21. 바르샤바 가족지원센터.

우크라이나 중년 여성 난민(N) 인터뷰, 2024. 2. 21. 바르샤바 가족지원센터.

키르기스스탄 경제통상부 및 노동사회부 책임자 및 담당자 인터뷰, 2024. 2. 13. 비슈케크.

키르기스스탄 대학에서 공부하고 있는 러시아 청년(D) 인터뷰, 2024. 2. 14. 비슈케크.

키르기스스탄 체류 러시아 렐로칸트 인터뷰. 2024. 2. 15. 비슈케크.

키르기스스탄 체류 러시아 여성 인터뷰, 2024. 2. 14. 비슈케크.

키르기스스탄-한국대학교 총장 및 부총장 인터뷰, 2024. 2. 14. 비슈케크.

키프로스 현지 참여관찰과 인터뷰. 2025. 7. 14.

헝가리 국제관계 전문가 인터뷰, 2019, 10. 1. 바쿠.

UNHCR 키르기스스탄 지부 관계자 인터뷰. 2024. 2. 14. 비슈케크.

UNHCR 폴란드 지부 관계자 인터뷰, 2024. 2. 20. 바르샤바.

2차 연구자료

국민호. 2019. "유럽의 반 난민정서 강화와 영국 비호신청자의 참상." 『디아스포라연구』 13(1): 95-134.

권한용. 2016. "난민문제에 대한 국제적 논의와 한국난민정책에 대한 시사점." 『아주법학』 10(1): 213-249.

김철민. 2015. "난민 문제로 인한 갈등, EU의 고민과 동유럽의 목소리." 전문가 오피니언. 『EMERiCs』 11월 9일.

남부현 · 박민희. 2023. "독일." 남부현 외 공저. 『이민정책론』. 436-445. 파주, 경기: 법문사.

대외경제정책연구원. 2024. "우크라이나 난민에 대한 중동부유럽 국가들의 정책." 월간정세변화. 『EMERiCs』 9월 30일. https://www.kiep.go.kr/aif/issueDetail.es?brdctsNo=371726&mid=a30200000000&&search_option=&search_keyword=&search_year=&search_month=&search_tagkeyword=&systemcode=07&search_region=&search_area=4¤tPage=1&pageCnt=10 (검색일: 2025. 8. 28).

윤민우 · 김은영. 2020. "유럽지역의 최근 극우극단주의 동향과 사회정치적 요인들." 『한국치안행정논집』 17(2): 173-191.

윤수민. 2024. "늘어나는 난민 유입으로 인해 갈등을 겪는 유럽연합(EU)." 『Wisdom Agora』 9월 27일.

장서우. 2023. ""일할 사람 없어 문 일찍 닫아요"…시한폭탄 된 독일 인력난." 『한경글로벌마켓』 10월 23일.

장영욱. 2022. "유럽의 우크라이나 난민 유입 현황 및 전망." 『EMERiCs 중동부유럽』 KIEP 동향세미나. 4월 20일.

장익현. 2023. "영국의 이민 · 다문화정책에 대한 연구: 정책추진체계를 중심으로." 『한국이민정책학보』 6(1): 29-49.

최지은. 2023. "난민정책 둘러싼 갈등으로 유럽 각국 분열." 『더나은미래』 7월 19일.

하정봉. 2023. "일본 이민정책의 형성배경과 특징: 2012년 이후 변화를 중심으로." 『한국이민정책학보』 6(1): 1-28.

한국리서치 난민인식조사연구팀. 2021. "난민에 대한 태도 및 인식변화 결과 보고서." 1월.

Mickelsson, T. B. 2024. "Ukrainian Refugees' Differentiated Treatment: A Critical and Systematic Review." *Global Networks* 25(1).

Oschchepkov, A., Tilekeyev, K, and Gerry, C. 2024. "How War in Ukraine Has Shaped Migration Flows in Central Asia." University of Central Asia,

Graduate School of Development Policy Brief #1.
Saidumarova, R. 2025. "중앙아시아의 난민 현황 변경: 아프가니스탄 위기와 기후변화의 도전." 서울대학교 아시아연구소 중앙아시아센터 이주·난민연구단 교육프로그램 8, 6월 5일.

기타 (미디어 및 기타 인터넷 자료)

백지혜. 2023. "폴란드, 인구 고령화로 외국인 노동자 200만명 필요." 『주간기쁜소식』 7월 29일. http://www.igoodnews.or.kr/news/articleView.html?idxno=13801 (검색일: 2025. 8. 27).
최석진. 2022. "징집을 피해 카자흐스탄으로 몰려드는 러시아 젊은이들." 『위키리크스 한국』 10월 11일 (검색일: 2025. 8. 27).
BBC News 코리아. 2018. "제주 예멘: 난민 둘러싼 찬·반 여론 갈등으로 확대 우려." (7. 1). https://www.bbc.com/korean/news-44672142 (검색일: 2025. 8. 27).
Eurasianet. 2025. "Poverty rate at risk of rising in Kyrgyzstan, despite economic growth-UN agency." eurasia.org (April 2) https://eurasianet.org/poverty-rate-at-risk-of-rising-in-kyrgyzstan-despite-economic-growth-un-agency (검색일: 2025. 8. 28).
Rozanova, A. 2024. "Inclusion or Exclusion? The Reality for Roma Refugees in Poland." ERGO Network (February 6) https://ergonetwork.org/2024/02/inclusion-or-exclusion-the-reality-for-roma-refugees-in-poland/ (검색일: 2024. 11. 2).

• • • •

제3장

우크라이나 난민 유입이 폴란드 정치 지형에 미친 영향*

김선희

I. 머리말

2022년 2월 러시아의 우크라이나 침공을 피해 많은 우크라이나인들이 폴란드로 향했다. 폴란드는 이들을 전격적으로 수용하는 포용적 난민 정책을 폈다. 2024년 12월 기준으로 약 150만 명에 달하는 우크라이나 난민이 폴란드에 거주하며, 이 수치는 전쟁으로 우크라이나를 떠난 난민 전체의 절반 이상에 달한다. 폴란드는 우크라이나 난민이 합법적으로 보호받고 생활할 수 있도록 임시거주증(PESEL)을 신속하게 발급하고 의료, 돌봄, 교육, 고용 등 다양한 측면에서 난민들이 중장기적으로 폴란드의 삶에 적응할 수 있도록 많은 지원을 아끼지 않았다. 이는 2015년 시리아 내전 당시 대거 유럽으로 피난했던 시리아 난민 수용의 부담을 공유하자는 취지의 EU의 난민할당제에 반발하며 단 한 명의 시리아 난민도 받아들이지 않았던 것과는 극적으로 대조되었다. 더군

* 이 글은 『슬라브학보』 40-1 (2025)에 게재된 논문을 본서의 편집 취지에 맞도록 수정·보완한 것입니다.

다나 러시아-우크라이나 전쟁 발발 당시에는 반이민정서를 기반으로 연속 집권에 성공한 극우 포퓰리즘 정당인 법과정의당(Law and Justice, PiS - Prawo i Sprawiedliwocc)이 여당이었기에 폴란드의 우크라이나 난민 환대는 한 국가 내 난민 정책의 급진적 변화의 대표적 사례로 연구자들의 관심을 불러일으켰다.

폴란드의 난민 정책을 설명하기 위한 연구에서는 우크라이나인들의 인종, 종교, 문화가 상대적으로 폴란드인들에게 친숙했다는 점, 러시아라는 위협을 공유하는 동맹적 정서의 존재 등을 그 원인으로 지목한다(한준성, 2023). 이와 더불어 우크라이나 난민 수용과 관련하여 유럽연합으로부터 정서적, 물질적 지원이 있었으며 우크라이나 난민에 대한 수용과 보호가 NATO가 폴란드의 안보를 보장하는 명분을 강화해 줄 것이라는 기대가 우크라이나 난민 수용의 부가적 이유가 되었을 것이라고 분석된다.

이와 같이 폴란드가 왜 우크라이나 난민을 전격적으로 수용하게 되었는가에 대한 원인을 분석하는 시도는 많은 한편, 반대로 러-우 전쟁으로 인한 우크라이나 난민의 대규모 유입과 수용이 폴란드에 미친 영향을 평가하는 연구는 상대적으로 적다. 우크라이나 난민의 대규모 폴란드 유입은 전쟁 초기에 정점에 도달했고 러-우 전쟁이 당초 기대보다 장기화 되면서 우크라이나 지원과 난민 수용의 사회경제적 파급효과가 구체화 되고 있기 때문에 난민 수용이 폴란드 국내 정치 지형에 미치는 다양한 함의에 대해 논의가 유의미한 시점이다. 이에 이 글에서는 우크라이나로부터 온 대규모 난민 수용이 폴란드 정치 지형에 미친 영향이 어떤 것인지 탐색하고자 한다.

기존 연구에 따르면 일반적으로 이민과 난민 문제가 대두될 때 극우 정치 세력이 세를 확장하는 경향이 나타난다(이용일, 2018; Grasso, 2019). 물론, 이러한 현상이 발생하는 방식과 조건은 사례별로 상이하며, 각국의 정치적·사회적 맥락에 따라 다양한 동학이 존재한다. 그럼에도 불구하고 난민과 이주민의 대규모 유입은 실제로 극우 포퓰리즘의 확산을 촉진하거나 정치인들이 이를 특정한 방식으로 프레이밍함으로써 극우적 담론을 강화하는 계기가 되는 경우가 많았다.

폴란드 또한 2015년 시리아 난민 사태 당시 이와 유사한 경로를 밟았다. 당시 법과정의당은 반이민 정서를 적극적으로 활용하여 정치적 입지를 강화하였고 이에 힘입어 집권에 성공한 바 있다. 이러한 선례에 비추어 보아 2022년 러시아의 우크라이나 침공으로 인해 대규모 우크라이나 난민이 폴란드로 유입되었을 때, 난민 이슈가 다시금 극우 정치의 부상을 초래할 것으로 예상될 수 있었다. 그러나 흥미롭게도, 법과정의당 정부는 우크라이나 난민을 대규모로 수용하고 환대하는 정책을 펼쳤으며 전쟁에 대한 직·간접적 지원을 아끼지 않았다. 이러한 정책적 대응이 국내 정치에 미친 영향은 어떠했는가?

2023년 10월 총선 결과를 보면 난민 유입과 극우정치와의 상관관계를 연구한 기존연구의 대세적인 패턴과는 달리 법과정의당은 선거에서 패배하였다. 대신, 중도우파 성향의 시민연합(Civic Platform)을 중심으로 한 정당연합이 정권 교체에 성공하며 새로운 집권 정부를 구성하였다. 또한 선거 기간 동안 법과정의당보다 더 극우 성향을 띠는 컨페더레이션(Konfederacja)이 지지율 10% 이상 상승하는 등 극우 스펙트럼 내에서 표가 분산되는 양상이 나타났다. 전체 우파 당들에 대한 지지율이 크게 상승하지 않은채 표가 분화되었으므로 이는 극우 세력의 강화를 의미하기보다는 오히려 극우 내부 분열과 상대적 약화를 초래한 것으로 해석할 수 있다. 요컨대, 우크라이나 난민의 유입이 폴란드 극우 정치에 미친 영향은 기존의 시리아 난민 사태 때와는 상당히 다른 양상을 보였다고 할 수 있다. 난민 이슈가 극우 정치에 긍정적인 효과를 가져온다는 기존 연구의 일반적 경향성과는 부합하지 않는 사례가 목격된 것이다.

이 글은 이러한 현상의 배경을 보다 면밀히 분석하고 2022-2023년 우크라이나 난민 유입이 폴란드의 정치 지형에 미친 영향을 규명하는 것을 목표로 한다. 특히, 우크라이나 난민 유입이 법과정의당이라는 당시의 집권여당의 정치 서사 플랫폼에서 어떻게 정당화되었는지를 통해 폴란드의 극우정당이 러-우 전쟁을 위시하여 가졌던 한계를 드러내고자 한다.

II. 우크라이나 분쟁과 난민의 특수성

본 장에서는 우크라이나 사태와 그에 따른 난민의 유입이 폴란드에 어떤 의미로 다가왔는지 살펴본다. 폴란드의 우크라이나 난민 환대 정책을 설명하는 기존 연구에서는 폴란드의 전격적인 난민 수용 정책의 이유를 우크라이나 난민이 다른 난민들과 다르게 인식되었는지 혹은 정치인들이 어떻게 다르게 프레임 했는지를 주로 분석한다. 이 글은 이러한 분석틀에서 벗어나, 우크라이나 사태와 우크라이나 난민의 유입이라는 사건이 폴란드 국내정치의 주요 당사자들에 있어 어떤 구조적 환경을 제공했는지에 대한 관점으로 접근하고자 한다. 우크라이나 사태와 난민의 어떤 측면이 폴란드가 전격적인 난민 수용 정책을 펼치게 하는 배경으로 작동했는지, 혹은 폴란드의 극우정치가 왜 우크라이나 난민 이슈를 극우정치의 주요한 어젠다로 활용할 수 없었는지, 폴란드의 정책 당국과 당시의 주요 정당이 놓였던 특수한 환경과 변수들을 논의한다.

1. 우크라이나 난민의 위상

법과정의당이 우크라이나 난민 유입을 시리아 난민 사태와 같은 방식으로 대할 수 없었던 구조적 환경은 무엇이었는가? 가장 직관적인 점은 우크라이나 난민 수용 및 환대 정책을 설명하는 많은 연구가 분석하듯 우크라이나인이 시리아인과는 다른 이미지 및 위상을 지니고 있었다는 것이다. 우크라이나인의 보다 긍정적인 이미지는 비단 시리아 출신 난민과 구별되는 것이 아니다. 우크라이나 출신 이주민 혹은 난민은 2000년대 중후반부터 본격적으로 유럽으로 유입된 난민, 이주민들 대부분과 다르다. 유럽에 이주해 온 이들의 출신 지역을 살펴보면, 시리아, 아프가니스탄, 터키, 베네수엘라, 콜롬비아, 이라크 등 주로 중동, 남아시아, 남아메리카이다. 2025년 2월 기준 UNHCR 통계에 따르면 특히 가장 많은 비중을 차지하는 시리아, 아프가니스탄, 이라크인들은 유럽의 기독교 문명, 문화와는 이질적인 무슬림이다(UNHCR Refugee Data Finder, 2025; eurostat, 2025).

무슬림 난민은 표면적으로 인종, 문화적으로 유럽과 대조적일 뿐만 아니라 아프가니스탄 전쟁, 시리아 내전 등의 이유로 피난이 오기 전에는 원래 출신국과 정착국, 수용국 사이에 물적, 인적 교류도 활발하지 않았던 상황이다. 난민들을 주로 수용한 국가들은 독일, 프랑스, 스페인, 이탈리아, 오스트리아 등 인데, 이들 국가는 난민들이 오기에는 지리적으로 멀었다. 난민 유입의 경제적, 사회적, 정치적 파급효과는 매우 다층적이지만, 대개 단기적으로는 볼 때 난민이 거주하는 지역 원주민들과의 갈등, 동일한 일자리를 놓고 경쟁하게 되는 계층의 반발 등으로 인해 사회 양극화 심화가 심해진다는 연구가 많고(Michail, 2024), 정부 난민 정책에 대한 거부감과 정치적 양극화 및 극우정당 지지 등의 효과가 나타나고 있다고 분석된다(Campo et al, 2021; Grasso, 2019; Endrich, 2023; Vadlamannati, 2017).

이에 비해 폴란드에서 우크라이나인들은 어떤 위상을 지니고 있었는가? 우크라이나 사태 이전에도 이미 우크라이나인은 폴란드 내 이주민 중 가장 많은 비중을 차지하고 있었다. 전쟁이 일어나기 전에도 약 135만 명 정도의 우크라이나인들이 합법적으로 폴란드에 이민, 이주해 와 있었던 것이다(Duszczyk · Kaczmarczyk, 2022). 반이민정서가 팽배했던 폴란드에서 노동인력의 유출로 인한 점점 고도화되는 국내 노동시장의 공백을 주로 우크라이나의 노동이주를 통해 수급하고 있었다(Szelewa · Polakowski, 2023). 이처럼 시리아 및 무슬림계 이민자의 수용을 강하게 반대하던 폴란드는 한편으로는 우크라이나 이주민을 적극적으로 받아들이고 있었다.

우크라이나인의 입장에서 폴란드는 인종적, 문화적으로 친숙하며 지리적으로 근접했다. 무엇보다도 본국인 우크라이나보다 더 나은 경제적 기회를 제공하는 곳이 폴란드였다. 폴란드는 우크라이나인들에게 장단기의 노동허가를 쉽게 내어 주었으며, 이미 많은 우크라이나인들이 상주함에 따라 새롭게 정착하는 데에 드는 비용이 낮은 편이었다(Borkowski et al., 2021). 특히 2014년 크림사태 이후 우크라이나 동쪽 지역의 친러시아 분리 세력과의 분쟁으로 인해 경제적, 정치적으로 심화되는 어려움을 피해 새로운 삶의 터전을 찾는 우크라이나인들에게 폴란드는 매우 적절한 정착지였다고 할 수 있다.

폴란드 사회에서도 경제가 성장하는 가운데 고급노동인력이 많이 유출되는 상황에서 노동시장의 공백을 메워주는 우크라이나 이주민들(Szelewa · Polakowski, 2023)에 대한 이미지는 호의적인 편이었다고 알려졌다. 폴란드만을 두고 말하자면 우크라이나 난민 수용이 경제적으로는 유리한 선택이었던 것이다(Musiyezdov, 2019). 문화적 갈등이 없을 수는 없지만 우크라이나인들은 전쟁 전까지 폴란드 사회와 융합하여 상호 필요를 메워주면서 비교적 잘 통합되어 거주하고 있었다. 폴란드의 극우집권당 입장에서도 반대하는 시리아 이주민에 비해 적절한 대안이었다고 볼 수 있다.

2. 안보 문제와 연계된 난민의 유입

우크라이나인의 이미지와 위상이 유럽에 정착한 다른 난민들과 달랐던 점과 더불어, 우크라이나 난민을 대거 양산한 러-우 전쟁도 폴란드의 안보 문제와 깊숙이 연관되어 있다. 이것이 극우정당이 우크라이나 난민을 타자화하여 지지층을 결집할 수 없었던 또 다른 구조적 환경이라 할 수 있겠다.

먼저 폴란드를 포함한 많은 극우정당이 득세했던 주요 배경이었던 난민 유입의 계기를 살펴 보자. 시리아 난민은 2011년 아랍의 봄으로 촉발된 시리아 정부와 반군 사이의 내전, 2014-15년 시리아 북쪽의 ISIS의 등장으로 인한 시리아 내부의 혼란과 불안정성으로 인해서 난민들이 유럽으로 피난을 오게 되면서 벌어진 사태이다. 아프가니스탄 난민은 2011년부터 2014년까지 미국이 전쟁을 종결하면서 철수하고 아프가니스탄에 탈레반 정권이 들어서게 되면서 정치적 박해와 경제적 어려움을 피해서 유럽으로 왔다. 튀르키예 이주민은 2016년 군부 쿠데타 실패를 위시로 하여 더욱 심해진 독재정권의 탄압과 경제적 불안정성을 피해서 유럽으로 유입되었다. 이라크 난민도 이라크 내부의 정권의 불안정성과 이로 인해 심하게 정치적으로 박해 받거나 생명의 위험에 처한 사람들이 이를 피해 유럽으로 일부 정착한 것이다. 이처럼 난민 유입을 초래한 사례들은 난민을 수용한 국가들인 독일, 프랑스, 이탈리아, 스페인, 오스트리아 등과 경제적, 정치적, 안보적으로 직접적으로 상관이 없는 내전, 국가 체제의 불안정, 안보 상황의 변화 때문이다. 다시 말해, 중동, 남아시아, 등지에서 출발하는 난민들이 피난해 오는 당초 원인과 난민수용국과의 연관관계가 사실상 전무한 사례인 것이다.

그러나 폴란드의 경우 러시아의 우크라이나 침공은 폴란드 정치, 경제, 안보에서 의미하는 바가 매우 크다. 특히 폴란드의 안보와 직접적인 연관이 있다. 명시적으로 블라디미르 푸틴 러시아 대통령이 우크라이나를 침공하면서 내세운 명분은 NATO의 동진이었다. 러시아는 유럽의 집단 안보 체제의 최전선이 폴란드를 넘어서 우크라이나, 바로 러시아의 국경 앞까지 확대되어서는 안 된다고 주장하면서 자기방어적 입장에서 우크라이나를 "해방"하겠다면서 우크라이나 동부로 진격했다.

이것은 폴란드에 있어서 역사적으로 새겨져 있는 "러시아 위협"이 다시 현실에서 발현된 것과 다름이 없었다. "러시아 위협"은 18세기 프러시아, 러시아, 오스트리아의 폴란드 분할부터 시작된 러시아의 확장주의적 정책에 대한 뿌리 깊은 집단적 기억에 의거한 서사라고 할 수 있겠다. 소련은 1918년 폴란드 최초로 독립주권국가가 건국된 이후인 1920년에 폴란드를 침공했으며, 1939년에는 독소불가침조약을 통해 폴란드를 독일과 반으로 나누어 점령하였다. 소련은 또한 카틴숲 학살이라는 대규모의 살상 전쟁 범죄를 자행했으며 2차대전 기간에 폴란드를 점령했다. 폴란드는 1989년 민주화가 이루어지기 전까지 사실상 소련 공산주의의 위성국가로 존재해 왔다.

근대 주권 국가로 넘어오는 중요한 시기에 러시아에 의해 속박받고 압제를 받은 폴란드의 역사적 기억은 폴란드의 민족적, 정치적 정서에 러시아에 대한 깊은 경계심과 적대감이 뿌리 내리게 한 원인이었다(Adamczewski, 2018). 현재까지도 이런 "러시아 위협"에 대한 인식은 폴란드의 외교정책과 안보정책에 깊은 영향을 주고 있다(Adamczewski, 2018). 이러한 역사적 배경으로 인해 폴란드는 러시아의 신제국주의적인 행위(Krasivskyy, 2021; Smolik, 2024)가 주권과 안보를 위협하고 있다고 인식하게 되었다. 2008년 조지아 전쟁, 2014년 크림 합병, 이후 돈바스에서 계속 이어진 분쟁 등은 폴란드가 러시아의 위협을 늘 대비하고 인식하게 만드는 계기를 제공했다.

이렇듯 우크라이나 난민의 수용은 폴란드의 안보와 결부되어 있는 사안이기 때문에 안보 이슈를 선점해야 하는 집권당의 입장에서 우크라이나 난민을 타자화하고 난민 유입에 따른 부정적인 파급효과를 확대하여 난민을 수용하려는 자유주의 세력을 적으로 몰아서 그 반대급부로 지지층을 결집하기는 어려웠을 것이다. 따라서 우크라이나 난민의 유입이 폴란드의 정치지형에 미치는 영향을 가늠해 볼 때 근접국으로부터의 안보 위기라는 강력한 영향력의 변수가 어떻게 같이 작용하는지 분석해 볼 필요가 있다.

3. 극우정치 및 반이민 담론의 한계

당시 집권당이었던 법과정의당은 국내정치적으로 처했던 입장 때문에 우크라이나 난민을 활용해 극우 지지층을 결집하기가 어려웠다. 2022년 2월의 전쟁이 발발한 시점에서 법과정의당은 재집권에 성공한 상태였고, 약 1년 반 뒤에 있을 2023년 10월 총선을 앞두고 있었다. 폴란드는 의원내각제로 집권당의 교체가 잦은 편에 속한다(Sadowski, 2017; Semenova, 2024). 잦은 정권 교체는 폴란드가 오랜 공산주의 독재 경험으로 인해 정당 시스템이 자리잡혀 있지 않은 채 민주화를 맞이했으며(Millard, 2009), 민주화 이행 이후 정당 정치가 공고화되는 과정 중에 있기 때문이기도 하다(Szczerbiak, 2006). 법과정의당이 2015년 하원에서 과반의석을 확보해 집권한 이래로 연속으로 정권을 잡은 것 또한 이례적인 일이었다. 3연속 집권을 할 가능성은 경험적으로나 확률적으로나 매우 낮았다(Markowski, 2024).

이러한 패턴에 비추어 볼 때 법과정의당이 2023년 선거에서 다시 승리해 집권하기에는 불리한 상황이었다. 이 가운데 다시 반이민정서를 바탕으로 기존의 지지층—소득이 낮고, 학력이 낮고, 도서지역에 살면서, 더 광범위한 사회복지정책을 지지하며, 이주민, 난민에 기본적으로 적대적인 유권자층(Siemsen, 2020, Ost, 2018)—을 결집해야 했다.

그런데 법과정의당의 정통적인 지지층은 폴란드의 정치 지형을 감안해 보면 넓은 의미에서 언제든지 중도우파에 투표할 수 있는 중도층이다(Wojtasik, 2014). 더군다나 바로 이 지지층도 러-우 전쟁이 터졌을 때 절대적으로 우크라이나 지지, 난민 수용 찬성 여론을 형성했다. 기존 지지층을 겨냥한 정책을 추진한다고 해도 우크라이나 난민 문제를 정치적으로 활용하기 어려운 상황이었다.

더욱이 반이민 정서를 기반으로 한 법과정의당의 이데올로기적 내러티브는 우크라이나 난민을 극우적 담론으로 동원하는 데 적합하지 않았다. 법과정의당은 반이민 정서와 반유럽 정서를 바탕으로 특정한 '이민자' 범주를 정의해 왔으며, 이러한 담론 구조 속에 우크라이나 난민을 포함하는 것이 쉽지 않았다. 특히, 2015년 이후 반이민, 반유럽 담론을 통해 정치적 입지를 강화해 온 만큼, 당의 정체성 내에서 우크라이나 난민을 활용한 극우적 동원을 시도하는 데에는 구조적·내재적 한계가 존재했다고 볼 수 있다.

III. 우크라이나 사태 이후 법과정의당의 선회(旋回)

1. 폴란드 극우 포퓰리즘의 정치 서사: 반이민정서와 유럽회의주의

2015년과 2019년도에 두 번 연속으로 승리한 법과정의당이 선거캠페인에서 보여준 이데올로기 플랫폼은 (1) 반이민정서, (2) 보수적인 가톨릭 가치 기반의 폴란드 정체성, 그리고 (3) 유럽회의주의며, 이들은 상호 연계되어 하나의 정치 서사를 구성하고 있다. 법과정의당은2015년 시리아 난민 위기 때 시리아 내전을 피해 대거 유럽으로 들어오는 난민 수용을 전면 거부하며, 민족, 종교, 문화적으로 이질적인 이민자들이 폴란드에 와서 범죄를 일으키고(Klaus, 2017), 경제적 이득을 취하는 한편, 종국에는 폴란드 고유의 정체성을 훼손할 것이라는 반이민담론을 펼쳤다.

폴란드 내의 자생적인 반이민정서는 2015년 이전에는 그리 강하지 않았다고 평가된다(Rubio, 2019). 그럼에도 불구하고 법과정의당은 강력한 반이민 담론을 성공적으로 전개하였다(Cap, 2018). 이는 유럽 내 다른 국가들에서 난민 수용의 부정적 파급 효과가 점차 가시화되는 가운데 법과정의당이 난민과 이주민을 '타자'로 규정하면서 다른 한편으로는 폴란드의 민족주의와 전통적 가톨릭 가치를 보호한다는 명분을 내세워 '폴란드'라는 배타적 민족공동체를 재구성하는 전략을 선거 시기와 맞물려 효과적으로 활용했기 때문이다(Kim, 2021). 특히, 이질적인 종교 및 문화권에서 유입되는 무슬림계 이주민들이 폴란드의 정체성을 훼손하려 한다는 프레임을 형성함으로써 법과정의당은 유럽연합의 난민 수용 정책과 부담 공유 요구를 강하게 비판했다. 즉 독일이 폴란드의 주권을 침해하고 폴란드의 자주적인 국가발전을 저해한다는 소위 유럽회의주의(Euroscepticism), 반서구주의의 기조도 적극 활용한 것이다.

여러 연구는 이러한 유럽회의주의를 동반하는 극우 포퓰리즘의 등장이 시리아 난민 위기, 그리고 폴란드에만 국한된 것이 아니라, 민주화 이행 이후, 중동부 유럽이 공통적으로 겪는 서구화에 대한 실망감과 그 궤를 같이한다고 분석한다(Flamm, 2012; Krastev et al., 2018). 이들에 따르면 1989년 공산주의 독재로부터 탈피한 후, 중동부 유럽에서는 소비에트 압제에서 벗어나 '서구(West)'로 회귀하면 '정상화' 될 수 있다는 기대감이 팽배했다.

그러나 유럽연합 가입 등 제도적, 실질적인 유럽으로의 통합이 이루어진 이후에도 기대했던 경제 발전의 효과는 미미한 반면, 우수 인력이 선진국으로 이탈하면서 인력 공동화 현상이 심화되었다(Szelewa · Polakowski, 2023). 또한, 유럽연합과의 정책 통합 과정에서 각국이 지녀온 고유한 보수적인 가치—예를 들어 전통적인 성 역할과 가정에 대한 관념—가 약화되면서 사회적 혼란이 가중되게 되었다. 2000년대 중반 이후, '서구로의 회귀'가 정상화의 올바른 길이 아닐 수도 있다는 불안감이 확산되었으며, 결과적으로 소비에트의 압제에서는 벗어났지만, 또 다른 형태의 종속이 지속되고 있다는 불만이 커졌다(Krastev et al., 2018). 이러한 인식은 폴란드를 포함한 중동부 유럽에서 '영원한 속국' 또는 '2등 시민'이라는 정서가 널리 공유되는 현상과 맞닿아 있다. 법과정의당의 반이민정서, 가톨릭 가치 중심의 폴란드의 민족주의적 정체성 강조 하고 유럽회의주의를 골자로 하는 정치 서사는 폴란드 안팎의 이러한 분위기를 반영, 효과적으로 정치 캠페인으로 활용한 결과라고 할 수 있겠다.

2022년 2월 일어난 러시아의 우크라이나 침공과 그에 따른 우크라이나 전쟁의 지원, 난민의 수용과 보호는 법과정의당의 기존 이데올로기 플랫폼에 일종의 충격을 주었다. 우크라이나 지원과 난민 수용 정책은 표면적으로 반이민 담론과 직접적으로 상충하는 듯 보인다. 또한 NATO 중심의 집단 안보 체제 강화를 통해 유럽이 러시아에 대한 대응을 집단적으로 추진하는 것은 기존 유럽회의주의와는 다소 부합하지 않는 입장이었다. 법과정의당은 기존 담론과 대치되는 모순을 나름대로 해결하면서 본래의 이데올로기적 틀 안에서 우크라이나 지원과 난민 수용을 정당화하였다. 이 정당화의 자세한 내용을 다음 장에서 살펴보고 이를 토대로 정당화의 내용이 상술한 법과정의당의 정치 담론과 조응하여 결과적으로 어떻게 변화했는지 분석한다.

2. 러시아라는 악(惡)에 맞서는 선(善)의 연대

1) 역사를 공유하는 폴란드와 우크라이나

법과정의당이 우크라이나 지원을 호소하는 언명에서 가장 먼저 드러나는 것은 2022년 2월 현재 우크라이나의 상황이 바로 폴란드가 역사적으로 경험했던 것과 비슷한 성격이라는 것을 명시하는 부분이다. 모라비에츠키(Mateusz Morawiecki) 총리는 러시아의 우크라이나 침공을 "2차대전의 악마들, 전쟁의 악마들이 다시 살아 돌아오게(Morawiecki, 2022)[1]" 된 것으로 묘사했으며, 두다(Andrzej Duda) 대통령은 "우크라이나 국민들의 고통과 시련을 우리 폴란드인들보다 더 잘 이해할 수는 없을 것 (Duda, 2022)"이라는 것을 강조했다. 두

---

1 Morawiecki, M. 2022. Statements at sessions of the Sejm: Solemn Assembly of Deputies and Senators (24/02/2022). https://www.sejm.gov.pl/Sejm9.nsf/wypowiedz.xsp?posiedzenie=49&dzien=2&wyp=34&view=5 (검색일: 2024.11.28.)

다 대통령은 폴란드가 독립을 위해 투쟁했던 2차대전, 소비에트의 지배에 대항하여 투쟁하고 결과적으로 민주화를 쟁취했던 역사 등을 언급하며 "키이우와 다른 우크라이나 도시들이 파괴되었었던 바르샤바의 운명을 경험하게 할 수는 없습니다"라고 역설한다.[2] 법과정의당의 주요 인사들의 언명에서 드러나듯이 러시아, 소련이라는 확장하려는 제국의 세력에 대항하여 민족과 국가의 독립, 안보를 지키고자 하는 위치에 있었던 19-20세기의 폴란드와 현재의 우크라이나를 동일 선상에 놓고 비교하고 있다.

2) 폴란드 안보의 전략적 입장

이와 연결하여 러시아로부터 지켜내야 하는 우크라이나의 독립과 안보가 폴란드의 국가 안보와 직결되어 있음을 강조한다. 전략적으로 러시아의 영향력이 우크라이나로 확장 되면 이는 곧 폴란드의 주권, 독립, 안보에 가해지는 위협을 의미하기 때문에 우크라이나를 돕고 지원해야 한다는 것이다. 바식(Maciej Wasik) 내무부 장관은 "내 의견으로는 이 행동(우크라이나를 지원하는 것)은 우리의 윤리적 의무일 뿐만 아니라, 폴란드의 국익(Raison d'état)에도 부합하는 것입니다. 왜냐하면 폴란드의 국익은 자유롭고, 자주적인 우크라이나이기 때문입니다."(Wasik, 2022)라는 언명에서 폴란드의 국익과 우크라이나의 안보를 직접적으로 연결하고 있다. 또한 다른 의원은 "러시아의 조지아 침공이 고조되었을 때 고(故) 레흐 카친스키 대통령은 경고한 바 있습니다. '오늘은 조지아, 내일은 우크라이나, 모레는 발트해 국가들, 그리고 그 후에는 우리 조국, 폴란드가 될 수도 있다.' 불행하게도, 그는 옳았습니다."[3]라고 발언했다(Lorek, 2022). 러시아의 확장적인 외교 정책의 대상이 우크라이나, 조지아 등 러시아

2 Duda, A. 2022. Statements at sessions of the Sejm: Solemn Assembly of Deputies and Senators (11/03/2022). https://www.sejm.gov.pl/Sejm9.nsf/wypowiedz.xsp?posiedzenie=uz2&dzien=1&wyp=1&view=S (검색일: 2024. 11. 28)

3 Lorek, Grzegorz. 2022. Statements at sessions of the Sejm. Meeting No.50 on 08/03/2022. https://www.sejm.gov.pl/Sejm9.nsf/wypowiedzi.xsp (검색일: 2024. 11. 28)

와 국경을 맞대고 있는 인접국에만 해당하는 것이 아니라 폴란드에도 해당되는 만큼, 우크라이나를 지원하고 보호해야 한다는 당위를 역설하고 있다.

3) 선(善)의 연대

마지막으로, 우크라이나 난민을 수용하고 우크라이나의 전쟁 노력을 지원하는 것을 정당화하는 언명에서 '우리 대 그들(Us vs. Them)'의 구도를 재정립하고 있다(Wodak, 2008; Van Dijk, 2019). 러시아의 우크라이나 침공 이후 절대적 타자(Them)는 '러시아', '크렘린', '푸틴'이 되었다. 그리고 우리는 이에 맞서 우크라이나를 지원하고 불의한 러시아의 세력 확장에 대응하는 자유주의 세력 전체로 재편되었다. 이 자유주의 세력은 2차대전 후, 그리고 민주화 이행기 이후 서구(West)로 불렀던 범위와 거의 일치한다. 즉, NATO, 미국, 유럽연합 소속의 각 회원국이 폴란드를 포함하여 러시아라는 '악(惡)'의 타자에 맞선 '선(善)'의 세력으로 구분되고, 우크라이나가 '선(善)'의 세력인 자유 진영에 남고 또 완전히 재편될 수 있도록 노력해야 한다는 결론에 이르게 된다. 이렇게 재편된 '우리'는 통합(United)해야 하고 연대(Solidarity)해야 한다. 두다 대통령의 의회에서의 연설은 이러한 내용의 핵심을 드러내고 있다.

> "우리는 전체 대서양 공동체를 재결합시켰습니다. NATO의 역할이 얼마나 중요한지, 그리고 유럽에서 미국의 존재가 얼마나 중요한지를 보여주었습니다. 이것은 세계 안보 문제에서 미국의 리더십을 확인시켜주었으며, 유럽연합과 그 주요 국가들의 러시아에 대한 정책에 변화를 일으켰습니다. 또한 유럽의 여론과 서방 국가들의 사회를 하나로 묶었습니다. 블라디미르 푸틴이 이렇게 될 줄을 상상이나 했는지 모르겠습니다. 블라디미르 푸틴과 러시아가 우크라이나와 유럽에 가져온 큰 악(惡, evil)에 대한 응답은 바로 이곳, 우리나라에서 나타난 큰 선(善, good)이었습니다. 첫 시간부터 폴란드 사람들은 마음을 열고 어려움에 처한 우크라이나 형제들을 돕기 위해 달려갔습니다. 저는 매일 악에 대해 선으로 응답하는 수백만 명의 국민들에게 경의

를 표합니다.

저는 우크라이나가 러시아의 침략에 맞서 방어할 것이며, 그곳의 수백만 명의 시민들이 우리가 함께 재건할 그들의 집으로 돌아갈 수 있을 것이라고 믿습니다. 우크라이나는 유럽연합에 가입할 것이며, 우리는 언제 어디서나 이를 지원할 것입니다. 저는 우리가 공유하는 가치들이 승리할 것이라고 믿습니다. 그 가치들은 서방 공동체가 구축된 기초이며, 북대서양 동맹이 수호해야 할 가치들입니다. 북대서양 동맹 만세! 자유로운 우크라이나 만세! 폴란드 만세! (Duda, 2022)"

이런 정당화의 토대에서 폴란드로 피난을 오는 우크라이나인들, 혹은 전선에 투입된 군인들을 지칭하는 명사로는 "형제들", "이웃들", "영웅들" 등이 사용되었다(Drewski and Gerhards, 2024; Tomczak-Boczko et al., 2023). 이렇게 우크라이나 사람들은 법과정의당의 언명에서 폴란드와 매우 친근하거나 거의 동일시되는 존재로 묘사된다. 이러한 표현은 우크라이나와 폴란드 간의 역사적, 문화적 유사성을 강조하며, 양국 간의 강한 유대감을 나타내는 한편. 순수하게 인도주의적인 입장에서 우크라이나인들을 돕는 것을 정당화하는 담론과도 적절하게 결합되는 것으로 보인다.

그러나 다른 언명에서 드러나듯 폴란드는 단순히 인도주의적인 차원에서 우크라이나를 지원하는 것이 아니라, 자신들의 안보를 보호하고 자유와 자주독립을 지지하는 서구의 일원으로서 역할을 다하려는 이유가 더 강조되고 있다. 이 맥락에서 폴란드는 서구의 다른 국가들과 함께 악의 세력에 맞서 싸우는 선의 편에 서게 되고, 우크라이나를 지원하는 것 또한 자유주의적 가치와 국제적인 연대의 일환이 된다. 즉, 폴란드 국익을 우선시하는 것이 법과정의당의 정당화 기제 속에 내포되어 있다.

3. 법과정의당 정치 서사 구조의 변화: 재정의된 '우리(Us)'

상술한 법과정의당의 우크라이나 사태를 중심으로 나누어지는 두 개 시차의 담론을 난민·이주민에 대한 규정, 핵심 가치, '우리'의 정의, 이렇게 세 가지 항목으로 나누어 비교해 보면 **표 1**과 같이 정리할 수 있다.

표 1 법과정의당의 정치 서사 구조의 변화

	우크라이나 사태 이전	우크라이나 사태 이후
난민 · 이주민	경제적 이민자 불법 이주민 범죄자, 테러리스트 무슬림	형제 영웅 이웃 전쟁의 희생자, 약자 기독교인
핵심 가치	보수적 가톨릭 가치 (전통적 가족, 보수적 성 개념) 기독교적 정체성 (무슬림에 대항) 폴란드의 민족주의적 주권 · 정체성	민주주의와 자유 수호 국가 독립과 주권 보호 러시아 위협으로부터 폴란드 수호 보편적 인도주의적 가치
우리(Us)	폴란드 민족, 국가, 정체성 서구 자유주의의 반대항 유럽 엘리트주의로부터 주권 수호	러시아에 맞서는 선(善)의 집합 서구 자유주의 세력 유럽 NATO 폴란드 우크라이나, 우크라이나 난민

1) 이주민 · 난민 개념의 전복

폴란드가 우크라이나 난민을 수용하는 과정에서 기존의 이주민 및 난민에 대한 개념이 전복되었다. 반이민정서를 기반으로 한 내러티브에서는 이주민을 이질적인 문화 및 종교적 배경을 가진 타자로 규정하며, 이들을 경제적 약탈자, 테러리스트, 또는 사회 통합을 저해하는 존재로 묘사해왔다. 법과정의당은 우크라이나 난민을 수용하면서 기존의 반이민 내러티브를 정면으로 뒤집기보다는 전략적으로 이들을 기존의 이주민과는 다른 집단으로 구분하는 방식을 채택했다. 반이민정서를 고수하면서도 난민 수용에 대한 정당성을 확보하기 위해, 우크라이나 난민을 새로운 이주민의 범주로 설정하는 전략을 활용한 것이다. 이를 통해 난민 수용에 대한 정당성을 유지하는 동시에 기존의 배척적인 담론과의 충돌을 피할 수 있었다.

이러한 접근법은 법과정의당의 본래 정치적 서사 구조와 맞닿아 있다. 법과정의당은 우크라이나 난민을 자신들의 반이민 정서의 근간으로 활용했던 시리아 난민과 동일선상에 두지 않았다. 대신, 당의 정치적 서사 플랫폼에서 중요한 위치를 차지하는 폴란드 정체성과 민족주의를 변용·확장하여 우크라이나 난민을 폴란드의 주권과 민족주의를 수호하는 것의 연장선상에 위치시키는 수사를 구사했다. 즉, 폴란드의 민족주의, 주권 수호, 그리고 가톨릭적 보수적 가치 및 정체성의 보호를 우크라이나의 독립과 주권 수호와 같은 맥락으로 결부시키는 전략을 활용한 것이다.

이러한 과정에서 우크라이나 난민은 단순한 피난민이 아니라, 폴란드와 유사한 역사적 경험을 공유하는 존재로 재정의되었다. 시간적·공간적 차이는 존재하지만 본질적으로는 폴란드가 과거 겪었던 고통과 유사한 상황을 경험하고 있는 이들로 묘사되었고 나아가 폴란드의 안보와 가치를 수호하기 위해 악의 세력과 대리적으로 싸우는 이웃이자 영웅으로 자리매김되었다. 결과적으로, 법과정의당은 기존의 반이민 담론을 부정하지 않으면서도 우크라이나 난민 수용을 정당화하는 데 성공했다고 볼 수 있다. 기존의 정당 이데올로기적 서사를 최대한 훼손하지 않는 선에서 우크라이나 지원과 난민 유입에 대한 환대의 이유를 설득력 있게 구축한 것이다.

2) 중심 가치의 이동

우크라이나 지원을 호소하며 전개된 법과정의당의 담론을 분석해 보면, 강조되는 핵심 가치의 변화가 있었다. 법과정의당은 우크라이나 난민을 기존의 반이민 정서를 정면으로 배반하지 않는 방식으로 수용하는 동시에 정당이 강조해 온 가치를 전면적으로 수정하거나 철회하지 않으면서도 새로운 현실, 즉, 우크라이나 전쟁과 이로 인한 폴란드의 안보 위기에 대응하는 방향으로 가치의 우선순위를 재조정했다. 과거 법과정의당의 담론에서는 폴란드의 전통적이고 보수적인 가치를 수호하는 것이 핵심적이었다. 가톨릭 교회와의 연대를 통해 전통적 가족 가치와 성 개념을 제도화하고, 이를 바탕으로 보수적이고 기독교적 정체성을 지닌 유권자들을 결집시키는 전략을 사용했다(Guerra, 2016; Wheale, 2023). 이러한 보수적 가치 체계를 논리적 기반으로 삼아 반이민 정서를 정당화하고 방어하는 태도를 취해 왔다.

그러나 우크라이나 전쟁 이후 법과정의당의 담론에서는 폴란드의 민족주의적·보수적·종교적 정체성을 강조하기 보다 보편적 가치가 부각되는 경향이 나타난다. 민주주의, 자유, 국가의 독립과 자주권, 특히 러시아와 같은 외부 세력으로부터의 보호, 폴란드의 안보와 주권 수호, 서구 자유 진영과의 연대, 선한 세력 간의 협력과 악의 세력에 대한 대항, 인도주의적 가치 등이 새로운 담론의 중심으로 자리 잡았다. 즉, 과거에는 민족주의적이고 종교적인 색채가 강하게 드러났다면 우크라이나 사태 이후에는 보다 광범위한 '이웃' 개념을 포함하는 자유주의적 인도주의 담론으로 전환되었다. 물론 여전히 가톨릭적·기독교적 요소가 남아 있지만, 강조점은 종교적 보수성이 아니라 자유와 민주주의 수호를 통한 폴란드의 안보 확립으로 이동한 것으로 분석된다.

3) '우리(Us)'와 '그들(Them)'의 재정립

마지막으로 법과정의당의 정치적 서사 속에서 '우리'의 개념이 어떻게 형성되었으며, 우크라이나 전쟁을 계기로 그 정의가 어떻게 변화했는지를 살펴볼 필요가 있다. 가장 주요한 특징은 기존 담론에서는 '우리'가 유럽연합, 무슬림 이민자 등 특정한 타자(Them)의 반대항으로서 설정되어 있었지만, 변화하는 정치적 현실 속에서 이러한 타자화 프레임이 유지되기 어려웠고, 이에 따라 '우리'의 개념 역시 재구성될 수 밖에 없었다는 것이다.

기존의 법과정의당 담론 내에서는 크게 세 가지 측면에서 '우리'가 정의되었다. 첫째, 유럽연합(EU)의 엘리트주의적 간섭에 맞서 폴란드의 주권과 경제적 자율성을 수호하려는 입장, 둘째, 시리아를 비롯한 중동 출신 이주민들로부터 폴란드의 보수적·가톨릭적 정체성의 수호, 셋째, 서구 자유주의 질서에 비판적인 민족주의의 담지자가 그것이다. 법과정의당이 규정한 '우리'는 배타적인 성격의 반(反)서구적·반(反)유럽 엘리트적 그리고 반(反)이민 정서를 공유하는 집단이었다. 그러나 우크라이나 전쟁 이후 법과정의당의 담론 속에서 타자의 개념이 변화하면서 '우리'의 정체성을 재구성하게 된다.

'그들(Them)'로 설정되었던 서구 자유주의 세력, 유럽연합의 엘리트, 무슬림 이주민이 상대적으로 약화되었고 새롭게 강조된 '그들'은 민주적이고 자주적인 국가인 우크라이나를 위협하는 러시아가 되었다. 본래의 담론에서는 유럽연합과 서구 자유주의 세력이 폴란드의 주권을 침해하고, 경제적 자율성을 방해하며, 가톨릭적 전통 가치를 위협하는 존재로 간주되었던 반면, 새로운 담론에서는 오히려 유럽연합과 NATO와의 연대를 강조, 반(反)자유주의적·제국주의적 세력인 러시아에 맞서기 위해 함께 우크라이나를 지원해야 한다는 논리가 부각되었다.

이러한 논리의 연장선상에서 우크라이나는 단순한 이웃 국가를 넘어, 폴란드를 대신해 최전선에서 싸우는 '영웅'이자 '우리의 방어선'으로 재해석되었다. 이렇게 '그들'의 자리에 명실상부하게 우크라이나를 침공한 '러시아'를 자리매김함으로써 '우리'의 범위 안에 우크라이나, 폴란드, 유럽연합, NATO, 미국 등 즉, 넓게는 소비에트 해체 후 구성되었던 소위 서구(West) 자유주의 세력이 다시 같이 결집되고 재편되는 효과가 발현되었다. 폴란드는 소련 공산주의 독재의 압제에서 벗어나 '서구', '원래의 집(Home)'으로 돌아온 존재(Galbraith, 2003)이면서 러-우 전쟁을 맞이하여 민주주의, 자유주의를 방어하는 선봉에서 있는 민족이 된다.

이러한 관점에서 바라본다면, 법과정의당의 담론에서의 폴란드 민족적·국가적 정체성은 반(反)유럽적이고 반(反)서구 자유주의적인 가치를 견지하는 가톨릭적 민족주의에서 반대로 서구 자유주의 및 민주주의적 가치를 수호하는 최전선에 선 강력한 리더로 자리매김하는 방향으로 전환되었다고 할 수 있다. 새로운 담론에서는 폴란드가 자신을 유럽 공동체의 핵심적인 일원으로 인식하며, 나아가 이 공동체 전체의 민주주의와 주권을 방어하는 최전방 국가로서의 역할이 더욱 부각되고 있다. 과거에는 서구 자유주의적 가치가 폴란드의 주권과 전통적 정체성을 위협하는 요소로 간주되었으나, 현재는 오히려 그러한 자유주의적 질서와의 연대를 통해 국가 안보와 민주주의를 수호해야 한다는 논리가 전면에 등장하였다. 즉, 우크라이나 전쟁 이후, 법과정의당의 담론적·이념적 기반이 기존의 반(反)서구적·반(反)유럽연합적 기조에서 친서구적, 친유럽연합, 자유주의적인 것으로 재편되었음을 시사한다.

IV. 난민에 대한 국민 여론과 2023년 총선 결과

2022년 러시아의 침공 당시 폴란드 국민은 유례없는 환대의 분위기 속에서 우크라이나 난민을 맞이했다. 전쟁 발발 직후 실시된 여론조사에서는 무려 90% 이상의 국민이 난민 수용을 찬성한다는 압도적 결과가 나왔다(Charlish·Strzelecki, 2023). 자원봉사와 기부 행렬이 이어졌고, 폴란드 가정 수만 가구가 자발적으로 집을 내어주거나 물품을 지원했다. 난민에 대한 호의적 여론은 2022년 내내 유지되었다.

그러나 전쟁이 장기화 단계로 들어선 2023년에 들어, 난민에 대한 폴란드인들의 태도에 변화의 조짐이 나타났다. 2023년 중반 조사에 따르면 난민 수용 지지율은 약 65~70% 수준으로 낮아지고 반대 의견은 20%대 중반까지 늘었다(CBOS, 2024). 2023년 8월 한 설문에서 "우크라이나 난민을 받아들여야 한다"라는 질문에 대한 응답은 69%로, 전쟁 초기 91%에서 상당히 하락했다. 의회 선거 직전인 9월에는 난민 수용 찬성이 65%로 떨어지며 전쟁 이후 최저치를 기록했다(CBOS, 2024). 이는 여전히 다수의 우호적 정서가 남아있으나, 시간이 지나면서 일부 국민들이 난민 수용과 전쟁 지속에 대한 부담을 체감하고 있음을 보여준다. 특히 주지할 점은 청년층과 여성층 일부에서 난민에 대한 회의적 시각이 보다 뚜렷이 나타났다는 점이다. 그 배경으로는 일자리 경쟁, 주거비 상승, 그리고 경제적 지원에 대한 상대적 박탈감 등이 지목되었다.

폴란드 대표적 여론조사기관(CBOS)의 2023년 보고서는 "난민과 폴란드 젊은 층 간의 경쟁에 대한 인식"이 주요 반감 요인으로 작용했다고 분석했다. 또한 난민들이 폴란드 사회에 동화되지 않고 독자적인 정체성을 유지하는 데 대한 우려도 나타났다. 여론조사에 따르면 응답자 과반 이상이 도시에 우크라이나인 밀집 지구가 형성되는 것에 반대했고, 우크라이나어 학교나 문화센터 설립에도 부정적 의견이 다소 우세했다. 즉, 난민을 일시적으로 지원하는데 찬성하지만, 별도의 정체성을 가진 국내의 독자적 집단이 생성되는 것을 경계하는 정서가 생겨난 것이다.

이렇게 폴란드 내 우크라이나 전쟁 지원 및 난민에 대한 여론이 변화하는 가운데 폴란드는 당시 집권당이던 법과정의당이 3연속 집권을 목표로 하는 총선이 열렸다. 러-우 전쟁, 우크라이나 난민 수용 문제가 선거의 판을 가르는 핵심적 이슈는 아니었으나 러-우 전쟁 둘러싼 사회경제적 변화는 의회의 과반을 점유하기 위한 첨예한 경쟁의 배경이 되었음에는 분명했다. 법과정의당과 제1야당이었던 시민연합(Koalicja Obywatelska)은 공식적으로는 우크라이나 난민 지원을 지지하는 입장을 유지했다. 따라서 난민 수용 여부 자체가 가장 많은 지지층을 확보하고 있는 두 경쟁당의 대립 지점은 아니었다. 법과정의당은 시민연합 소속 지방정부들이 난민 지원에 적극적이지 않았으며, 자신들의 실책을 중앙정부에 떠넘긴다고 비판했다. 시민연합은 법과정의당의 전반적인 반이민정책 기조를 들어 표리부동함을 드러내려고 노력했다. 법과정의당의 경우 우크라이나 난민 이슈를 직접 다루어 내기보다는, EU의 난민 분배 정책(기존 시리아 난민)을 반대하는 캠페인을 벌이고 아프리카·중동 이민자 유입 문제를 부각함으로써 우크라이나 난민 문제를 에둘러 우회했다(Gall, 2023). 이는 폴란드 국민 감정에 크게 어긋나지 않으면서도 자당의 반이민 기조를 재확인시킴으로써 기존 보수적 유권자의 확고한 지지를 잃지 않으려는 전략이었다.

그러나 난민을 둘러싼 공방과 선거 캠페인은 두 주요 정당에 있어 선거의 주된 이슈라기보다, 부차적인 네거티브 공격 전략에 더 가까웠다. 정작 난민 문제를 전면에 내세워 득표율을 올리려 한 정당은 극우 컨페더레이션(Confederation)이었다. 이들은 우크라이나 난민에 대한 증진되는 반대 여론과 우크라이나산 무관세 곡물 수입 문제로 법과정의당으로부터 돌아서는 농촌지역을 대상으로 우크라이나를 지원하느라 폴란드의 국익을 해치고 있다는 식의 주장을 펼치며 반난민 정서를 규합하려 했다(Gera, 2023). 실제로 선거를 한 달여 앞둔 여론조사에서는 컨페더레이션이 10% 이상 득표할 것이라는 예상도 나왔으며, 이에 따라 법과정의당이 집권을 위해 이들과 연합해야 하다는 의견도 분분했다(Lepiarz, 2023). 결국 컨페더레이션의 실제 득표율은 종전과 같은 7.2%대에 머물렀다(National Electoral Commission, 2023). 법과정의당이 선거 막판 곡물 금수 조치와 이민자 국민투표 등을 활용해 컨페더레이션의 지지층 일부를 흡수하면서, 컨페더레이션발 극우의 성장세는 제한되었다.

선거 결과를 보면, 법과정의당은 전국 득표 35%로 의회 내 제1당 지위는 유지했으나 과반 점유에 실패했고, 시민연합과 함께한 중도 우파 및 좌파 야당들이 총득표 54%를 차지하여 연립정부 구성에 성공했다(National Electoral Commission, 2023). 즉, 대다수 유권자는 법과정의당을 여전히 지지하면서도 선거 막판의 극우 선동에는 이전 만큼의 열성적인 표결집을 보여주지는 않았던 것으로 해석된다. 컨페더레이션의 반난민 노선은 일부 유권자의 불만을 대변했지만, 법과정의당의 지지층의 표를 상당 부분 가져오는 등의 다수 국민의 기본 정서를 뒤집을 정도의 파급력은 없었다.

V. 맺음말: 극우정치를 약화하는 난민

이 글은 폴란드 극우가 난민 문제를 기존처럼 효과적으로 정치적으로 활용하기 어려웠고 결과적으로 이 점이 극우 반이민담론의 약화, 그리고 극우의 분열에 기여했다는 것을 밝혔다. 난민과 이주민 문제로 극우가 득세하려면, '우리 대 그들(Us vs. Them)'이라는 이분법적 프레임이 필요하다. 즉, 난민이 '타자'로 낙인찍혀야 하며, 이를 통해 국민은 자신들이 속한 '우리'와의 대비 속에서 극우 정당이 자신들의 정치적 역할을 강화할 수 있다. 그러나 폴란드에서는 난민을 이처럼 '타자'로 프레이밍할 수 없었다. '우리는 그들을 막아야 한다'라는 담론이 효과적으로 작동하려면 외부 세력이나 특정 정치적 세력이 난민의 유입을 강요하거나, 이를 정치적으로 유리하게 프레이밍할 수 있어야 한다. 그러나 폴란드 내에서는 이러한 정치적 동력이 부족했다. 폴란드의 특수성, 즉, 우크라이나 이주민의 이미지와 위상, 난민 위기와 안보 문제와의 연계성, 국내 정치 환경은 우크라이나 난민을 '타자'로 설정하는 데 구조적 장애물이었다. 결과적으로 우크라이나 난민은 '우리'로 편입되었으며 이는 집권당의 담론 변화를 일으켰다. 우크라이나 난민을 '우리'로 받아들이는 변화는 법과정의당의 기존 담론과 충돌하며, 이들의 정치적 입지를 약화시키는 결과를 초래했다.

이 글은 난민 및 이주민 유입이 극우 정치에 미치는 영향에 대한 기존 연구에 중요한 함의를 제공한다. 대다수의 연구는 난민 유입이 극우 정당의 득세를 촉진한다는 관점을 취하고 있지만, 폴란드의 사례는 난민 유입이 오히려 극우 정치의 약화와 분열을 초래할 수 있음을 보여준다. 이는 이주민과 난민 문제를 정치적으로 다루는 방식과, 해당 국가의 특수한 정치적 맥락에 따라 그 효과가 달라질 수 있음을 시사한다. 또한, 난민과 이주민의 유입이 극우 정치에 미치는 사회적·경제적 피해의 크기와는 별개로, 이들 문제를 다루는 정치적 담론과 그것이 작동하는 정치적 환경이 더 중요한 독립 변수임을 강조한다.

극우 정당들이 이주민과 난민 문제를 정치적으로 활용하는 데 있어, 그들의 담론이 얼마나 유연하게 대중에게 받아들여질 수 있는지가 중요하다. 법과정의당과 같은 극우 정당의 한계는 '우리'라는 범주를 한 번 설정하면 그 테두리 안으로 다른 집단이나 이슈를 무분별하게 끌어들일 수 없다는 점이다. 정치적 담론은 구조적·사회적 환경에 맞게 논리적으로 일관되게 구성되어야 하며, 우크라이나 난민은 법과정의당의 기존 담론 구조 내에 적합하게 포함되지 않았다. 결과적으로, 우크라이나 난민은 기존의 '타자'로 설정된 이민자 범주를 넘어, '우리'로 편입되었고, 이로 인해 법과정의당의 담론적 기반이 변화했다. 이는 극우 정당의 정치적 입지 약화로 이어졌으며 기존의 반이민·반유럽 정서를 기반으로 한 극우 정치가 예상한 만큼의 성과를 거두지 못했다. 따라서 우크라이나 난민의 유입은 단순히 경제적으로 영향을 미친 것, 그 이상의 의미로 폴란드 정치에서 극우 정치의 전개 방식과 그 한계를 재조명하는 중요한 사례이다.

참고문헌

1차 자료

Duda, A. 2022. "Statements at sessions of the Sejm: Solemn Assembly of Deputies and Senators (11/03/2022)". https://www.sejm.gov.pl/Sejm9.nsf/wypowiedz.xsp?posiedzenie=uz2&dzien=1&wyp=1&view=S (검색일: 2024. 11. 28).

Eurostat. 2025. "Asylum applications - annual statistics." (March 14). https://ec.europa.eu/eurostat/statistics-explained/index.php?title=Asylum_applications_-_annual_statistics (검색일: 2024. 12. 5).

Lorek, G. 2022. "Statements at sessions of the Sejm. Meeting No.50 on 08/03/2022," (March 8). https://www.sejm.gov.pl/Sejm9.nsf/wypowiedz.xsp?posiedzenie=50&dzien=1&wyp=169&view=1 (검색일: 2024. 11. 28).

Morawiecki, M. 2022. "Statements at sessions of the Sejm: Solemn Assembly of Deputies and Senators." (February 24). https://www.sejm.gov.pl/Sejm9.nsf/wypowiedz.xsp?posiedzenie=49&dzien=2&wyp=34&view=5 (검색일: 2024. 11. 28).

National Electoral Commission. 2023. "Polish Parliamentary Elections" https://sejmsenat2023.pkw.gov.pl/sejmsenat2023/en (검색일: 2024. 12. 10).

UNHCR Refugee Data Finder. 2025. https://www.unhcr.org/refugee-statistics/data-summaries (검색일: 2024. 11. 24).

Wasik, M. 2022. "Statements at sessions of the Sejm. Meeting No.50 on 08/03/2022." (March 8). https://www.sejm.gov.pl/Sejm9.nsf/wypowiedz.xsp?posiedzenie=50&dzien=1&wyp=36&view=1 (검색일: 2024. 11. 28).

2차 연구자료

이용일. 2018. "독일의 극우정치와 난민-독일대안당과 하이마트정치." 『Homo Migrans』 19: 94-121.

한준성. 2023. "우크라이나 난민 위기에 대한 유럽의 대응:'환대'와 '연대'에 가려진 '인종주의'와 '동맹'." 『담론201』 26(3): 7-37.

Adamczewski, P. 2018. "Russia and the Caucasus in the Polish Ethnopolitical Myth." *Herald of the Russian Academy of Sciences* 88(5): 405-412.

Borkowski, M., Brzozowski, J., Vershinina, N. and Rodgers, P. 2021. "Networks and Migrant Entrepreneurship: Ukrainian Entrepreneurs in Poland." *Emerald Publishing Limited*

Cap, P. 2018. "'We don't want any immigrants or terrorists here': The linguistic manufacturing of xenophobia in the post-2015 Poland." *Discourse & Society* 29(4): 380-398.

Campo, F., Giunti, S. and Mendola, M. 2021. "The Refugee Crisis and Right-Wing Populism: Evidence from the Italian Dispersal Policy." *Social Science Research Network.*

CBOS (Public Opinion Research Center Foundation). 2024. "Polish Publicopinion" (October)

CBOS (Public Opinion Research Center Foundation). 2023. "Polish Publicopinion" (September)

Drewski, D. and Gerhards, J. 2024. "Why do states discriminate between refugee groups? Understanding how Syrian and Ukrainian refugees were framed in Germany and Poland." *American Journal of Cultural Sociology* 1-27.

Duszczyk, M. and Kaczmarczyk, P. 2022. "The War in Ukraine and Migration to Poland: Outlook and Challenges." *Intereconomics* 2022(3): 164-170.

Endrich, M. 2023. "A gate to the world for all? The reaction of neighborhoods in Hamburg to refugee housing." *European Journal of Political Economy*

Flamm, L. 2012. "The crisis and Eurosceptism in central and Eastern Europe." *Europe en formation* 2: 305-321.

Galbraith, M. 2003. ""We Just Want to Live Normally": Intersecting Discourses of Public, Private, Poland, and the West." *Journal of The Society for The Anthropology of Europe* 3(1): 2-13.

Guerra, S. 2016. "The Polish Catholic Church has become intertwined with Euroscepticism and the promotion of conservative "national values."" *Democratic Audit UK*

Grasso, A. 2019. "Refugee crisis and right-wing populism in the digital era: the Australian case." *Echo Numero* 1. 153-160.

Kim, S. 2021. "…Because the homeland cannot be in opposition:analysing the discourses of Fidesz and Law and Justice (PiS) from opposition to power," *East European Politics* 37(2): 332-351.

Krasivskyy, O. 2021. "Foreign Threats to Ukraine's Independence and the Challenge Posed to Polish National Security." *Polish Political Science Review* 4: 77 -98.

Krastev, I., and Stephen H. 2018. "Explaining Eastern Europe: imitation and its discontents." *Journal of democracy* 29(3): 117-128.

Markowski, R. 2024. "The Polish Election of 2023: mobilisation in defence of liberal democracy." *West European Politics* 47(7): 1670-1685.

Michail, E. 2024. "The distorting effects of the for-or-against binary in the representation of European refugee hosting societies in 2015-6." *Journal of Refugee Studies*

Millard, F. 2009. "Poland: Parties without a Party System, 1991-2008." *Politics and Policy* 37(4): 781-798.

Musiyezdov, O. 2019. "Ukrainian emigration in Poland: from "earners" to highly qualified specialists." *Ukrainian Sociological Journal* 21: 37-49.

Ost, D. 2018. "Workers and the Radical Right in Poland." *International Labor and Working-Class History* 93: 113-124.

Rubio, María Paula Malinowski. 2019. "The dynamics and orientation of changes in the attitude of Poles towards immigrants (refugees or non-refugees) and their links to terrorism over the last decades."

Studia Humanistyczne AGH 8(1): 7-31.

Sadowski, I. 2017. "The Constant Electoral Flux? Party System and the Circulation of Candidates and Parliamentarians in Poland, 1989-2011." *International Journal of Sociology* 48(1): 34-59.

Semenova, E. 2024. "The Determinants of Parliamentary Turnover in Central and Eastern European Countries, 1990-2022." in PIOTR KULASKA-MIL M. WIELECKI ed. *Elites of Post-Transformation: The Cases of Centraland Eastern European Countries* 35-62, Warsaw 2024.

Siemsen, P. 2020. "Voting PiS: Voting Left when Voting Far-Right Populist?" *Polish Political Science Review* 8(1): 87-99.

Szczerbiak, A. 2006. "Power without love: Patterns of party politics in post-1989 Poland." in Susanne Jungerstam-Mulders ed. *Post-Communist EU Member States* 105-138, London and New York: Routledge.

Szelewa, D. and Polakowski, M. 2023. "Labour market hierarchies within and beyond the EU: Poland's politics of migration." *Journal of Ethnic and Migration Studies* 49(16): 4120 -4139.

Tomczak-Boczko, J., Gołębiowska, K. and Górny, M. 2023. "Who is a 'true ref- ugee'? Polish political discourse in 2021-2022." *Discourse Studies* 25(6): 799-822.

Van Dijk, T.A. 2000. "Ideologies, racism, discourse: Debates on immigration and ethnic issues." in Jessika ter Wal and Maykel Verkuyten eds, *Comparative perspectives on racism* 91-115, London and New York: Routledge.

Vadlamannati, K. C. and Kelly, G. 2017. "Welfare Chauvinism? Refugee Flows and Electoral Support for Populist-right Parties in Industrial Democracies." MPRA Paper 81816, University Library of Munich, Germany. https://ideas.repec.org/p/pra/mprapa/81816.html (검색일:2024. 11. 28).

Wheale, N. 2023. "Law and Justice and its allies: Clientelistic links in Poland after 2015." *New Perspectives* 31(2): 130-148.

Wodak, R. 2008. "'Us' and 'them': Inclusion and exclusion-Discrimination via discourse." *Identity, belonging and migration* 17, 54.

기타 (미디어 및 기타 인터넷 자료)

Charlish, A. and Strzelecki, M. 2023. "Poland's PiS faces far-right challenge over Ukraine support, Reuters (September 19) https://www.reuters.com/world/europe/polands-pis-faces-far-right-challenge-over ukraine-support-2023-09-19/#:~:text=SHIFTING%20VIEWS (검색일: 2024. 12. 10).

Gall, Lydia. 2023. "Polish Government Ups Anti-Migratn Rhetoric Ahead of Elections," Human Rights Watch (October 6) https://www.hrw.org/news/2023/10/06/polish-government-ups-anti-migrant-rhetoric-ahead-elections (검색일: 2024. 12. 10).

Gera, V. 2023. "A hard-right party gathers strength in Poland, pushing a new, less friendly course on Ukraine" AP (September 27) https:// apnews.com/article/poland-election-far-right-party-confederation-3d29f10eb59ad880c6f64d5025277a8c (검색일: 2024. 11. 28).

Lepiarz, J. 2023. "Poland's far-right Confederation party set to be kingmaker," DW (August 1) https://www.dw.com/en/poland-far-right-elections/a-66406501 (검색일: 2024. 12. 10).

• • • •

제4장

중앙아시아 이주 러시아 난민의 경제적 영향*

박지원

I. 머리말

러시아와 우크라이나와의 전쟁은 당사국과 주변국에 다양한 방식으로 경제적인 영향을 미쳐왔다. 기존에 러시아에서 주변국으로 이동하던 상품 이동의 축은 이제 주변국을 통해 러시아에게 공급되는 방식으로 전환되었고 러시아의 주변국들은 대(對)러 수출 증가로 경제적 호황을 맞고 있다. 또한 인력의 이동 측면에서도 과거와는 다른 양상이 나타나고 있다. 우크라이나 전쟁 이후 많은 러시아인이 자국을 떠나 주변국으로 이주하였다. 이들 중 대부분은 전쟁 발발로 인해 러시아에서 높아진 징집위험을 회피하기 위한 목적으로 이주를 선택한 것으로 알려지고 있다. 그리고 그들이 주로 선택한 목적지는 중앙아시아의 카자흐스탄, 키르기스스탄, 우즈베키스탄과 튀르키예, 조지아, 아르메니아 등으로 튀르키예를 제외하면 모두 과거 소련을 구성하던 국가들이었다. 구소련 구성국의 경우, 러시아어가 통용되며 러시아와 유사한 문화권으로 간주 되어

* 이 글은 『아시아리뷰』 14-2 (2024)에 게재된 논문을 본서의 편집 취지에 맞도록 수정·보완한 것입니다.

러시아인들이 생활하기에 비교적 무리가 없다. 또한 이들 국가는 이탈한 러시아인들을 자국으로 유입시키기 위해 국가 차원의 유치 정책을 내놓기도 하였다. 이들의 이주가 자국 경제에 긍정적인 영향을 줄 것으로 판단하였기 때문이다. 이 국가들은 지금까지 자국 국민이 러시아에 노동을 위해 이주하여 현지에서 송금하는 자금으로 경제가 지탱되는 상황이었으나 이제는 반대로 러시아로부터의 역(逆)이주 상황을 맞으면서 다른 양상의 경제적 효과를 기대하는 것이다.

러시아인 유입국(host country)의 이러한 기대는 자국으로 이주하는 러시아인이 '난민(refugee)'으로 통칭되는 '모국(home country)'으로부터의 비자발적 이주자와는 사뭇 다른 양상을 보이고 있기 때문이다. UNHCR의 국제연합난민위원회(The UN Refugee Agency)에 따르면, '난민'은 박해나, 전쟁, 폭력으로 인해 자국을 떠나야만 했던 사람들을 지칭하며 이들은 모국으로 돌아갈 수 없거나 그렇게 하기를 두려워하는 사람들이다(UNHCR, n.d).

이 같은 맥락에서 우크라이나 전쟁으로 인해 러시아로부터 이탈한 사람들을 이 글에서는 '난민' 또는 '러시아 난민'으로 규정하기에 무리가 없다고 판단하며 경우에 따라서는 '러시아 이주민'으로 표기한다. 난민은 대체로 경제력이 매우 부족한 상황에서 모국을 떠나지만, 러시아에서 이탈한 난민은 일반적인 난민에 비해 일정 수준의 경제력과 기술을 갖추었다는 점에서 차이가 있을 뿐이다. 따라서 러시아 난민의 이동이 유입국 경제에 미치는 영향력이 일반적인 난민의 유입으로 인한 영향과는 다를 것으로 생각할 수 있다. 이들의 경제력을 자국의 경제에 유리한 방향으로 활용하고자 하는 중앙아시아 유입국 국가들의 노력 역시 같은 맥락에서 이해할 수 있다.

따라서 이 글에서는 실제로 러시아를 이탈한 난민이 중앙아시아 유입국 경제에 어떤 영향을 주고 있는지를 살펴보고자 한다. 아직 유입이 본격화된 지 오랜 시간이 흐르지 않아 경제적 영향을 두드러지게 분별하기 어려울 수도 있으나 이들의 경제적 영향이 유입국 거시경제 전반과 특정 산업 측면에서 어떤 방식으로 작용하고 있는지 분석한다. 그리고 이를 긍정적인 측면과 부정적인 측면으로 구분함으로 경제적 영향의 특성을 좀 더 쉽게 식별하고자 한다. 이를 통해 장기적으로 러시아 난민이 중앙아시아 경제와 유라시아 경제 전반에 가져올 수 있는 변화를 가늠해 볼 것이다.

II. 이주의 경제적 영향에 대한 선행연구와 러시아 난민

1. 선행연구: 난민 유입의 경제적 영향

난민 유입이 경제적으로 유입국에 미치는 영향에 대한 연구는 매우 다양하다. 특히 장기적인 측면에서 유입국의 경제의 총생산 증가에 긍정적인 영향을 준다는 실증연구는 지속적으로 보고되고 있다. 중남미의 코스타리카에서 니카라과 출신의 망명자 및 난민의 수는 2022년 기준 약 27만 명에 달하는 데 이들은 2017년부터 2021년 동안 코스타리카의 GDP 성장에서 약 6.5%의 직접적인 기여를 한 것으로 나타났다(IMF, 2023). 알릭스-가르시아와 사(Alix-Garcia · Saah, 2010)의 탄자니아 경제에 부룬디와 르완다 난민의 유입이 미친 영향에 관한 연구에서 국제기구의 식량 지원을 통해 일정 수준의 경제적 수준을 갖춘 난민의 유입은 지역 경제의 활성화에 긍정적인 역할을 하는 것으로 조사되었다. 테일러 등(Taylor et al., 2016)의 연구에서도 이와 유사한 결과를 볼 수 있는데, 경제적 지원을 받은 르완다 난민의 캠프 인근 주민들은 실질 임금 상승에서 그렇지 않은 지역의 주민에 비해 눈에 띄는 긍정적인 효과를 얻은 것으로 나타났으며 이는 경제력을 갖고 있는 난민의 유입국에 대한 경제적 영향이 매우 크다는 점을 보여준다. 최근 우크라이나 전쟁으로 인해 폴란드로 이주한 우크라이나 난민은 초기에는 폴란드에 재정적 부담이 되었으나 2023년 GDP 성장에 0.7~1.1% 기여한 것으로 조사되었다(UNHCR · Deloitte, 2024)

특히, 이주민은 모국과 이주국과의 교역에서 큰 역할을 하는 경우가 많았다. 젠크(Genc, 2014)가 48개국에서 1994년부터 2010년까지 시행한 실증연구에서 이주자들은 모국 시장의 특성과 언어, 비즈니스 관행 등에 대한 우월적인 지식을 토대로 모국과 이주국과의 교역을 증대시키는 데 있어 중요한 역할을 하며 10%의 이주민 증가는 1.5%의 교역량 증가를 가져온다는 점을 밝혀냈다.

스트라우허(Straubhaar, 2000)는 미국과 유럽이 고숙련 이민자의 유입(brain gain)을 통해 기술 발전을 해 왔으며 이주가 필요한 기술을 얻기 위한 인적자본 확보에 있어 중요한 수단임을 주장하였다. 파네스큐(Panescue, 2004)도 숙련된 인구의 이주(skilled migration)가 모국에서는 두뇌유출(brain drain)을, 유입국에는 두뇌유입(brain gain)을 야기한다고 보았다.

이주로 인한 긍정적인 효과보다는 부정적인 영향에 초점을 맞춘 연구도 있다. 라킨 등(Larkin et al., 2018)은 대체로 이민이 유입지역의 주택가격을 상승시킨다는 연구결과를 14개국을 바탕으로 한 실증연구를 통해 입증한 바 있다. 코크레인과 풋(Cochrane · Poot, 2019)이 미국, 캐나다, 영국 등 8개국을 대상으로 실시한 실증연구 결과, 이주로 인해 도시의 인구가 1% 증가하면 평균적으로 부동산 임대료는 0.5~1%의 상승 압력을 받으며 실제 가격은 이보다 약 두 배 정도의 영향을 받는 것으로 나타났다. 물론 이주자의 경제적 능력에 따라, 해당 지역의 부동산에 미치는 영향도 다르게 나타났다. 이와 같은 연구들은 기본적으로 이민자의 경제력이 일정 수준 이상일 때, 유입 인구의 증가와 주택가격의 상승은 정(+)의 상관관계에 있음을 보여주었다. 이주자의 유입이 현지 노동자와의 일자리 경쟁을 일으키고 결과적으로 임금 하락을 초래한다는 연구도 있다. 카드(Card, 2001)는 1980년대 저숙련 중남미 노동자들의 이민이 주요 미국 도시인 마이애미(Miami), 로스앤젤레스(Los Angeles) 등의 노동자들과의 경쟁을 일으키며 현지인들의 고용을 1~3% 포인트 하락시키는 데 영향을 주었음을 증명했다. 비셋(Viseth, 2020)은 아프리카 지역에서 이주민의 현지 노동력에 대한 대체성과 보완성이 중요하다고 보았는데 연구결과에 따르면, 고기술인력(high-skilled employees)의 유입은 현지의 저기술인력(low-skilled employees) 시장에 영향을 주지 않았지만 저기술 인력의 유입은 부정적인 영향을 주었다.

2. 러시아 난민의 중앙아시아 이주

러시아-우크라이나 전쟁 이후, 중앙아시아로 이주한 난민의 수는 정확한 집계가 불가능하다. 다만, 이들 중의 상당수는 전쟁이 발발한 해당 연도인 2022년 이주한 것으로 파악된다. 이들 가운데 첫 번째 이주의 상당수는 카자흐스탄으로 이주한 것으로 판단되며, 이주 규모는 10~20만 명 규모로 추산된다(Matusevich, 2022).

이들 난민의 첫 번째 이주는 전쟁 발발 6개월 이내에 이루어진 것으로 주로 IT 산업 종사자 등 기술력을 가진 인력이 상당수를 차지했다. IT 업종은 산업 특성상 특정한 지역에서만 근무가 필요한 것이 아니라 근무의 이동성이 높아 많은 러시아인들이 전쟁이 발발한 자국보다는 안정적인 환경에서 근무하기를 원하였고 이는 해외 이주로 이어졌다. 이들은 러시아 내에서 이주자를 의미하는 '렐로칸트(релокант)'로 불렸으며 기술력과 경제력을 골고루 갖춘 인력으로 평가되었다. 이들 가운데 약 14만 6,000명이 카자흐스탄에서 은행계좌를 개설하거나 직업을 구하는 데 필요한 개인식별번호(individual identification number)를 획득하였다(Abbasova 2023). 이들이 중앙아시아 지역을 이주 대상으로 삼은 주요 이유는 카자흐스탄과 키르기스스탄의 경우 러시아와 같은 유라시아경제연합(EAEU) 회원국으로 노동 이주가 자유롭기 때문이다. 또한, 과거 같은 소비에트 국가로서의 사회·문화적 동질성도 이들의 유입에 영향을 주었다.

키르기스스탄 정부는 러시아에서 이탈하는 난민을 자국으로 유지하기 위해 2022년부터 '디지털 유목민 비자(виза цифрового кочевника)' 제도를 도입하고 발급대상은 러시아를 포함한 EAEU 회원국과 아제르바이잔, 몰도바 국민들로 국한하였다. 비자 발급이 가능한 개인의 자격 요건으로는 정보통신 및 소프트웨어, 로봇공학, 인공지능 분야의 설계, 개발, 프로그래밍에 종사한 사람으로(Dzen, 2023) 이는 다분히 러시아의 난민을 수용하기 위한 의도로 계획된 것이었다. EAEU 회원국은 아니지만, 우즈베키스탄으로도 많은 러시아인들이 이주하였는데, 우즈베키스탄 정부도 이들을 유치하기 위해 IT 전문 인력에 대한 3년간의 입국비자 제공 및 단순화된 거주 절차를 제공하였다(Eurasianet, 2022).

두 번째 러시아인의 중앙아시아 이주는 첫 번째 난민 그룹과는 달리 러시아 내에서의 직접적인 징집령을 피해 이주한 사람들이다. 이들은 첫 번째 그룹에 비해 상대적으로 재정적 열위에 있는 사람들이며 주로 시베리아나 우랄, 극동지역의 작은 도시에서 징집령을 피해 중앙아시아로 이주한 경우가 많다. 러시아 정부는 2022년 9월 부분 동원령을 발표했는데 총 12만 명 규모로 모집되었으며 주요 징집 대상이 되는 지방의 많은 청년들이 이를 피해 해외로 이주했다. 이들은 동원령이 본격화되어 전쟁터로 강제로 징집되기 이전에 러시아를 떠난 사람들이다. 이들 중 다수는 동원령 통지를 받고 곧바로 자국을 떠나기로 결정하였으며 국경을 통해 카자흐스탄으로 이주하는 행렬이 너무 길어, 많은 사람들은 타고 온 차량을 버리고 도보로 카자흐스탄 국경을 건너기도 한 것으로 알려진다(Pheiffer, 2022). 가족과 함께 이동하는 것이 현실적으로 어려움이 있었으므로 남성 상당수는 러시아에 가족을 두고 혼자 이주했다.

이 시기에 러시아를 떠나 해외로 이주한 남성의 수는 약 100만 명 정도로 추산되나 실제 이주 인구는 그 두 배에 달하는 것으로 예상되기도 한다. 그리고 이주 인구의 약 절반 정도는 중앙아시아로 이주한 것으로 알려졌다. 러시아중앙은행(Central Bank of Russia)에 따르면, 2022년 1월부터 9월까지 러시아에서 자금을 해외 계좌로 이전한 금액은 3조 루블(약 420억 달러)에 달했는데 이전 연도의 연간 유출 금액인 약 3,800억 루블에 비하면 폭증한 금액인 것을 알 수 있다(ICMPD, 2023). 즉, 러시아에서 해외로 이주한 난민의 경우, 기존의 일반적인 난민과는 달리, 일정 수준 이상의 경제력을 갖춘 집단으로서 전쟁 상황인 러시아에서의 업무 환경이나 징병을 회피하기 위한 자발적인 이주로 볼 수 있다.

이처럼 러시아 청년층의 대량 이주는 러시아로서는 큰 손실이 아닐 수 없다. 러시아는 소비에트 체제 붕괴 이후 지속적인 인구 감소 상황에 처해 있으며 이를 만회하기 위한 다양한 노력을 기울여 왔다. 러시아 정부는 지난

2018년 자국으로의 인구 유치 계획을 주요 골자로 하는 "2019-2025 러시아연방 이민정책 개념(О Концепции государственной миграционной политики Российской Федерации на 2019-2025 годы)"을 발표한 바 있다(Указ Президента РФ от 31 октября 2018 г. No. 622, 2018). 이 개념은 주로 러시아로의 고급 인력 유치와 일부 저숙련 노동자의 입국 규제를 기본 개념으로 채택한 것이었다. 하지만, 러시아로부터의 자국 인구 유출이 본격화된 상황에서 정부는 2023년 5월 개정된 이민정책 개념을 발표하였다. 여기에는 인구 유출을 줄이기 위한 매력적인 사회적, 재정적 지원방안 마련, 러시아 내에 합법적으로 거주하는 사람만이 갖게 되는 법적 관계에서의 보장 등을 담았다. 인구 유출을 최소화하기 위한 정책으로 내용을 보완한 것이라고 볼 수 있다.

이와 같은 러시아 인구의 중앙아시아 이주는 소비에트 해체 이후 줄곧 계속되었던 중앙아시아 노동자의 러시아 이주와는 완전히 반대되는 현상이다. 오랜 기간 우즈베키스탄, 키르기스스탄, 타지키스탄 등의 중앙아시아 노동자들은 러시아로 이주하여 노동하고 그 임금을 자국으로 송금하는 경제구조를 이루어 왔으나 러시아 노동자들의 대(對)중앙아시아 이주는 러시아와 중앙아시아를 연결하는 새로운 경제구조를 만들어 내고 있다.

III. 러시아 난민 유입의 긍정적 기대 요인

1. 두뇌 유입(brain gain)

앞서 살펴본 것처럼 러시아에서 전쟁 초기에 이탈한 많은 난민은 IT 전문가 집단이었다. 따라서 이와 같은 전문가 집단의 유입은 중앙아시아 국가들로서는 자국 입장에서 상당한 수준의 엘리트 집단이 이주한 것으로 볼 수 있다. 중앙아시아 국가 가운데에서도 우즈베키스탄의 경우, 러시아 IT 전문가 집단의 이주로 인해 가장 큰 경제적 이익을 보고 있는 상황이다.

우즈베키스탄은 자국의 IT 산업 육성을 위해 2019년 7월 수도인 타슈켄트에 IT 산업과 관련한 기업과 스타트업의 육성을 위해 'IT 테크노파크(IT Technopark)'를 개소한 바 있다. 개소를 위해 정부의 행정명령으로 규정한 테크노파크의 성격을 보면 초기부터 이 테크노파크는 인도와의 IT 협력을 염두에 두고 조성되었다(Министр Республики Узбекистан, 2019). 이는 2018년 미르지요예프 우즈베키스탄 대통령의 인도 방문에서 양국 정상이 합의한 바에 따른 것이다. 하지만, 실제로 테크노파크에서 외국계 기업의 수가 폭발적으로 늘어난 것은 2022년부터이다.

2020년과 2021년에 각각 14개와 23개에 불과했던 테크노파크 입주 외국계 IT 기업은 2022년 우크라이나 전쟁이 발발하고 러시아로부터의 IT 인력 입국이 본격화되면서 2022년 156개, 2023년에는 300개까지 증가하였다. 또한 입주한 IT 기업의 해외 수출도 2022년과 2023년에는 각각 1억 4,090만 달러와 3억 달러에 달하는 등 폭발적인 성장을 기록하고 있다. 여기에는 우즈베키스탄으로 이주한 러시아 난민의 역할이 매우 크다고 평가되고 있다(Henni·Rikhraj, 2023). 유입된 러시아 난민은 개별적인 자격으로 우즈베키스탄에 입국한 경우도 있으나 기업 차원에서 우즈베키스탄으로 회사를 이전하여 집단적으로 이주한 경우도 있다. 대표적인 사례가 러시아의 IT서비스 기업

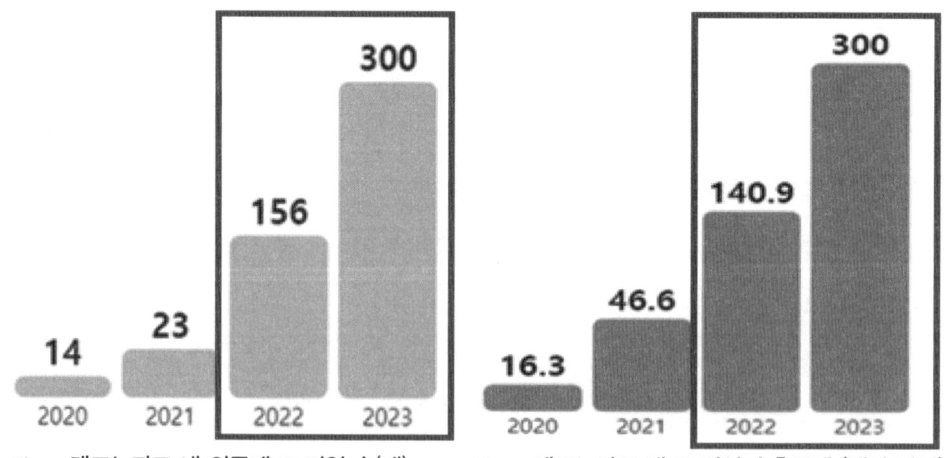

그림 1 **테크노파크 내 외국계 IT 기업 수(개)** 그림 2 **테크노파크 내 IT 기업 수출금액 (백만 달러)**

출처: "IT Park Statistics," https://centralasia.tech/why-uzbekistan/statistics,

인 '이팜시스템(Epam System)'으로, 이 기업은 우크라이나 전쟁이 발발한 직후인 2022년 2월 이후 약 600명의 자사 러시아 직원을 우즈베키스탄으로 이주시켰다(Cnews, 2022).

카자흐스탄으로 이주한 많은 러시아인 역시 카자흐스탄 지역 사회에서 전문가로서 역할을 하고 있다. 이들의 직업은 의사, 교사, 컴퓨터 전문가 등 전문직 종사자가 많으며 현지에서 쉽게 일자리를 찾고 있다(Najibullah, 2023). 카자흐스탄 동부 아바이(Abai) 지역의 한 병원에서는 인센티브로 주택을 제공하면서, 러시아인 의사들에게 20개의 일자리를 제공한다는 구인광고를 게재하기도 했으며 이와 같은 유사한 사례는 러시아와 국경을 접하고 있는 카자흐스탄 국경 도시에서 흔히 볼 수 있다.

전통적으로 에너지 개발 산업 위주의 성장전략을 추진해 온 카자흐스탄은 국가 차원의 인적자원 개발에 매우 적극적이다. 2015년부터 2019년까지 시행된 1차 국가 교육개발 프로그램과 이어 2020년부터 2025년까지 이행 중인 2차 프로그램 모두 △교육의 질 개선, △도시와 농촌 간 교육격차 해소, △디지털 및 ICT 교육 강화 등의 방안을 담고 있어 러시아로부터의 고급 기술자 이주는 이런 측면에서 국가 인적자본의 질을 향상시키는 데 도움이 될 것이다(European Training Foundation, 2020). 다만, 카자흐스탄 국민들은 이주한 러시아인들을 인적자산으로 보는 경향은 낮은 수준임을 알 수 있다. 2022년 11월에 카자흐스탄의 17개 도시에서 1,110명을 대상으로 한 여론조사 결과, 응답자의 27%만이 러시아인의 이주를 지지했는데, 이 가운데 8%만이 그들을 국가의 인적 자원으로 간주하고 향후 그들을 통해 부족한 분야의 인력 문제가 해소될 수 있다고 보았다(Demoscope, 2022). 이주 지지자 대부분은 인도적인 차원에서 그들을 도와야 한다고 생각하는 것으로 조사되었다.

이와 관련해, 카자흐스탄 정부는 최근 러시아 난민 유입을 규제하는 입법을 강화하기도 했다. 기존에 비교적 자유롭게 거주할 수 있었던 EAEU 회원국 국민에 대해 고용계약과 같은 특별한 사유가 없을 경우, 1년에 90일 이상 머물 수 없도록 규정을 강화하였다. 이는 정부가 국내 여론을 의식해 개정한 것이지만, 궁극적으로 인적 자원 유입에 따른 기대 요인은 카자흐스탄 정부 내부적으로 여전히 유효하다.

키르기스스탄 역시 중앙아시아 국가로서 지속적으로 두뇌유출을 겪어 왔다. 자국 내의 일자리 부족으로 인해 유능한 청년층은 러시아로 이주하는 경우가 많았으며 이는 장기적으로 국가 경쟁력 약화를 가져왔다. 하지만 우크라이나 전쟁으로 인한 러시아 난민의 이주는 이전의 상황과는 반대되는 결과를 가져올 것으로 기대되고 있다. 전쟁 발발 이후 러시아에서 키르기스스탄으로 이주한 사람들은 다른 중앙아시아 국가의 경우와 마찬가지로 주로 IT 관련 전문가인 것으로 파악된다. 주로 러시아나 벨라루스 등에서 이주한 IT 기업들은 비슈케크(Bishkek)에 위치한 하이테크파크(High Technology Park)에 입주했는데, 이 시설의 관계자는 전문가들의 입주가 키르기스스탄의 IT 부문에 큰 활력을 불어넣고 있으며 이로 인해, 이미 2022년 상반기에만 전년 같은 기간에 비해 하이테크파크의 매출이 두 배 이상 증가하였다고 언급하였다(Ахматова, 2022). 여기에는 70개 이상의 러시아 기업이 입주한 영향이 나타나고 있다고 볼 수 있다. 또한 이들이 향후 국내기업과의 협력을 통해 시너지를 창출하고 수출 활성화에도 기여할 수 있을 것으로 보았다. 그래서 키르기스스탄 정부는 러시아 이주민을 겨냥하여 외국인 IT 전문가가 자국 내에서 영주권을 쉽게 얻을 수 있도록 이른바 '디지털 노마드(digital nomad)'법을 제정하여 비자나 취업허가 없이도 거주가 가능하도록 하였다.

앞서 살펴본 것처럼, 러시아 난민 이주가 많은 중앙아시아 3개국은 이들의 이주로부터 '두뇌유입'이라는 핵심적인 이익을 얻고 있다. 장기간의 교육을 바탕으로 한 인력육성을 통해서만 기대할 수 있는 결과를 난민 유입이라는 현상을 통해 단기간에 획득하고 있는 것이다. 다만, 2022년의 대규모 이주 이후에 이들이 중장기적으로 각 국가의 산업 발전에 어떻게 기여하고 있는지, 그들의 경험을 활용하기 위한 정부 차원의 제도 마련은 제대로 이루어지고 있는지, 등의 문제는 지속적으로 확인할 필요가 있다.

2. 경기 활성화

우크라이나 전쟁의 발발 초기에, 많은 연구자들은 중앙아시아 경제가 큰 타격을 입을 수 있다고 보았다. 이는 러시아와 중앙아시아 간의 밀접한 경제적 관계로 인해, 러시아 경기의 하락이 곧 중앙아시아 국가들에 교역이나 노동이주 등의 다양한 방식으로 타격을 줄 수 있다는 견해였다.

하지만 러시아 경제가 예상보다 제재에 무너지지 않으면서 중앙아시아 경제도 곧 안정화되기 시작했다. 여기에 더해, 러시아인들의 유입은 중앙아시아 각 국가의 지역 경제에 긍정적인 요인으로 작용하였다. 즉, 러시아로부터의 난민 유입은 단순한 인력의 이동이 아니라, 그들이 속한 기업과 소유한 재화 역시 유입됨을 의미하였다. 특히, 러시아에서 수출입 업무를 하는 기업들은 경제제재로 인한 송금에 어려움을 겪었으며 해외로 기업을 이전하여 송금 문제를 해결하고자 하였다(ADB, 2023). 이러한 움직임은 자연스럽게 중앙아시아로의 기업과 인력의 이동, 그리고 경기 활성화로 이어질 수 있었던 것이다.

실제로 카자흐스탄으로 러시아 이주민의 유입이 급증함에 따라, 중앙은행의 러시아 루블화 매입은 2022년 3월 이후 큰 폭으로 증가한 것으로 나타났다. 루블화 매입 증가는 그만큼 카자흐스탄 텡게화가 시중에 많이 유통되게 되었다는 의미로 볼 수 있으며 경기활성화 측면에서는 유통 통화량 증가를 통해 경기 활성화에 기여할 수 있는 요인이다.

다음의 그림 2에서 보듯이, 2021년과 2022년 2월까지 카자흐스탄 중앙은행은 시장에서 러시아 루블을 주로 매각하는 입장이었다. 시장에 루블화의 수요가 많았다는 의미이며 월별로 최소한 470억~880억 텡게까지 지속적으로 루블화를 매각해 왔다. 그러나 러시아 난민의 유입이 본격화된 3월 이후, 자국 루블화의 매각보다는 자국 텡게화의 시중 수요가 확대되는 루블화 매입이 크게 증가해왔다. 2023년 기준으로는 이미 6개월 정도는 루블화 매입이 더 크게 나타나는 상황이며 시중에서 텡게화의 수요가 지속되고 있음을 알 수 있다. 이처럼 시중에 유통된 텡게화는 카자흐스탄의 소비 수요를 확대하여 경기 활성화에 긍정적인 영향을 주게 된다.

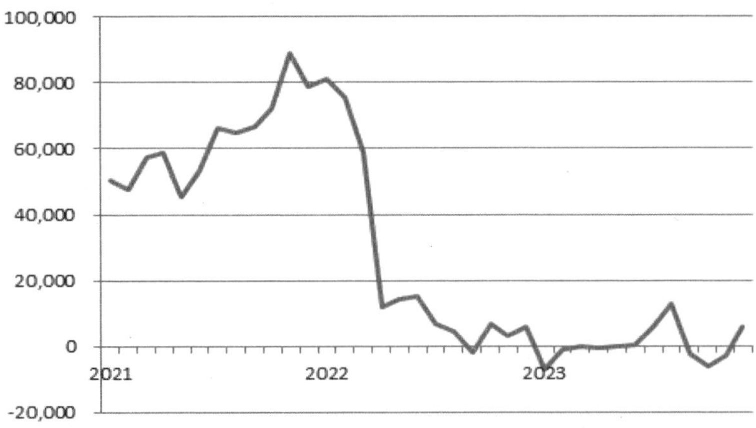

그림 2 카자흐스탄 중앙은행의 러 루블 매입(–) 및 매각(+) 추이: 2021~2023년

주: 세로축의 단위는 '백만 텡게'로 금액이 클수록 루블화 매각이, 작을수록 매입이 증가하였음을 의미

출처: National Bank of Kazakhstan, "Purchase/Sales of Foreign Currency by Exchange Offices,"

통화적인 측면에서뿐만 아니라, 실질적으로 중앙아시아 경기에 직접적인 영향을 주는 요인은 러시아에 대한 수출물량 확대다. 중앙아시아 각 국가들은 우크라이나 전쟁 이전까지 러시아와의 교역에서 대체로 적자를 보여 왔다. 소비에트 시대부터 이어져 온 러시아 중심의 공급망 체계가 워낙 강했기 때문이며 이는 카자흐스탄 및 키르기스스탄과 같은 EAEU 회원국들도 동일한 상황이었다.

그러나 우크라이나 전쟁 이후 러시아에 대한 서방의 경제제재가 본격화되자 상품을 직접 수입하기 어려운 러시아는 중앙아시아 국가들을 통해 간접적으로 상품 수입을 확대해 나갔다.[1] 2022년 기준, 전년 대비 중앙아시아 각 국가들의 러시아에 대한 수출 증가율을 보면, 카자흐스탄 25%, 키르기스스탄

1 서방은 대(對) 러시아 경제제재 가운데 수출규제를 도입하여, 전쟁물자로 전용될 수 있는 주요 상품에 대한 품목의 수출을 제한해 왔다. 여기에 포함되는 물품으로는 반도체, 전자장비 및 기기, 자동차 및 자동차 부품, 기계류 등이 있으며 이 품목들은 러시아가 서방의 수입에 크게 의존하고 있던 것들이다. 직접적인 상품 수입루트가 막힌 러시아는 주변국인 중앙아시아 및 아르메니아, 조지아와 같은 유라시아 국가들을 통해 이 같은 상품을 수입하는 방식을 유지해 오고 있다.

151%, 타지키스탄 22%, 우즈베키스탄은 53%에 달한다(ADB, 2023). 수출이 증가된 품목을 들여다보면, 러시아가 서방으로부터의 직접적인 수입에 어려움을 겪고 있는 품목들이 대부분을 차지하고 있다. 또한, 이 국가들에서 해당 제품과 관련한 산업생산이 유의미하게 증가하지 않았으며 제조업 발전 추세가 미미하다는 점을 보면 수출 증가에 기여한 것은 서방의 대(對)러 수출통제 품목임을 추론할 수 있다(박지원, 2023). 그리고 이처럼 러시아와의 수출에는 러시아로부터 유입된 난민의 역할도 무시할 수 없다. 이들은 러시아의 사정을 누구보다도 잘 알고 있으며 중앙아시아에 거주하면서 해외로부터 상품을 수입해 러시아에 재수출하는 사업에 상당수가 종사하고 있는 것으로 알려져 있다.

중앙아시아 지역 사회의 경기활성화와 관련하여 러시아 이주민이 영향을 미칠 수 있는 또 다른 한 가지 요인은 이들의 소비다. 앞선 선행연구에서 살펴보았듯이 이민자의 증가는 소비로 유발된 생산효과를 증대시킨다. 현재 각 중앙아시아 국가로 유입된 러시아 이주민의 정확한 숫자는 물론, 이들의 총부가가치 유발효과를 정량적인 데이터로 산출하기는 어렵다. 하지만, 이들의 유입으로 인해 각 국가별로 소비가 확대됨에 따라 일정 수준의 생산유발효과가 있는 것으로 추정할 수 있다. 러시아 이주민은 중앙아시아로 이주하여 소비를 확대하고 있으며 특정 부문의 서비스를 유발시키는 효과를 낳는 것으로 평가받고 있다(Askew · Baniya, 2023). 이처럼 새로 부각된 수요는 관련된 제품과 서비스의 공급을 활발하게 하며 경기 개선에 긍정적인 영향을 줄 수 있다.

IV. 러시아 이주 난민 유입의 우려 요인

앞에서 살펴본 것과 같이, 러시아 이주 난민의 유입은 전반적으로 중앙아시아 국가들의 경제적 발전과 성장에 긍정적인 영향을 주고 있다고 평가된다. 하지만, 반대로 아직까지 크게 부각되지는 않고 있으나 우려를 낳는 요인도 분명 존재한다.

1. 부동산 가격 상승

러시아 인구의 유입으로 인해 현지에서 가장 우려를 낳고 있는 요인은 물가상승이다. 갑작스러운 대량의 인구 유입은 중앙아시아 지역 내에서의 한정된 자원의 수요를 크게 발생시키며 가격 상승을 유발하고 있다. 러시아인들의 이주로 가장 먼저 영향을 받은 것은 국제항공권 가격이다. 러시아에서 동원령이 발효된 첫날 모스크바에서 카자흐스탄의 알마티 또는 키르기스스탄의 비슈케크까지 가는 항공권 가격은 평소에 비해 10배 이상 급등했으며 모스크바에서 타지키스탄의 두샨베(Dushanbe)까지 가는 항공권은 최대 1,750달러까지, 모스크바에서 우즈베키스탄의 타슈켄트(Tashkent)까지 운행하는 편도 항공권은 10,000달러까지 급등했다(Central Asian Bureau for Analytical Reporting, 2022). 다만, 이와 같은 현상은 시간이 지나면서 점차 잦아들었고 항공권 가격은 정상화되었다.

여러 가지 물가 상승의 항목 중에서 중앙아시아 각 지역의 현지인들이 빠르게 체감하는 영역은 부동산 가격의 상승이다. 경제력이 있는 러시아 인구들은 이주한 중앙아시아의 각 도시에서 거주할 곳을 찾게 되었고 그 영향으로 인해 해당 지역의 부동산 가격은 가파르게 상승했다.

카자흐스탄의 경우, 러시아인 유입이 많았던 알마티(Almaty)를 포함해 러시아와 인접한 북부지역 도시의 가격이 많이 상승했다. 악타우(Aktau)가 67.7%, 파블로다르(Pavlodar) 44.1%, 악토베(Aktobe)와 코스타나이(Kostanai)도 각각 61.0%와 46.2%씩 상승했다. 이 지역은 러시아와 인접해 있고 다른 지역보다 러시아인의 거주 인구 비중이 높아, 러시아 난민 유입이 크게 나타났던 곳이다. 반면, 대도시에 속하지만 쉼켄트(Shimkent) 같은 남부지역이나 콕쉐타우(Kokshetau)처럼 카자흐인의 거주 비중이 높은 지역의 경우 러시아 난민의 유입이 상대적으로 적었으며 지역 부동산 가격에 대한 영향도 적었음을 추론할 수 있다.

카자흐스탄뿐만 아니라 키르기스스탄에서도 부동산 가격은 상승했으나 카자흐스탄에서의 상황과는 조금 다른 양상으로 부작용이 나타났다. 카자

표 1 카자흐스탄 주요 도시의 부동산 매매가격 변화: 2021~2024 (가격: 텡게/평방미터)

지역(도시)	2021.1월 가격	2024.1월 가격	증감율(%)
알마티	468,400	721,638	54.1
아스타나	357,125	476,534	33.4
악타우	191,875	321,842	67.7
쉼켄트	312,875	420,780	34.5
카라간다	287,825	383,012	33.1
파블로다르	255,650	368,458	44.1
악토베	178,800	287,840	61.0
코스타나이	253,825	371,008	46.2
크질로르다	156,625	239,144	52.7
콕쉐타우	263,575	306,542	16.3

출처: https://krisha.kz.

흐스탄으로 이주한 러시아인들은 대체로 현지의 부동산을 구매했으나 키르기스스탄으로 이주한 러시아 난민은 주택을 구입하기보다는 대체로 임대하는 쪽을 선택했다(Нурматов, 2023). 러시아 난민은 비슈케크나 오쉬(Osh)로 이주하면서 주로 이곳의 아파트를 위주로 임대하기 시작했으며 이는 임대시장에서 수요의 급격한 상승을 불러일으켰다. 러시아 난민은 도시의 특정 지역에 관계없이 아파트가 생활하기에 필요한 옵션을 갖추고 있는지 여부를 따져보고 주택을 임대했으며 2022년 9월 기준으로 임대가격은 이전에 비해 평균 30~40% 상승했다(Holod, 2022).

이런 상황에서 피해를 보는 것은 키르기스스탄 주민들이며 특히 세입자에게 고스란히 그 영향이 전가되고 있다. 이전부터 아파트에 월세를 내며 살고 있던 키르기스스탄 주민들은 집주인으로부터 무차별적으로 살던 곳에서 나가달라는 요청을 받게 되었다. 집주인들은 높은 월세를 지불하는 러시아 난민을 받아들이기 위해 계약기간이 남아 있는 키르기스 주민들에게 통지를 하고 급하게 이들을 퇴거시켰다.

문제는 키르기스스탄 정부가 이러한 사태에 전혀 개입하거나 중재적인 역할을 하지 않았으며 피해는 고스란히 현지인들에게 돌아갔다는 것이다. 키르기스스탄 재무부 산하 독점금지국은 이러한 사태에 대해 "부동산 시장은 참여하는 주체들 스스로 결정하는 경쟁시장으로 정부는 이 활동에 관여할 수 없다."라고 언급하는 등 사실상 사태를 방관하였다(Akchabar, 2022). 임대 기간이 충분히 남은 세입자들은 법적으로 보호받아 마땅하지만, 실제로 세입자 대부분은 아무런 대책이 없는 상황에서 집주인으로부터의 일방적인 퇴출 통보를 받을 수밖에 없었다. 수도인 비슈케크는 다른 중소형 지방 도시와는 달리, 주거에 일시적인 어려움을 겪는 사람들을 수용할 만한 임대주택이 거의 없는 상황이어서 퇴거한 세입자들은 별다른 해결책이 없었다.

이 같은 문제는 우즈베키스탄에서도 비슷한 모습으로 발생했다. 우즈베키스탄의 수도인 타슈켄트로 러시아 난민이 집중적으로 이주하기 시작하자, 타슈켄트의 부동산 가격은 상승세를 보이기 시작했다. 2022년 타슈켄트 지역의 부동산 매매가격은 1월부터 10월까지 10개월간 약 20% 상승했으며 임대료는 17% 상승했는데 정부는 여기에 러시아 난민의 유입 증가가 중요한 요인으로 작용했다고 보고 있다(Ерзиков, 2022). 우즈베키스탄 중앙은행(Central Bank of Uzbekistan)에 따르면, 2022년 8월부터 10월까지 우즈베키스탄의 중간 가격대 아파트의 임대료는 각각 전월 대비 8.6%, 7.7%, 15.2% 상승하였으며 여기에는 러시아 이주민의 입국 증가가 큰 원인으로 작용하였다(Центральный банк Республики Узбекистан, 2023). 그리고 키르기스스탄과 마찬가지로 러시아 이주민의 입주로 인해 우즈베키스탄인들은 거주하던 집에서 임대인으로부터 쫓겨나는 일이 계속되었다. 이 같은 일이 반복되자 우즈베키스탄 법무부는 논평을 통해 특별한 근거가 없는 주택소유자의 일방적인 계약 파기나 부당한 임대료 인상 행위는 불법이라고 강조하였다(Spot, 2022). 다만, 이와 같은 부동산 임대료 상승은 러시아 이주민의 입국이 둔화된 2022년 11월 이후로는 점차 안정세를 보이고 있으며 이후에는 우즈베키스탄의 부동산 매매가격과 임대료에 크게 영향을 미치고 있다고 보기 어렵다.

2. 현지인들과의 일자리 경쟁

러시아인들의 이주가 활발하게 진행되면서 카자흐스탄 내에서 이들의 이주에 따른 노동시장의 불안정성과 카자흐스탄인들이 노동시장에서 러시아인들에 의해 밀려날 수 있다는 우려가 커지자, 스마일로프(Alikhan Smailov) 카자흐스탄 총리는 언론과의 인터뷰에서 이 점에 대해 이렇게 인정했다. "IT분야, 금융, 무역 등 러시아 이주민의 유입이 늘어나는 산업 분야에서 카자흐스탄인들에 대한 기업의 수요가 감소할 수 있다. 이주하는 러시아인들의 업무 수행 수준이 카자흐스탄인들과 비교해 높다는 것이 공통적인 견해이고, 이미 러시아인을 고용하기 위해 카자흐스탄인을 해고한 선례들이 나오고 있다. 정부에서는 이러한 일을 방지하고 카자흐스탄인들의 권리를 보호하기 위해 최선을 다할 것이다."(Caravan, 2022) 또한, 카자흐스탄의 쿠안티로프(Alibek Kuantyrov) 경제부 장관은 러시아인들의 유입에 대한 일부의 우려에 대해 "카자흐스탄 내의 정부 부문이나 국영기업 등 공공부문 일자리의 경우, 카자흐스탄인들이 우선적으로 고용될 것"이며 "일부 카자흐스탄인들의 공백이 생기는 민간 부문에서 러시아인들의 고용이 이루어질 것으로 기대한다."라고 밝힌 바 있다(Аскарова · Гольм, 2022). 이들이 우려한 것처럼 일부 지역과 산업 부문에서 이주한 러시아인들로 인해 카자흐스탄인들의 일자리가 위협받은 것은 사실이다.

다만, 2022년도 중반까지 카자흐스탄에서 대두되었던 러시아 이주 난민과 카자흐스탄인들의 일자리 경쟁이라는 이슈가 정작 9월에 있었던 러시아 이주민의 대량 유입 이후에는 실제적인 문제로 크게 부각 되지 않았다. 이는 실제 통계로도 추측이 가능한데, 카자흐스탄 통계청의 보고서에 따르면 2022년 카자흐스탄의 실업률은 4.9%로 2021년과 동일했으며 15세부터 28세까지의 청년실업률 또한 전년도와 동일한 3.8%를 기록했다(Бюро Национальной Стастики Казахстан, 2023). 러시아의 주요 이주 연령대인 청년층의 유입이 카자흐스탄의 여러 도시 및 다른 국가로 분산되었고, 이들이 주로 IT산업 등의 고부가가치 영역에서 근무하고 있어 카자흐스탄인들과의 일자리 경쟁에서 직접적인 충돌이 적었던 것으로 판단된다.

우즈베키스탄의 경우도 카자흐스탄과 상황은 유사하다. 러시아 난민의 이주로 인해 현지인들의 일자리가 위협을 받을 것이라는 우려는 일부 존재했다. 특히 러시아인들의 유입이 많은 IT분야에서 우즈베키스탄인들의 일자리를 빼앗았다는 견해도 있다(Hook Report, 2022). 이러한 견해는 특히 러시아 이주민의 이민 초기에 일부에서 제기되었던 주장으로 보인다. 우즈베키스탄의 헤드헌터 업체가 러시아 난민의 입국이 집중되었던 2022년 8월부터 10월까지 3개월간 입수한 이주민의 이력서를 분석한 결과, 이들의 대체로 고등교육을 받은 IT 전문가, 영업·마케팅·생산 부문의 관리직 등 전문가들이었으며 이들이 원하는 급여 수준은 일반적으로 우즈베키스탄의 급여 수준에 비해 높은 경향을 보였다(Пулатова, 2023).

자료에 따르면, 러시아 이주민의 31%는 10~30만 루블 수준의 급여를 원하는데 이는 당시 우즈벡 솜(som)화 환율로 약 1,600~4,800만 솜에 해당되며 이는 달러로 1,270~3,810달러에 달하는 매우 높은 수준이다. 우즈베키스탄에서 직군에 따라 어느 정도 받아들일 만한 수준이라고 볼 수 있는 2~4만 솜(약 254~508달러)나 그 이하의 급여를 받아들일 수 있다고 보는 러시아 이주민은 19% 정도에 불과했다. 이러한 러시아 이주민의 높은 눈높이 수준으로

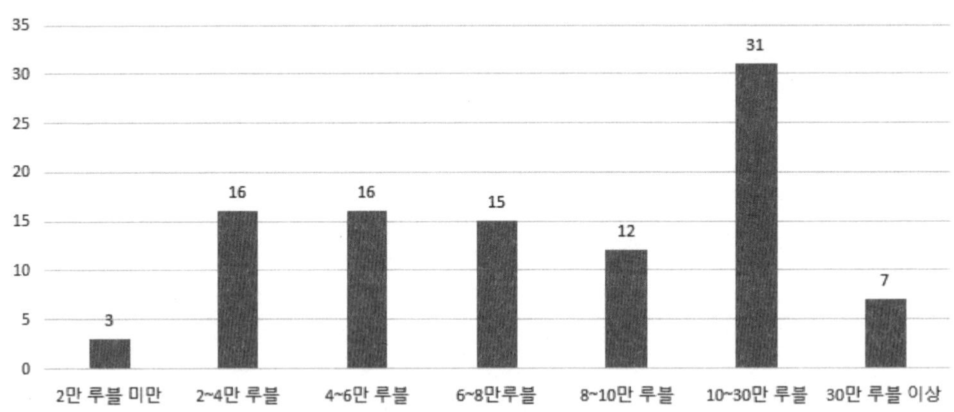

그림 3 러시아 난민이 우즈베키스탄에서 원하는 월 급여 수준(비중,%)

* 출처: Пулатова(2023)

인해 이들이 우즈베키스탄인들의 일자리에 직접적인 영향을 주는 경우는 많지 않았으며, 러시아 이주민은 계약직으로 고용되는 사례가 많았다.

키르기스스탄은 카자흐스탄이나 우즈베키스탄보다 현지 임금 수준은 더 낮다. 이런 이유로 실제로 러시아에서 키르기스스탄으로 이주한 난민이 현지인들의 일자리를 위협하는 사례는 많지 않았다고 볼 수 있다. 일부 키르기스스탄으로 이주한 IT 전문가는 현지의 외국계 기업에 고용되는 경우가 많아, 키르기스스탄 현지인들과 일자리 경쟁에 있다고 보기 어렵다(Ким, 2023). 특히 키르기스스탄의 공공부문 일자리에는 키르기스어의 사용이 필수적이어서 러시아인들의 지원이 어렵고 민간의 키르기스스탄 회사에서는 러시아 이주민이 언제든지 다시 떠날 수 있다는 생각이 있어 러시아 이주민을 고용하는 데 주저하는 경향을 보였다. 따라서 키르기스스탄에서도 러시아 이주민이 현지인들의 구직활동에 크게 영향을 주지 않았다고 볼 수 있다. 따라서 러시아 이주민의 중앙아시아 현지인과의 일자리 경쟁 문제는 카자흐스탄과 우즈베키스탄에서 IT 등 일부 고임금 직업과 관련해 이들의 이주 초기인 2022년도에 발생한 문제로 파악된다.

V. 맺음말: 러시아 이주 난민의 경제적 시사점

우크라이나 전쟁으로 야기된 러시아인들의 내(對)중앙아시아 이수는 지역의 정치·경제적 관점에서 의미가 있는 사건이다. 시장경제 도입 이후 주로 중앙아시아 국민의 러시아에 대한 노동이주와 송금경제 구도를 역(逆)으로 전환하는 것으로, 정치·군사적 이벤트의 결과물이다. 하지만, 러시아로부터 중앙아시아에 대한 난민의 이주 흐름은 지역 경제 차원에서 중요한 의미가 있으며 이는 대체로 긍정적인 작용을 한 것으로 기대된다. 첫째는 러시아 난민이 주로 IT 엔지니어와 같은 고급 인재들의 비중이 높아, 이들의 유입이 중앙아시아 국가들이 추진하는 IT 개발 분야에서 도움이 되고 있다는 점이다. 이는 지금까지 중앙아시아가 겪었던 두뇌유출 현상과는 반대되는 것으로 이미 이들의 유입으로 인한 효과는 산업계에서 나타나고 있다. 둘째로는 이들의 유입이 지역 경기 활성화에 긍정적인 영향을 미치고 있다는 점이다. 일부 난민은 러시아와의 교역에 종사하면서 중앙아시아의 러시아에 대한 수출 증가에 기여하고 있으며 지역의 소비와 생산 부문을 활성화시키고 있다.

이들의 유입으로 인한 부정적인 효과도 볼 수 있다. 먼저 러시아 이주 난민의 유입은 지역 부동산의 급격한 상승을 가져왔다. 카자흐스탄의 알마티와 북서부 지역의 난민 유입이 많은 도시들과 우즈베키스탄의 타슈켄트, 키르기스스탄의 비슈케크 등의 대도시를 중심으로 부동산의 매매 및 임대료 상승이 크게 일어났다. 이 때문에 현지인들이 임대료를 더 많이 받기 위해 기존의 세입자를 불법적으로 내쫓는 사례들이 발생했다. 단기간에 공급이 제한적인 지역의 부동산에 갑작스럽게 많은 난민이 유입되었기 때문이다. 하지만, 이 같은 영향은 오래가지 않았고 점차 시간이 흐를수록 안정되는 모습을 보였다. 난민 유입의 두 번째 부정적인 영향으로 일부 난민이 현지인의 일자리를 위협하는 경우도 발생했다. 특히 러시아에서 대거 유입된 IT 전문가 등 전문적인 직종들이 현지 고급 일자리를 잠식하는 경우가 생겼다.

다만, 러시아 이주민의 전반적인 경제적 영향은 국가별로도 각 지역과 도시에 따라 그 정도가 다르게 나타나는 경우가 많았다. 또한 부정적인 요인은 크게 부각되지 않고, 빠르게 희석된 반면, 난민이 지역에서 꾸준히 일하면서 창출하는 소비증대 효과와 중앙아시아 각국이 추진하는 IT 발전 등 긍정적인 요인은 시간이 흐르면서 장기적으로 나타날 수 있음을 고려해야 한다. 또한, 러시아 이주 난민이 중앙아시아에 영향을 미치는 요인들이 단순히 난민의 이주에 의한 것뿐만 아니라, 전쟁 자체의 발발로 인한 요인들이 얼마간 복합적으로 작용하였다는 점과 그 영향을 엄밀히 구분하기는 어렵다는 것은 이 연구의 한계로 볼 수 있다.

우크라이나 전쟁이 장기화되고 러시아의 징병 문제가 수면 아래로 가라앉음에 따라 러시아 이주민 가운데 약 2/3가 다시 러시아로 돌아갔다는 러시아 정부 관계자의 추산이 발표되고 있다. 다만, 중앙아시아 내에서 이로 인한 난민 유출의 부정적인 영향은 아직 두드러지게 나타나지 않고 있다. 중앙아시아 국가들은 현재 자국으로 유입된 러시아 이주민을 장기적으로 유지하고 이들을 경제적으로 활용할 수 있는 방안을 심도 있게 고민해야 할 것이다. 또한, 향후 러시아와의 관계에서 이들이 가져올 수 있는 영향도 고려가 필요할 것으로 보인다.

참고문헌

1차 자료

UNHCR, n. d. "What is a Refugee?" https://www.unrefugees.org/refugee-facts/what-is-a-refugee/ (검색일: 2025. 3. 10).

UNHCR and Deloitte, 2024. "Analysis of the impact of refugees from Ukraine on the economy of Poland." https://data.unhcr.org/en/documents/details/106993?_gl=1*6zyr1z*_gcl_au*MzI3ODYzODU1LjE3MzU2OTU5MDg.*_rup_ga*MTg2NDQ2NDEwNC4xNzM1Njk1OTA4*_rup_ga_EVDQTJ4LMY*MTczNTY5NTkwOC4xLjEuMTczNTY5NTk2OC42MC4wLjA.*_ga*MTg2NDQ2NDEwNC4xNzM1Njk1OTA4*_ga_X5VFGG5PY9*MTczNTY5NTkwOC4xLjEuMTczNTY5NTk2OC42MC4wLjA (검색일: 2024. 12. 30).

Бюро Национальной Стастики. Казахстан. 2023. "Основные индикаторы рынка труда в Республике Казахстан." Занятость и безработица.

Министр Республики Узбекистан. 2019. "О мерахпосозданию Технологического парка программных продуктов и информационных технологий." НБДЗ: No 09/19/17/2456.

Указ Президента РФ от 31 октября 2018 г. No. 622. "О Концепции государственной миграционной политики Российской Федерации на 2019-2025 годы." https://garant.ru/product s/ipo/doc/71992260/ (검색일: 2024. 1. 17).

Центральный банк Республики Узбекистан. 2023. "АНАЛИЗ РЫНКА НЕДВИЖИМОСТИ IV КВАРТАЛ 2022 Г."

2차 연구자료

박지원. 2023. 『우크라이나 사태 이후 유라시아 지역의 교역 메커니즘 변화』. 서울: KOTRA.

ADB. 2023. *Asian Development Outlook*. Philippines: ADB.

Alix-Garcia, J. and D. Saah. 2010. "The Effect of Refugee Inflows on Host Communities: Evidence from Tanzania." *World Bank Economic Review* 24(1), 148-170.

Card, D. 2021. "Immigrant Inflows, Native Outflows, and the Local Labor Market Impacts of Higher Immigration." *Journal of Labor Economics* 19(1), 22-64.

Cochrane, B. and J. Poot. 2019. "The Effects of Immigration on Local Housing Markets." *Working Paper in Economics* 7(19), 1-26.

Genc, M. 2014. "The Impact of Migration on Trade." https://wol.iza.org/articles/impact-of-migration-on-trade/long (검색일: 2024. 2. 6).

Hook Report. 2023. "Как устраиваются на работу иностранцы в Узбекистане." (May 27) https://hook.report/2022/05/work-in-uzbekistan/ (검색일: 2024. 2. 6).

IMCPD. 2023. "ICMPD Migration Outlook: Eastern Europe and Central Asia." /https://www.icmpd.org /file/download/59451/file/ICMPD%2520Annual%2520Repo rt%25202022%2520Digital%2520Version.pdf (검색일: 2024. 3. 11).

IMF. 2023. "Characteristics and Economic Impact of Migrants and Refugees in Costa Rica." *IMF Staff Country Reports* Vol. 2023, Issue 443

Larkin, M. et al. 2018. "Do House Prices Sink or Ride the Wave of Immigration?" https://www.econstor.eu/bitstream/10419/180515/1/dp11497.pdf (검색일: 2024. 2. 14).

Taylor, J. E. et al. 2016. "Economic Impact of Refugees." https://www.pnas.org/doi/pdf/ 10.1073/pnas. 1604566113 (검색일: 2024. 1. 25).

기타 (미디어 및 기타 인터넷 자료)

Abbasova, V. 2023. "Kazakhstan Tightens Entrance Rules for Foreigners." Caspian News (January 19) https://caspiannews.com/news-detail/kazakhstan-tightens-entrance-rules-for-foreigners-2023-1-18-38/ (검색일: 2024. 3. 5).

Akchabar. 2022. "Аренда квартир в Бишкеке выросла почти на треть." (September 26) https://akchabar.kg/ru/article/nedvizhimos/arenda-kvartir-v-bishkeke-vyrosla-pochiti-na-tret/ (검색일: 2024. 3. 14).

Askew, J. and Baniya, S. 2023. "Central Asian economies are booming thanks to Russia: Here's why." Euronew (October 4) https://www.euronews.com/business/2023/10/04/central-asian-economies-are-booming-thanks-to-russia-heres-why (검색일: 2024. 3. 5).

Caravan. 2022. "Потеснят ли казахстанцев на рынке труда приезжие россияне." (October 20) https://www.caravan.kz/%20news/potesnyat-li-kazakhstancev-na-rynke-truda-priezzhie-rossiyane-885918/ (검색일: 2024. 3. 5).

Cnews, 2022. "ИТ-гигант, созданный выходцем из СССР, переманивает у России ИТ-шников и вывозит их в Узбекистан." (April 19) https://www.cnews.ru/news/top/2022-04-19_sozdannyj_vyhodtsem_iz_cccr (검색일: 2024. 3. 5).

Demoscope. 2022. "Poll: The main share of Russian supporters in Kazakhstan is over 60, young people are for Ukraine." (January 12) https://demos.kz/poll-the-main-share-of-russian-supporters-in-kazakhstan-is-over-60-young-people-are-for-ukraine/?lang=en (검색일: 2024. 3. 5).

Dzen. 2023. "Кыргызстан-Виза цифрового кочевника." (January 30) https://dzen.ru/a/Y9Z-k0K8pnQDZfF_?experiment=931375 (검색일: 2024. 3. 5).

Eurasianet. 2022. "Uzbekistan lays out the red carpet for fleeing Russian IT specialists." (November 16) https://eurasianet.org/uzbekistan-lays-out-the-red-carpet-for-fleeing-russian-it-specialists (검색일: 2024. 3. 5).

European Training Foundation. 2020. "Policies for Human Capital Development: Kazakhstan." https://www.etf.europa.eu/sites/default/

files/2020-11/06_trp_etf_ass essment_2019_kazakhstan.pdf (검색일: 2024. 3. 5).

Henni, A. and Rikharj, H. K. 2023. "How thousands of highly-skilled Russians support Uzbekistan's bid for technology development." bneIntellinews (November 30) https://www.intellinews.com/how-thousands-of-highly-skilled-russians-support-uzbekistan-s-bid-for-technology-development-303099/ (검색일: 2024. 2. 6).

Holod. 2022. "Аренда квартир в Бишкеке подорожала как минимум на 30%. Некоторые арендодатели выселяют местных граждан, чтобы сдать жилье россиянам дороже." (September 27) https://holod.media/2022/09/27/arenda-kvartir-v-bishkeke-podorozhala-na-30-100-nekotorye-arendodateli-vyselyayut-mestnyh-grazhdan-chtoby-sdat-zhile-rossiyanam-dorozhe/ (검색일: 2024. 2. 6).

"IT Park Statistics," https://centralasia.tech/why-uzbekistan/statistics.

Matusevich, Y. 2022. "Central Asia Faces a Russian Migrant Crisis." Foreign Policy (October 4) https://foreignpolicy.com/2022/10/04/russia-putin-mobilization-central-asia-conscripts-flee/ (검색일: 2024. 1. 9).

Najibullah, F. 2023. "Living In Fear Of The Draft, Russian Emigres In Kazakhstan Have No Plans To Go Home." *Radio Free Europe* (January 22) https://www.rferl.org/a/kazakhstan-russian-emigres-ukraine-war/32234453.html (검색일: 2024. 1. 9).

Panescue, C. A. 2004. "Brain Drain and Brain Gain: A New Perspective on Highly Skilled Migration." http://pdc.ceu.hu/archive/00003399/01/brain_drain_brain_gain .pdf (검색일: 2024. 2. 2).

Pheiffer, E. 2022. "Russia's Great Reverse Migration." *Foreign Policy* (November 25) https://foreignpolicy.com/2022/11/25/russia-uzbekistan-kyrgyzstan-putin-mobilization-great-reverse-migration/ (검색일: 2024. 2. 2).

Spot. 2022. "Минюст потребовал не нарушать права арендаторов съёмного жилья." (October 11) https://www.spot.uz/ru/2022/10/11/rent-warning/ (검색일: 2024. 2. 2).

Straubhaar, T. 2000. "International Mobility of the Highly Skilled: Brain Gain, Brain Drain or Brain https://www.econstor.eu/bitstream/10419/19463/1/88.pdf (검색일: 2024. 1. 29).

Viseth, A. 2020. "Immigration and Employment: Substitute versus Complementary Labor in Selected African Countries." https://www.imf.org/en/Publications/WP/Issues/2020/07/31/Immigration-and-Employment-Substitute-Versus-Complementary-La bor-in-Selected-African-49610 (검색일: 2024. 2. 4).

Аскарова, А and Гольм, А. 2022. ""Нормальная практика": Куантыров о влиянии переехавших в Казахстан россиян на рынок труда." *Nur.kz* (September 28) https://www.nur.kz/nurfin/economy/1990021-normalnaya-praktika-kuantyrov-o-vliyanii-pereehavshih-v-kazahstan-rossiyan-na-rynok-truda/ (검색일: 2024. 2. 4).

Ахматова, И. 2022. "В Кыргызстан с марта переехали более 50 IT-компаний из России, Беларуси и стран СНГ." Economist.kg. (October 3) https://economist.kg/novosti/2022/10/03/v-kyrgyzstan-s-marta-relocirovalis-bolee-50-it-kompanij-iz-rossii-belarusi-i-stran-sng/ (검색일: 2024. 2. 4).

Ерзиков, В. 2022. "Цены на жилье в Ташкенте выросли с начала года почти на 20%" Kursiv (November 23) https://uz.kursiv.media/2022-11-23/ceny-na-zhile-v-tashkente-vyrosli-s-nachala-goda-pochti-na-20/ (검색일: 2024. 2. 4).

Нурматов, Э. 2023. "Почему в Кыргызстане дорожает недвижимость?" Радио Азаттык (October 2) https://rus.azattyk.org/a/3261874 5.html (검색일: 2024. 3. 14).

Ким. Е. 2022. "Понаехали тут: аналитик из Киргизии рассказал об отношении к гражданам РФ." (October 7) https://regnum.ru/article/3717430

(검색일: 2024. 2. 4).

Пулатова, М. 2023. "≪Заоблачные сумы для узбекского рынка≫. Где работают и сколько получают россияне в Узбекистане." (February 9) https://uz.kursiv.media/2023-02-09/zaoblachnye-summy-dlya-uzbekskogo-rynka-gde-rabotayut-i-skolko-poluchayut-rossiyane-v-uzbekistane/ (검색일: 2024. 2. 4).

• • • •

제5장

카자흐스탄과 키르기스스탄의 러시아 난민에 대한 인식과 대응*

주송하

I. 머리말

러시아-우크라이나 전쟁의 여파는 당사국뿐만 아니라 주변국에도 확산하고 있다. 양국과 인접한 중앙아시아는 전쟁을 피한 러시아 이주 난민의 대규모 유입이라는 새로운 현상을 겪고 있다. 2022년 2월 러시아의 우크라이나 공격으로 시작된 전쟁으로 인해 약 75만-150만 명의 러시아인이 다른 구소련 국가로 이동한 것으로 알려져 있다(Olive, 2024). 첫 번째 이수는 2022년 2월 전쟁 발발 직후 몇 달간 이루어졌다. 이 시기에는 자유주의 성향의 젊은이와 활동가, 가족, IT 기술인과 같은 고급 인력의 이주가 있었다. 두 번째는 2022년 9월 푸틴 대통령의 부분적 동원령 발표 후 징집 대상이 된 청년들의 해외 이주가 있었다. 러시아-카자흐스탄 국경 검문소는 인산인해를 이루고, 러시아에

* 이 글은 『슬라브학보』 39-4 (2024)에 게재된 논문을 본서의 편집 취지에 맞도록 수정·보완한 것입니다.

서 중앙아시아를 비롯한 다른 국가로 가는 비행기표 가격은 고공행진을 하였다. 러시아 난민 이주는 구소련 국가에서 러시아로 향하는 노동 이주라는 기존 이주 동학과는 정반대되는 흐름의 새로운 현상이다. 또한 러시아 이주민은 어느 정도 경제력을 갖추고 고급 기술을 갖췄다는 점에서, 전통적 의미의 난민(refugees)과는 다른 인구학적 특성이 있다. 러시아인은 중앙아시아에서 난민 지위 신청 없이 체류하며 소위 이주민(релоканты)으로 불리고 있다.

러시아 전쟁 이주민에 대해 중앙아시아 대중은 어떠한 인식을 하고, 정부는 어떠한 정책을 취하고 있는가? 본 질문은 다음 두 가지 점에서 중요한 함의를 갖고 선행 연구에 기여할 수 있다. 첫째, 러시아 이주 난민은 중앙아시아 경제와 사회에 중요한 파급력을 갖지만, 현재 진행 중인 새로운 현상으로 아직 연구가 부족하다는 점이다. 기존 러시아-우크라이나 전쟁 난민 연구는 주로 우크라이나 난민, 혹은 조지아, 아르메니아 등지의 러시아 이주 난민을 대상으로 하고 있다(Bielewska et al., 2024; Hierro · Maza, 2024; Grosman · Raadschelders, 2024; Konstantinov et al., 2023; 이아름 · 최정애, 2024; 최아영, 2024; 고가영, 2023). 하지만, 많은 러시아 난민이 체류하고 있는 중앙아시아에서 현지 대중의 이들에 대한 인식과 정부의 대응 정책에 관해서는 연구가 부족하다. 이에 본 연구는 한정된 자료에서나마 러시아 난민에 대한 중앙아시아 대중 인식과 정부 대처를 분석하고 후속 연구를 위한 기초를 제공하고자 한다.

둘째, 러시아 이주 난민에 대한 중앙아시아의 인식과 대응은 중앙아시아 사회에 대한 이해와 더불어 지정학적 질서 분석에도 도움을 줄 수 있는 중요한 사례이다. 기존의 러시아 전쟁과 관련한 중앙아시아 연구는 전쟁의 중앙아시아에 대한 경제적, 지정학적 영향, 혹은 중앙아시아 국가의 대외 정책에 대한 연구가 대다수를 차지하고 있다(정재원, 2021; 윤성학, 2022; 조영관, 2023; 2024; 박지원, 2024; Dadabaev · Sonoda, 2023). 하지만, 갑자기 유입된 대규모의 러시아 이주민을 중앙아시아 대중이 어떻게 인식하는지는 중앙아시아 사회 이해에 도움이 되는 중요한 사례라 할 수 있다. 더불어 러시아 이주 난민에 대한 정책은 중앙아시아의 대(對)러시아 정책을 보여주는 하나의 지표로서, 러시아,

유라시아 지역의 지정학적 질서를 분석하고 앞으로의 향방을 가늠하는 데에도 도움이 될 수 있을 것이다.

이에 이 글은 중앙아시아에서 러시아 이주민이 가장 많이 유입된 카자흐스탄과 키르기스스탄을 중심으로 대중의 난민 인식과 정부의 난민 정책을 분석하였다. 러시아 이주민을 전통적 의미의 난민으로 보기에는 논란의 여지가 있지만(박지원, 2024: 272; 최계영, 2024), 이 글에서는 언론에서 자주 쓰이는 용어인 난민으로 러시아 이주민을 지칭하기로 한다. 연구 자료와 방법으로는 문헌 분석(법, 정부 문서, 언론 보도)과 2024년 2월 키르기스스탄 현지 조사에서 진행한 인터뷰(정부 기관, 유엔난민기구)를 사용하였다. 이와 더불어 중앙아시아 대중의 난민 인식 비교를 위해 2022년 11-12월에 이루어진 중앙아시아 바로미터의 12차 설문조사(Central Asia Barometer Survey Wave 12) 자료를 사용하였다. 이 시기 설문조사를 사용한 이유는 연구 자료의 접근 가능성과 더불어, 9월 동원령 이후 러시아 난민 유입이 어느 정도 이루어지고 안정된 시점의 자료이기 때문이다.

분석을 통해 이 글은 다음과 같은 결론을 도출하였다. 첫째, 다른 국가들에서 일반적으로 발견되는 난민에 부정적 인식과는 다르게, 중앙아시아 대중은 러시아 난민을 부정적으로만 보지 않고 긍정적으로도 평가하고 있다. 중앙아시아 대중은 러시아 난민이 교육, 의료 등 복지를 개선하고, 취업 기회를 증진했다고 긍정적으로 평가하고 있다. 둘째, 러시아 난민에 대한 대중 인식에서 중앙아시아 국가 간에 중요한 차이가 존재한다는 것이다. 카자흐스탄과 키르기스스탄의 대중 모두 집값, 생필품 가격 상승을 난민이 가져온 부정적 영향으로 평가했지만, 카자흐스탄 대중이 키르기스스탄 대중보다 더 부정적 인식을 보여주었다. 셋째, 대중 인식 차이를 반영하듯 카자흐스탄이 키르기스스탄보다 러시아 난민에 대해 더 엄격한 정책을 채택했다는 점이다. 카자흐스탄은 키르기스스탄보다 훨씬 이른 시기부터 러시아 난민의 장기 체류 방지를 위해서 체류법과 각종 외국인 관련법을 개정하였다.

II. 러시아 이주 난민과 중앙아시아 선행 연구

러시아 전쟁 난민 연구는 우크라이나 난민에 대한 연구가 다수를 차지하고 있다(Bielewska et al., 2024; Hierro · Maza, 2024; Grosman · Raadschelders, 2024; Konstantinov et al., 2023; 이아름 · 최정애 2024; 최아영, 2024; 고가영, 2023). 러시아의 이주 난민 관련 연구는 학술적 연구보다는 국제기구, 연구 기관의 보고서가 대다수를 차지하고 있으며(Lomakin, 2024; Kamalov et al., 2023; Sergeeva · Kamalov, 2024; Baranova · Podolsky, n.d), 이들은 주로 조지아와 아르메니아로 간 러시아 이주 난민을 분석 대상으로 삼고 있다. 러시아 전쟁과 관련한 중앙아시아 연구는 전쟁의 중앙아시아에 대한 경제적, 지정학적 영향, 혹은 전쟁 속에서 중앙아시아 국가들의 외교, 대외 협력 정책에 대한 연구가 많이 이루어졌다(정재원, 2021; 윤성학, 2022; 조영관, 2024; 2023; 박지원, 2024; Dadabaev · Sonoda, 2023). 전쟁 발발 직후 대러시아 제재로 인한 이주 노동자들의 송금액 감소와 러시아 루블 폭락은 중앙아시아 경제에도 큰 경제적 타격을 주었다(윤성학, 2022). 하지만, 전쟁은 중앙아시아 경제에도 긍정적 영향을 끼쳤다. 박지원(2024)에 따르면 러시아 이주 난민이 집값, 생필품 가격 상승으로 중앙아시아에 부정적 영향을 주었지만, IT와 같은 고급 기술 인력 유입과 러시아와의 교역 증가로 중앙아시아의 경기가 더 활성화되는 긍정적 영향도 끼쳤다.

중앙아시아의 전쟁 대응과 관련한 연구는 중앙아시아 국가들이 복잡한 지정학적 계산속에서 러시아나 서구 한쪽의 편을 들기보다는 중립적 자세를 취하고 있음을 시사한다. 정재원(2022)은 중앙아시아가 러시아에 대한 높은 군사 안보 의존도, 경제 의존도로 인해서 러시아와 서구 사이에 힘겨운 균형을 유지하고 있다고 주장했고, 조영관(2024)은 전쟁 이후 중앙아시아가 미국, 유럽연합, 중국과 에너지 협력을 강화하면서 동시에 러시아와도 협력을 유지함을 보여준다. 이러한 맥락에서 중앙아시아 국가의 러시아 전쟁 대응책을 "전략적 침묵(strategic silence)"이라고 부르기도 한다(Dadabaev · Sonoda, 2023). 예를 들어, 2022년 러시아의 침공을 비판하는 유엔총회 투표에서 중앙아시아 국가들은 불참하거나 기권하였다. 다다바에프(T. Dadabaev)와 소노다(S. Sonoda)는 전략적 침묵이 러시아, 서방과의 관계가 모두 중요한 중앙아시아 국가들의 지정학적 복합성을 반영한다고 주장한다. 선행 연구들은 러시아-우크라이나 전쟁이 중앙아시아에 미치는 다양한 경제, 정치적 영향과 중앙아시아 국가의 대외 정책을 여실히 보여주었지만, 대규모의 러시아 이주민 유입이라는 전례 없는 상황에서 중앙아시아 대중과 정부가 어떻게 대처하였는지에 대한 연구는 부족한 실정이다. 이에 본 연구는 중앙아시아 대중의 러시아 난민에 대한 인식, 그리고 정부의 대응을 분석하고자 한다.

III. 중앙아시아 대중의 러시아 이주 난민 인식

2022년 2월 이후로 많은 러시아인이 전쟁을 피하여 카자흐스탄과 키르기스스탄으로 떠났다. 이는 러시아인이 해외 여권 없이 국내 신분증으로 양국에 입국할 수 있고, 유라시아 경제연합 회원국인 두 국가에서 노동할 권리를 가졌기 때문이다(Lillis, 2023). 우즈베키스탄은 입국을 위해 해외 여권이 필요하고, 유라시아 경제 연합 회원국이 아니기에 상대적으로 적은 수의 러시아인이 우즈베키스탄으로 향했다. 중앙아시아에서 대다수의 러시아 이주민은 난민 지위를 신청하지 않고 단지 이주민으로 체류하고 있다. 유엔난민기구 키르기스스탄 지부 관계자의 인터뷰에 따르면, 러시아인은 난민 신청 과정 중 본국으로 추방될 위험에 대해 우려하고, 중앙아시아를 다른 국가를 가기 위해 거쳐가는 곳(transit country)으로 보는 경향이 있다.[1]

러시아 이주 난민에 대해 중앙아시아 대중은 어떠한 인식을 하였을까? 이주 초기에는 부정적인 인식이 지배적이었지만, 이주민에 대한 긍정적 의견도 분명 존재하였다. 2022년 9월 동원령 직후 키르기스스탄, 카자흐스탄 현

1 유엔난민기구 키르기스스탄 사무소 관계자 인터뷰, 2024. 2. 14. 비슈케크

지 사람들의 러시아 난민에 대한 반응은 긍정적이라 할 수 없었다(Radio Free Europe/Radio Liberty, 2022). 많은 언론 보도는 특히 두 번째 이주 물결이 중앙아시아에서 주택 가격, 임대료, 생필품 가격 상승을 초래했다고 보여준다. 러시아인이 현지 중앙아시아인을 2등 시민으로 보며, 이들이 좋은 일자리에서 현지인을 밀어내고 있다고 인식하는 사람도 있었다(Radio Free Europe/Radio Liberty, 2022). 하지만, 카자흐스탄 국경 도시에서 러시아 난민에게 음식과 주택을 제공하고, 돈과 자격을 갖춘 새로운 인력이 국가 경제에 유입되는 것을 반기는 우호적 인식을 갖는 사람도 있었다(Radio Free Europe/Radio Liberty, 2023b). 2023년에도 러시아 이주 난민에 대한 부정적 기사와 스캔들은 지속되었다. 이주 러시아인들은 언론에서 "도망자"(бегунки)로 지칭되고 이들이 현지 문화를 무시하거나, 반러시아 정치 행위를 하였다는 등 관련된 스캔들이 간헐적으로 보도되고 있다(Карыпбай, 2023). 이처럼 중앙아시아의 언론 보도는 러시아 이주 난민에 대한 대중의 긍정적, 부정적 인식이 모두 존재함을 보여주고 있다.

본 연구는 러시아 이주 난민에 대한 중앙아시아 국가 간 대중 인식 비교를 위해서 중앙아시아 바로미터의 12차 설문조사(Central Asia Barometer Survey Wave 12) 자료를 사용하였다.[2] 설문조사는 2022년 11월-12월 중앙아시아 각 국가에서 약 1,500명의 시민을 대상으로 이루어졌고, 오차범위는 약 2.5%이다 (95% 신뢰구간). 조사는 러시아어와 각 국가 언어로 이루어졌다. 2022년 11-12월은 9월 부분 동원령과 대규모 러시아 난민 유입 이후 시간이 어느 정도 경과했기 때문에, 난민의 영향력을 확인하고 중앙아시아 대중 인식 비교가 가능한 시기라 할 수 있다.

먼저, 〈그림 1〉은 2022년 자기가 사는 지역에 러시아 이주민이 유입되었는지 물어보는 질문에 대한 응답을 보여준다. 비교를 위해 투르크메니스탄을 제외한 중앙아시아 4개국을 모두 분석에 포함하였다. 카자흐스탄과 키르기스

2 https://ca-barometer.org/en/cab-database (검색일: 2024.10.30).

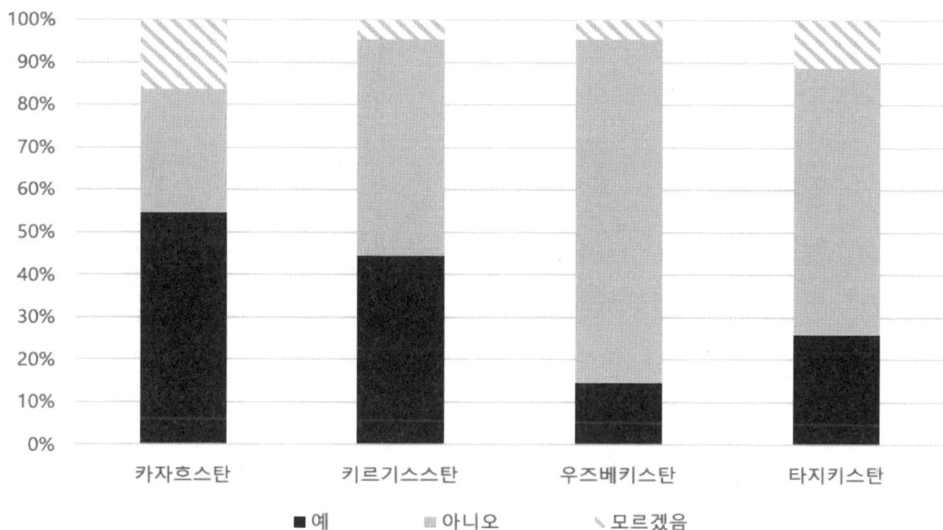

그림 1　질문: 당신이 사는 곳에 러시아 이주민이 왔는가?
출처: Central Asia Barometer Survey Wave 12
https://ca-barometer.org/en/cab-database (검색일: 2024.10.30).

스탄에서 러시아 이주민이 유입되었다는 응답이 가장 높으며, 이는 러시아인들이 카자흐스탄, 키르기스스탄으로 많이 향했다는 언론 보도와 선행 연구와 부합한다.

다음으로는 러시아 이주민의 유입이 있었다고 응답한 사람들만을 대상으로 한 러시아 이주민의 영향에 대한 질문이다. 구체적으로 설문지는 "당신 생각에는 거주지로 이주한 러시아인이 다음 각각의 분야에서 긍정적, 부정적인 영향을 미치고 있는가?"의 질문으로 응답자들이 각 영역에서 러시아인의 영향을 평가하게 하였다. 〈그림 2〉와 〈그림 3〉은 각각 카자흐스탄과 키르기스스탄에서 이 질문과 관련한 응답 결과를 보여준다. 그림 막대기에서 색깔이 검은색에 가까울수록 부정적인 응답을 의미한다. 진한 테두리는 "응답 거부"를 한 사람을 보여주고, 사선으로 표시된 영역은 "모르겠다"라는 응답을 의미한다.

〈그림 2〉와 〈그림 3〉은 카자흐스탄과 키르기스스탄 대중의 러시아 난민

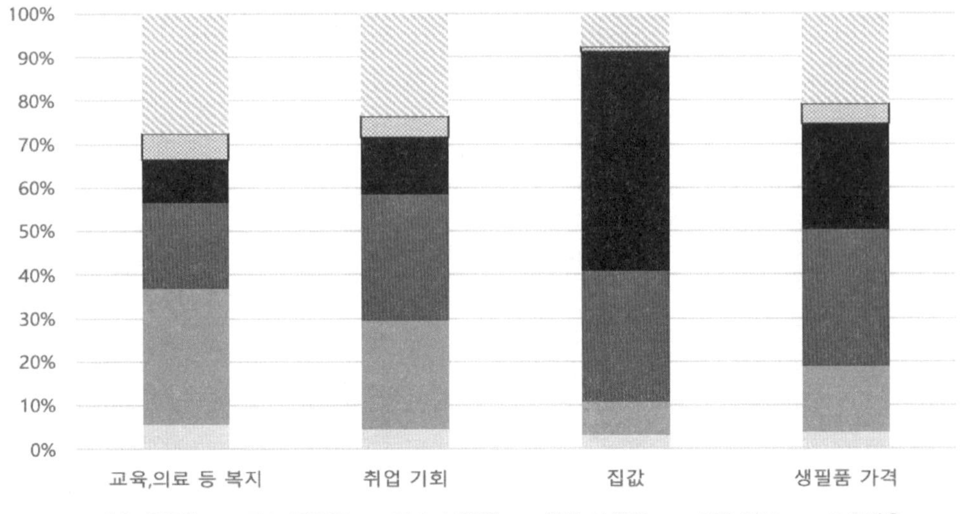

그림 2 카자흐스탄 대중의 인식

(질문: 이주한 러시아인이 다음 각 분야에 어떠한 영향을 미치고 있는가?)

출처: Central Asia Barometer Survey Wave 12

https://ca-barometer.org/en/cab-database (검색일: 2024.10.30).

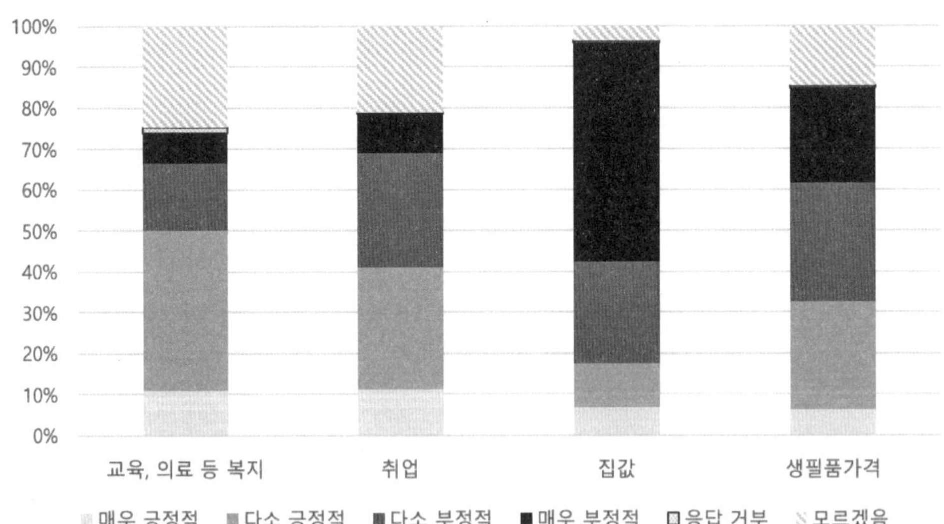

그림 3 키르기스스탄 대중의 인식

(질문: 이주한 러시아인이 다음 각 분야에서 어떠한 영향을 미치고 있는가?)

출처: Central Asia Barometer Survey Wave 12

https://ca-barometer.org/en/cab-database (검색일: 2024.10.30).

인식에서 흥미로운 공통점과 차이점을 보여준다. 첫째, 양국 대중이 러시아 이주민의 영향을 부정적으로만 보지 않고 긍정적으로도 평가하고 있다는 사실이다. 특히, 카자흐스탄과 키르기스스탄 모두 교육, 의료 등 복지와 취업 기회 영역에서 러시아인이 긍정적인 영향을 미치고 있다고 평가하는 비율이 상당히 높았다. 본 연구에서는 "매우 긍정적"과 "다소 긍정적"을 응답을 합쳐서 긍정적 인식으로 평가하고, "매우 부정적"과 "다소 부정적"을 합쳐서 부정적 인식으로 보겠다. 카자흐스탄에서는 37%가 러시아 이주민의 복지에 대한 영향을 긍정적으로 보았고 키르기스스탄에서는 50%가 긍정적으로 평가했다. 카자흐스탄 대중의 30%, 키르기스스탄 대중의 41%는 취업 기회에 대한 러시아 이주민의 영향을 긍정적으로 평가했다. 더 엄밀한 연구가 필요하겠지만, 이는 러시아인의 자본 유입과 더불어 러시아 이주 난민 중 고급 기술을 가진 사람들이 많기 때문이라 추측할 수 있다. 소련 해체 이후 중앙아시아 국가에서 러시아계 주민들의 러시아 귀환으로 인해 고급인력이 부족해지고, 중앙아시아에서 러시아인이 필요하다는 시각이 존재하는 것으로 알려져 있다.[3] 러시아 고급 인력의 이주로 오히려 복지가 향상되고 취업 기회에도 긍정적인 영향을 미칠 수 있다는 대중 인식은 다른 국가들에서 보편적으로 발견되는 난민에 대한 부정적 인식과는 차별되는 독특한 지점이라고 할 수 있다.

둘째, 카자흐스탄과 키르기스스탄 대중 모두 공통적으로 러시아 난민이 집값과 생필품 가격 상승이라는 부정적 영향을 가져왔다고 인식하고 있다는 사실이다. 〈그림 2〉와 〈그림 3〉의 집값과 생필품 가격 설문 결과는 압도적으로 높은 부정적 응답률을 보여준다. 카자흐스탄은 80%, 키르기스스탄은 79%의 대중이 러시아 이주민이 집값 상승이라는 부정적 영향을 끼쳤다고 응답했다. 생필품 가격 상승에 대해서도 카자흐스탄은 56%, 키르기스스탄은 52%가 부정적으로 평가했다. 이러한 설문 결과는 박지원(2024)의 연구에서 논의된 집

3 엘레나 사도브스카야 인터뷰, 2016. 6. 11. 알마티; 카자흐스탄 노동 위원회 인터뷰, 2016. 10. 21, 아스타나.

값 상승, 생필품 가격 상승이라는 러시아 이주민의 경제적 영향이 확인된다.

셋째, 카자흐스탄이 키르기스스탄보다 러시아 난민에 대한 부정적 평가가 크다는 점이다. 러시아 이주민의 복지와 취업에 대한 영향 인식에서 카자흐스탄은 키르기스스탄보다 긍정적 응답율이 낮았다. 카자흐스탄에서는 30%의 대중이 러시아 이주민의 복지에 대한 영향을 부정적으로 보았고, 키르기스스탄에서는 24%가 부정적으로 평가했다. 취업에 대한 영향에서도 카자흐스탄은 42%가, 키르기스스탄은 37%가 부정적으로 평가했다. 이러한 카자흐스탄과 키르기스스탄의 러시아 이주 난민에 대한 다른 인식은 범죄율 설문조사에서도 나타난다. 〈그림 4〉는 이주 러시아 난민이 지역 범죄율에 어떠한 영향을 미치고 있는지 설문한 결과로 중앙아시아 4개국을 포함하고 있다. 중앙아

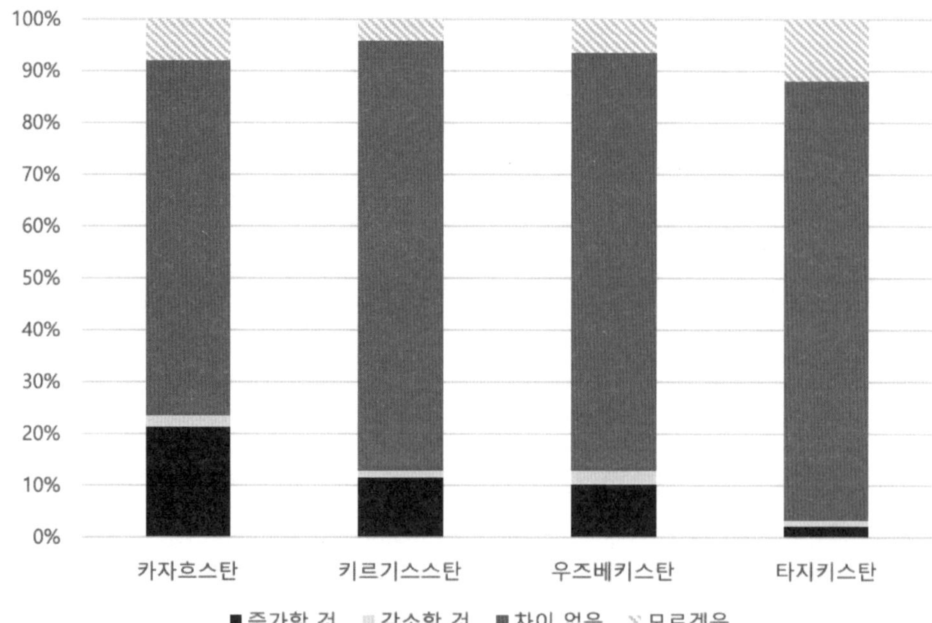

그림 4 러시아 이주 난민의 범죄율에 대한 대중 인식

(질문: 이주한 러시아인들이 지역의 범죄율에 어떠한 영향을 미치고 있는가?)

출처: Central Asia Barometer Survey Wave 12

https://ca-barometer.org/en/cab-database (검색일: 2024.10.30).

시아 국가 대중은 전반적으로 러시아 이주민을 범죄율과 연관시키지 않지만, 카자흐스탄만 러시아인이 범죄율을 증가시키고 있다고 평가하는 사람들이 21%에 육박하며 유의미한 차이를 보여주고 있다.

이처럼 카자흐스탄의 러시아 난민에 대한 상대적으로 더 부정적인 인식은 이후 이루어진 다른 설문조사 결과에서도 확인된다. 2023년 6월 진행된 러시아 이주 난민이 국가에 미치는 영향에 관한 설문조사에서, 카자흐스탄 시민의 28%, 키르기스스탄 시민의 42%가 러시아 난민의 영향을 긍정적으로 평가하고, 카자흐스탄 시민의 51%, 키르기스스탄 시민의 39%가 러시아 난민의 영향을 부정적으로 보았다(Платформа, 2023/06/23). 본 장에서 살펴본 언론 보도와 여론조사 분석 결과는 중앙아시아에서 러시아 난민이 대한 부정적, 긍정적 인식이 모두 존재하지만, 카자흐스탄 대중이 키르기스스탄 대중에 비해 상대적으로 러시아 이주민을 더 부정적으로 인식하고 있음을 보여준다. 다음 장에서는 각국 정부의 러시아 난민에 대한 대응책을 살펴보겠다.

IV. 중앙아시아 정부의 러시아 이주 난민 대응

1. 카자흐스탄

카자흐스탄은 난민 수용률이 매우 낮은 국가이다. 2023년 9월 기준 카자흐스탄에는 327명이 난민 지위로 체류 중으로, 이들 대부분은 아프간 난민들이다(Latypova, 2023). 2022년 9월 부분 동원령 이후 첫 일주일 동안 10만 명의 러시아인이 카자흐스탄으로 왔다는 내무부의 발표가 있었다. 카자흐스탄 정부에 따르면 2022년에 총 290만 명의 러시아인이 카자흐스탄으로 왔다(Radio Free Europe/Radio Liberty, 2023a). 은행 계좌 개설과 취업을 위한 카자흐스탄 신분증 번호를 발급받은 러시아인은 146,000명에 육박했고, 36,000명의 러시아인이 영구 거주증 신청서를 제출하였다(Radio Free Europe/Radio Liberty, 2023a).

2022년 9월 부분 동원령으로 카자흐스탄 국경을 넘는 러시아인의 행렬이 시작되자마자, 카자흐스탄 정부는 러시아인에 대한 강경한 대응을 시사하는 여러 발언을 하였다. 9월 22일 카자흐스탄 상원 의장 아쉽바예프는 출국 증명서와 같은 필요한 서류들 없이는 러시아인들이 영구 체류증을 얻지 못할 것이라 발언하였다(Омирбек, 2022). 11월 카자흐스탄의 총리 스마일로프는 카자흐어, 카자흐스탄의 역사, 법 지식 시험을 통과해야만 카자흐스탄 국적을 얻을 수 있는 법안을 준비 중이라고 발표하였다(Radio Free Europe/Radio Liberty, 2023a).

카자흐스탄 대중과 정부의 두려움을 반영하듯 카자흐스탄은 중앙아시아에서 가장 신속하게 러시아인의 입국 관련 법안을 개정하였다. 법안은 2022년 12월 31일 통과되어, 2023년 1월 27일 발효되었다. 새로운 법에 따르면 러시아를 비롯한 유라시아 경제 연합 회원국 국민은 카자흐스탄 영토에서 무비자로 180일 중 90일 이상 거류할 수 없다(Lillis, 2023). 90일 이상 체류를 위해서는 고용 계약서, 학습, 의료, 가족 등 이유를 제시하는 증명서를 기반으로 비자를 발급받거나 단기 거류증을 받아야 한다. 이 법안의 도입 전에는, 러시아인을 비롯한 유라시아 경제연합 회원국 국민들 사이에서 무비자로 체류할 수 있는 합법적 기한인 90일이 되기 전 잠시 타국에 다녀와서 90일 체류 자격을 갱신하는 소위 "비자런"(visa run)이 이루어졌다. 새로운 법으로 비자런이 불가능하게 된 것이다. 또한, 법 개정에 따라 러시아를 비롯한 유라시아 경제연합 회원국 국민들은 국내 신분증이 아닌 해외 여권으로만 1년 체류 비자를 받을 수 있게 되었다(Radio Free Europe/Radio Liberty, 2023a).

체류법 개정과 더불어 다른 측면에서도 카자흐스탄 정부는 러시아인들의 장기 체류를 더 어렵게 하였다. 먼저, 카자흐스탄 정부는 거류증(вид на жительство) 발급을 더 엄격하게 집행하였다. 2023년 1월-2월 거류증 신청서 탈락율은 100%에 육박하였다가, 다시 50% 정도로 안정세에 접어들었다(Беспалов, 2023). 2023년 10월 보도에 따르면 여전히 대도시는 중소도시보다 낮은 거류증 발급률을 보여주고 있다(Беспалов, 2023). 또한, 2023년 11월 카자흐스탄 정부는 외국인들의 카자흐스탄 신분증 번호 발급과 은행 계좌 개설에 더 많은 서류를 요구하는 제도를 도입했다(Беспалов, 2023; Жарбулова, 2023). 원래 카자흐스탄에서는 비자 없이 온 러시아인들이 은행 계좌를 개설할 수 있었지만, 영토 체류 근거를 확인하는 서류를 제공해야 은행 계좌를 개설할 수 있는 것으로 규정이 변경되었다.

카자흐스탄은 러시아의 정치 망명가 체포와 추방에 협조적이지는 않지만, 러시아와 맺은 양자협정들로 인해 이들이 제3국으로 가는 것은 막고 있다(Latypova, 2023). 카자흐스탄의 인권변호사인 데니스 쥐바가는, "카자흐스탄 정부는 한편으로는 러시아와 협력 관계를 맺으면서도, 동시에 러시아를 도우면서 소란을 피우고 싶어 하지는 않는다"라고 말한다. 실제로 카자흐스탄은 자국 내 체류하는 외국인의 정보, 비자, 범죄 이력 정보를 공유하는 협정을 러시아, 키르기스스탄과 2020년 12월 체결하고, 이를 2022년에 승인하였다(The Moscow Times, 2023).

러시아의 반정부 세력으로 탄압받는 망명가들은 카자흐스탄에서 간헐적으로 체포되고 추방되고 있으며, 러시아의 반체제 활동가들과 징집 기피자들은 카자흐스탄에서 법적으로 불확실한 상태에 있다(Latypova, 2023). 반전 활동을 하던 러시아의 언론인 예브게니야 발타타로바는 2022년 3월 카자흐스탄으로 도피하였으나, 9월 신분증 검사 과정에서 카자흐스탄 경찰에게 체포되었다. 카자흐스탄 정부는 러시아 대통령 수비대로 일하다가 러시아 정부에게 기소되고 카자흐스탄으로 망명한 미하일 시린을 2022년 12월 본국으로 추방하였다. 2023년 2월에는 러시아의 무정부 활동가인 데니스 코작이 알마티에서 구금되었고, 추방을 기다리고 있다. 2002년 키쉬나우 컨벤션(Chişinău Convention) 가입으로 카자흐스탄은 자국 영토에서 발생하지 않은 범죄 혐의로 외국인을 다른 나라로 추방할 의무가 없지만, 러시아 반정부 활동가들의 체포와 추방은 이루어지고 있다(Latypova, 2023).

이처럼 카자흐스탄 정부는 2022년 9월 동원령과 러시아 젊은이의 대규모 유입 직후 러시아인의 체류를 방지하려는 일련의 정책을 취했다. 카자흐스탄은 다른 중앙아시아 국가들과 비교하여 러시아 난민에게 가장 엄격한 체류 정책을 취했으며(Olive, 2024), 이는 후술할 키르기스스탄의 정책과는 분명한 차이를 노정한다. 하지만, 최근 들어서는 카자흐스탄에 정착하는 러시아인들을 위한 정책을 도입하고 있다. 2024년 5월 카자흐스탄 상원 의원은 총리에게 러시아 이주민이 카자흐스탄에 적응하였는지 질문하고, 러시아 인력들을 활용하기 위해 그들에게 법적, 언어 지원을 제공할 센터를 열 것을 제안하였다(Азимжанова, 2024). 또한 카자흐스탄은 IT 인력에게 혜택을 주고 체류를 허락하는 디지털 유목민 제도를 올해 11월 18일부터 시행하고 있다(Omirgazy, 2024). 2024년 7월 카자흐스탄 이주위원회의 발표에 따르면, 부분 동원령 이후 카자흐스탄으로 이주한 러시아인의 3분의 2 이상이 떠났지만, 나머지는 카자흐스탄에서 뿌리를 내린 것으로 추산된다.

2. 키르기스스탄

카자흐스탄과 마찬가지로 러시아 전쟁 이전 키르기스스탄에는 소수의 난민만이 체류하고 있었으며, 아프간인이 이들 대부분을 차지한다. 2023년 12월 발표에 의하면 138명의 난민(refugees), 1,141명의 망명 신청자(asylum seekers)가 키르기스스탄에 체류 중이었다(Podolskaya, 2022). 2022년 9월 푸틴 대통령의 부분적 동원령으로 인해 키르기스스탄을 방문한 러시아인은 전년보다 2배가 증가하여, 총 65만 명의 러시아인이 키르기스스탄을 방문했던 것으로 추산된다(Osmonalieva, 2023a).

동원령 직후 키르기스스탄 정부는 카자흐스탄 정부와 유사하게 러시아 이주민에 대한 강경한 입장을 보였다. 2022년 10월 키르기스스탄의 한 국회의원이 러시아의 동원령 발표 이후 비슈케크와 오쉬에 방문 목적이 불분명한 러시아인들이 너무 많으며 이들을 감독해야 한다고 지적하자, 이에 대해 국가안보위원회 대표는 내무부가 이들의 정확한 숫자와 체류 기간, 테러 단체 연루 여부를 감독하고 있다고 응답했다(Масалиева, 2022). 이처럼 러시아 난민에 대해 우려를 표하는 정치인들도 있었지만, 흥미롭게도 키르기스스탄 정부에서는 러시아 난민에 수용적 정책 도입 시도가 있었다. 2022년 10월 키르기스스탄 정부는 부분 동원령을 피해 온 러시아 이주민에 대한 난민 지위 부여를 논의했다(Makanbai, 2022a; Маканбай, 2022). 하지만, 동년 12월 키르기스스탄 정부는 징집을 피해 온 러시아인들이 난민 지위를 부여받지 못할 것이라고 발표하였다(Makanbai, 2022b).

2022년 동원령 이후 키르기스스탄은 러시아 이주민들에게 카자흐스탄보다 상대적으로 더 수용적인 체류법을 적용하고 있다. 첫째, 키르기스스탄은 카자흐스탄보다 먼저 '디지털 노마드'라는 제도를 시행했다. 키르기스스탄 경제상무부는 외국인 IT 전문가가 키르기스스탄에서 디지털 유목민의 지위를 획득할 수 있는 조항을 만들었다. 디지털 유목민 비자 소지자는 등록이나 취업 허가 없이 키르기스스탄에서 거주하고 일할 수가 있다. 키르기스스탄 정부 관계자는 디지털 노마드 정책에 관한 연구와 논의가 우크라이나 전쟁 발발 전부터 있었지만, 이 정책의 도입에서 전쟁으로 인한 러시아의 고급 인력 유입이라는 배경이 주효했음을 인정하였다.[4] 2024년 2월 기준으로 키르기스스탄에서 디지털 노마드 지위를 얻은 외국인 2,200명 중 약 70퍼센트가 러시아인이었다.[5] 많은 언론 역시 러시아인이 키르기스스탄을 이주지로 선택한 근거로 디지털 유목민 제도를 보도하였다(Хопёрская, 2023).

둘째, 키르기스스탄에서도 카자흐스탄과 유사한 외국인 체류법이 개정이 있었지만, 키르기스스탄의 규정은 카자흐스탄보다는 더 수용적이라는 점이다. 또한 흥미로운 사실은 키르기스스탄 정부가 개정법이 러시아인의 법적 지위를 훼손하지 않는다고 강조했다는 것이다. 2023년 10월 키르기스스탄 정부는 외국인의 체류 규정을 개정하였다(Sputnik Кыргызстан, 2023). 이 규정은 앞 절에서 살펴본 카자흐스탄이 2023년 1월 시행한 법과 동일한 것으로, 90일 합법적 무비자 체류 기한 전 외국인들의 비자런을 금지하고 있다. 키르기

4 키르기스스탄 경제통상부 관계자 인터뷰, 2024. 2. 13. 비슈케크

5 키르기스스탄 경제통상부 관계자 인터뷰, 2024. 2. 13. 비슈케크

스스탄 외교부는 새로운 체류 규정이 러시아인의 법적 지위를 악화시키지 않으며, 이는 키르기스스탄 내 외국인의 체류 질서 정비를 위함이라 강조했다(Sputnik Кыргызстан, 2023). 그리고 외교부는 이 규정이 2014년에 러시아 정부가 도입한 것과 유사하고, 여전히 러시아인들은 비자 없이 키르기스스탄에서 무기한 체류가 가능하다고 밝혔다(Osmonalieva, 2023a, 2023b). 러시아를 포함한 유라시아경제연합 회원국 시민들이 키르기스스탄에 도착한 후 30일 이내에 거주지 등록을 하거나 혹은 거주 허가증, 디지털 유목민증, 메켄 카드(Meken card)등이 있으면, 이 규정은 적용되지 않는다(Kudryavtseva, 2023). 즉, 키르기스스탄에서는 외국인들이 거주지 등록을 하면 개정된 체류법의 영향을 받지 않는다는 점에서 카자흐스탄과는 중요한 차이가 있다.

셋째, 키르기스스탄은 러시아 이주 난민들에게 출구를 제공하고 있다. 전쟁 이후 많은 유명한 러시아 관료와 사업가들이 키르기스스탄 시민권을 받았으며, 이는 사회적 반향을 일으켰다(Айбашов, 2023). 일반인들을 대상으로 키르기스스탄 국적 취득을 도와주는 관련 사기업들이 7만 루블부터 1백만 루블까지의 서비스를 러시아 웹사이트에서 공지하고 있다(Сталбек, 2023). 국제 투명성 기구는 키르기스스탄의 시민권 발급 과정에서 부패 가능성을 지적했지만, 대통령 행정부는 모든 법적 요구사항이 준수되었다고 주장했다(Айбашов, 2023).

동시에 키르기스스탄 정부는 망명 러시아 이주민과 관련하여 러시아 정부와 협조하고 있다. 상술하였듯이, 키르기스스탄, 카자흐스탄, 러시아 3국은 자국에 체류하는 사람들의 인적 정보, 범죄 이력, 비자 정보를 공유하는 협정을 맺었고, 키르기스스탄에서 이 협정은 2023년 7월 발효되었다(The Moscow Times, 2023). 키르기스스탄 정부는 자국 내 러시아 반체제인들의 체포와 추방에 적극적으로 협조하고 있다. 일례로 2023년 6월 키르기스스탄에서 여러 명의 러시아 반정부 활동가들이 체포되었다. 러시아 인권 운동가이자 반체제 활동가인 알료나 크릴로바와 평화 시위자 레프 스코랴킨은 비슈케크에서 체포되고 결국 러시아로 추방되었다(Элкеева, 2023). 우크라이나 전쟁 반대 시위를 위해 군 시설에 방화를 저지른 혐의로 러시아 정부에 의해 기소된 알렉세이 로즈코프 역시 본국으로 추방되었다. 많은 인권 운동가들은 키르기스스탄과 러시아 간의 협력 강화에 대해 우려를 표시했다(Элкеева, 2023).

이처럼 키르기스스탄 정부는 2022년 동원령 직후 초기에는 러시아 난민을 경계하고 조심스러운 태도를 보였지만, 카자흐스탄과 비교하여 상대적으로 수용적인 정책을 취했다. 키르기스스탄의 난민 정책은 III장에서 살펴본 키르기스스탄 대중의 러시아 난민에 대한 비교적 긍정적인 인식과도 부합한다. 키르기스스탄은 러시아 이주민에게서 오는 경제적 이득을 최대화하는 정책을 취하고 있다. 디지털 노마드 제도를 통해서 러시아 고급 인력을 유치하고, 러시아 기업이 이주하기에 유리한 제도 환경을 조성하고 있다. 한 연구에 따르면, 전쟁 이후 450개의 러시아 기업이 키르기스스탄에서 지사를 열었다(Osmanalieva, 2024). 러시아 기업 연합의 한 인터뷰에 따르면, 간소화된 등록 절차와 기업 친화적 환경으로 많은 러시아 기업들이 키르기스스탄으로 이주하거나 대표 사무소를 개소하고 있다(Osmanalieva, 2024).

V. 맺음말

이 글은 문헌 자료, 설문조사, 인터뷰에 근거하여 2022년 전쟁 발발 이후 러시아 이주 난민에 대한 카자흐스탄과 키르기스스탄의 대중 인식과 정부 대응을 비교 분석하였다. 양국 대중 인식과 정부 대응은 여러 중요한 공통점과 차이점을 보여준다. 공통적으로 양국 모두 전쟁 초기에는 러시아 이주 난민에 대해서 우려하였고, 집값과 생필품 가격 상승은 러시아 이주 난민의 부정적 영향으로 인식되었다. 하지만, 대중은 러시아 난민이 교육, 의료 등 복지와 취업 기회를 개선했다고 긍정적으로도 평가하였다. 이와 같은 인식은 타국에서 일반적으로 나타나는 난민에 대한 부정적 태도와는 차별성을 보이는 지점이라고 할 수 있다. 카자흐스탄과 키르기스스탄 정부 역시 이주 러시아 난민을 적극 수용하지는 않지만, 이들의 체류를 불가능하게 하지는 않고 이들로부터 오는 경제적 이익 극대화를 위해 노력하고 있다. 하지만, 키르기스스탄이 카자흐스탄과 비교하여 러시아 이주 난민에 대해 상대적으로 더 수용적인 대중 인식과 정책을 보여주고 있다.

연구 결과는 다음과 같은 함의와 후속 연구를 위한 중요한 질문을 제시하고 있다. 첫째, 카자흐스탄과 키르기스스탄의 러시아 이주 난민에 대한 이중적 입장과 정책들은 러시아와 서구 사이에서 중앙아시아가 직면한 복잡한 지정학적 계산과 고민을 여실히 드러낸다. 중앙아시아 국가는 러시아 난민의 전면적 금지나 수용, 혹은 러시아 망명인에 대한 전면적 추방 정책을 취하고 있지는 않다. 대신 러시아 이주민을 어느 정도 제한하고 수용하면서, 경제적 이득을 극대화하고자 한다. 이는 기존 연구들이 지적한 러시아 전쟁과 지정학적 위기 속에서 중앙아시아 국가들이 취하고 있는 "전략적 침묵"과 같은 "힘겨운 균형 유지"를 잘 보여주고 있다(Dadabaev·Sonoda, 2023: 193; 정재원, 2021: 241; 윤성학, 2022; 조영관, 2024). 중앙아시아 국가들은 에너지 협력, 군사 협력과 같은 대외 정책뿐만 아니라 자국 영토 내 러시아 이주민에 대한 국내 정책에서도 복잡한 계산과 전략적으로 이중적 정책을 취하고 있는 것이다.

둘째, 공통으로 처한 복잡한 지정학적 위치에서도 중앙아시아 국가는 서로 무시할 수 없는 차이점을 보여준다는 점이다. 카자흐스탄과 키르기스스탄의 러시아 난민에 대한 대중 인식과 정부 정책은 분명히 다르다. 연구에서는 부수적으로 다루어졌지만, 우즈베키스탄과 타지키스탄의 러시아 이주 난민에 대한 인식 역시 카자흐스탄과는 차이점을 드러낸다. 중앙아시아 국가들이 공통적으로 직면한 지정학적 딜레마를 분석하는 기존 연구에서도 카자흐스탄과 다른 중앙아시아 국가와의 차이점은 종종 논의되고 있다. 하지만 그 원인에 대해서는 체계적 연구가 미진하며, 본 연구 역시 카자흐스탄과 키르기스스탄의 차이점의 원인에 대해서는 규명하고 있지는 못하다는 점에서 한계가 있다.

잠정적으로 후속 연구는 중앙아시아 국가의 러시아에 대한 다른 정도의 경제 의존도를 주목할 수 있을 것이다. 키르기스스탄, 우즈베키스탄, 타지키스탄은 경제의 큰 부분을 러시아로 가는 노동 이민자와 그들이 보내는 송금액에 의존하고 있고, 우크라이나 전쟁 이후에도 여전히 높은 의존도를 보여주고 있다. 카자흐스탄은 이 국가들과 다르게 노동 이민, 무역 면에서 러시아에 의존하고 있지 않다. 카자흐스탄의 토카예프 대통령은 2022년 1월 시위 진압 과정에 집단안보조약기구를 주도하는 러시아 군대의 도움을 받았지만, 우크라이나 전쟁에서 러시아를 지지하지 않고 오히려 중앙아시아 국가 중 가장 러시아에 어긋나는 정책을 취하고 있다.

다른 주목할 요인은 러시아에 대한 다른 정도의 위협 인식이다. 카자흐스탄은 러시아와 국경을 공유하는 유일한 중앙아시아 국가이고, 북부 카자흐스탄에는 러시아계 주민이 다수 살고 있다. 따라서, 카자흐스탄은 키르기스스탄을 비롯한 다른 중앙아시아 국가에 비해 이주 러시아 난민에 대한 높은 위협 인식을 가질 가능성이 있다. 이러한 중앙아시아 국가의 러시아 난민 인식과 정책 차이에 대한 연구, 또한 이 글에서는 본격적으로 다루지 않은 통시적 차이에 대한 연구는 러시아 전쟁 이후 유라시아 지역 질서의 향방을 가늠하는 데에 도움이 될 수 있을 것이다.

참고문헌

1차 자료

Central Asia Barometer Survey Wave 12 https://ca-barometer.org/en/cab-database (검색일: 2024. 10. 30).

인터뷰

엘레나 사도브스카야 인터뷰, 2016. 6. 11. 알마티.

유엔난민기구 키르기스스탄 사무소 관계자 인터뷰. 2024. 2. 14. 비슈케크.

카자흐스탄 노동 위원회 인터뷰. 2016. 10. 21. 아스타나.

키르기스스탄 경제통상부 관계자 인터뷰. 2024. 2. 13. 비슈케크.

2차 연구자료

고가영. 2023. "우크라이나 전쟁 난민 유입과 광주 '고려인마을' 공동체의 확장." 『Homo Migrans』 28: 7-50.

박지원. 2024. "이주 러시아 난민의 경제적 영향: 중앙아시아의 사례 연구." 『아시아리뷰』 14(2): 271-96.

윤성학. 2022. "우크라이나 전쟁과 중앙아시아의 지정학적 변화: 유라시아경제연합과 일대일로를 중심으로." 『러시아연구』 32(1): 79-105.

이아름·최정애. 2024. "우크라이나 난민을 대상으로 한 독일 난민 교육의 방향성." 『유럽연구』 42(2): 169-92.

정재원. 2021. "러시아의 우크라이나 침공과 중앙아시아 국가들의 대응." 『중소연구』 46(2): 241-70.

조영관. 2023. "우크라이나 전쟁의 중앙아시아 지역 경제안보에 대한 영향 연구." 『중소연구』 47(3): 283-329.

조영관. 2024. "우크라이나 전쟁이 중앙아시아의 대외 에너지 협력에 미친 영향." 『슬라브학보』 39(2): 61-92.

최계영. 2024. "돌아갈 수 없는 사람들 - 난민법의 이해." (2월 1일). 발표. 서울대학교 아시아연구소.

최아영. 2024. "난민의 사회 통합과 난민 아동 교육–폴란드 거주 우크라이나 난민 아동의 교육을 중심으로."『슬라브연구』40(2): 97–128.

Baranova, V., and Podolsky, V. 2023. "Life in Motion: Mobility and Identity among Russian Migrants in the South Caucasus." *Laboratorium: Russian Review of Social Research* 15(3): 16–32.

Bielewska, A., Ślęzak-Belowska, E. and Czeranowska, O. 2024. "How Do Bigger and Smaller Cities Manage Migration? Ukrainian War Refugees in Polish Cities." *East European Politics and Societies: And Cultures* (April 1).

Dadabaev, T., and Sonoda, S. 2023. "Silence Is Golden? Silences as Strategic Narratives in Central Asian States' Response to the Ukrainian Crisis." *International Journal of Asian Studies* 20(1): 193–215.

Grosman, A. M., and Raadschelders, J C. N. 2024. "Managing Forced Migration: Overt and Covert Policies to Limit the Influx of Ukrainian Refugees." *World Affairs* 187(1): 49–62.

Hierro, M., and Maza, A. 2024. "How Social Networks Shape Refugee Movements in Wartime: Evidence from the Russian Attack on Ukraine." *International Migration Review* (March 20)

Kamalov, E., Kostenko, V., Sergeeva, I,, and Zavadskaya, M. 2023. "New Russian Migrants Against the War : Political Action in Russia and Abroad." Friedrich-Ebert-Stiftung.

Konstantinov, V., Reznik, A., and Isralowitz, R. 2023. "The Impact of the Russian–Ukrainian War and Relocation on Civilian Refugees." *Journal of Loss and Trauma* 28(3): 267–69.

Lomakin, I. 2024. "From Migrants to Minorities. Are Russian 'Relocants' a New Minority?." *Eurac Research* (February 2024).

Sergeeva, I., and Kamalov, E. 2024. "A Year and a Half in Exile: Progress and Obstacles in the Integration of Russian Migrants." (February 22).

기타 (미디어 및 기타 인터넷 자료)

Abbasova, V. 2024. "Kazakhstan Attracts 41 Foreign Firms Amid Russia-Ukraine Crisis." *Caspian News* (March 6) https://caspiannews.com/news-detail/kazakhstan-attracts-41-foreign-firms-amid-russia-ukraine-crisis-2024-3-5-8/ (검색일: 2024. 11. 16).

Kudryavtseva, T. 2023. "90-Day Stay Limit for Russians Applies to People without Registration in KR." *24.kg* (November 6) https://24.kg/english/279173_90-day_stay_limit_for_Russians_applies_to_people_without_registration_in_KR/ (검색일: 2024. 11. 16).

Latypova, L. 2023. "'We're All Hostages Here': Wanted Russian Activists, Draft Dodgers Stuck in Legal Limbo in Kazakhstan." T*he Moscow Times* (September 13) https://www.themoscowtimes.com/2023/09/13/were-all-hostages-here-wanted-russian-activists-draft-dodgers-stuck-in-legal-limbo-in-kazakhstan-a82434 (검색일: 2024. 11. 16).

Lillis, J. 2023. "Kazakhstan: New Migration Rules to Hit Russians Fleeing the Draft | Eurasianet." *Eurasianet* (January 17) https://eurasianet.org/kazakhstan-new-migration-rules-to-hit-russians-fleeing-the-draft (검색일: 2024. 11. 16).

Makanbai, G. K. 2022a. "More than 7,000 Russians Apply for Citizenship of Kyrgyzstan." *24.kg* (October 25) https://24.kg/english/249070_More_than_7000_Russians_apply_for_citizenship_of_Kyrgyzstan/(검색일: 2024.11.16).

Makanbai, G. K. 2022b. "Russians Arrived in Kyrgyzstan after Mobilization Not to Get Refugee Status." *24.kg* (December 20) https://24.kg/english/253946__Russians_arrived_in_Kyrgyzstan_after_mobilization_not_to_get_refugee_status/ (검색일: 2024. 11. 16).

Olive, M. M. 2024. "Relokanty: Is Russia's Loss Central Asia's Gain?." *Eurasianet* (May 3)https://eurasianet.org/relokanty-is-russias-loss-central-asias-gain (검색일: 2024. 11. 16).

Omirgazy, D. 2024. "Kazakhstan Introduces Simplified Visa Rules for Foreign Specialists." *The Astana Times* (November 12) https://astanatimes.com/2024/11/kazakhstan-introduces-simplified-visa-rules-for-foreign-specialists/(검색일: 2024. 11. 16).

Osmonalieva, B. 2023a. "Number of Russians Who Visited Kyrgyzstan in 2022 Almost Doubled." *24.kg* (April 4) https://24.kg/english/262413__Number_of_Russians_who_visited_Kyrgyzstan_in_2022_almost_doubled/ (검색일: 2024. 11. 16).

Osmonalieva, B. 2023b. "Visa-Free Regime Restrictions for Foreigners Do Not Apply to Russian Citizens." *24.kg* (October 19) https://24.kg/english/277796_Visa-free_regime_restrictions_for_foreigners_do_not_apply_to_Russian_citizens/ (검색일: 2024. 11. 16).

Osmonalieva, B. 2024. "About 450 Branches of Russian Companies Opened in Kyrgyzstan." *24.kg* (February 27) https://24.kg/english/287698_About_450_branches_of_Russian_companies_opened_in_Kyrgyzstan/(검색일: 2024. 11. 16).

Podolskaya, D. 2022. "UNHCR Representative Hans Schodder about Refugees, Relocation, Political Asylum." *24.kg* (June 22)https://24.kg/english/237790_UNHCR_Representative_Hans_Schodder_about_refugees_relocation_political_asylum/ (검색일: 2024. 11. 16).

Radio Free Europe/Radio Liberty. 2022. "Россияне бегут от мобилизации в Центральную Азию. Что об этом думают местные жители?."(September 26) https://www.idelreal.org/a/32051332.html (검색일: 2024. 11. 16).

Radio Free Europe/Radio Liberty. 2023a. "Kazakhstan Tightens Entrance Regulations Amid Influx Of Russians Amid Ukraine War." (January 17) https://www.rferl.org/a/kazakhstan-tightens-entrance-regulations-influx-russians/32227618.html (검색일: 2024. 11. 16).

Radio Free Europe/Radio Liberty. 2023b. "Почему россияне едут в Казахстан и что о них думают местные жители." (May 11) https://www.idelreal.org/a/32375908.html (검색일: 2024. 11. 16).

Sputnik Кыргызстан. 2023. "Новые Правила Пребывания Россиян в Кыргызстане — Пояснение МИД." (20 октября) https://ru.sputnik.kg/20231020/kyrgyzstan-rossiya-pravila-prebyvaniya-visa-run-otmena-1079713533.html (검색일: 2024. 11. 16).

The Moscow Times. 2023. "Kazakhstan and Kyrgyzstan to Share Data with Moscow on Anti-War Russians, Conscripts." (June 22)https://www.themoscowtimes.com/2023/06/22/kazakhstan-and-kyrgyzstan-to-share-data-with-moscow-on-anti-war-russians-conscripts-a81594 (검색일: 2024. 11. 16).

Айбашов, К. 2023. "Второй паспорт снимает ограничения. Для чего известным россиянам гражданство КР?." Радио Азаттык (29 марта) https://rus.azattyk.org/a/32339934.html (검색일: 2024. 11. 16).

Азимжанова, А. 2023. "Сенатор Дархан Кыдырали спросил у премьера, адаптировались ли релоканты в Казахстане." *Kursiv Media* Казахстан (25 апреля) https://kz.kursiv.media/2024-04-25/zmzh-relokanr-kazakhstan-senat/ (검색일: 2024. 11. 16).

Беспалов, А. 2023. "Компании-призраки и жизнь в провинции: путь российского релоканта в Казахстане." *Forbes.ru* (27 октября) https://www.forbes.ru/mneniya/499309-kompanii-prizraki-i-zizn-v-provincii-put-rossijskogo-relokanta-v-kazahstane (검색일: 2024. 11. 16).

Жарбулова, Н. 2023. "В Казахстане усложняют процедуру выдачи ИИН иностранцам." *Kursiv Media* Казахстан (28 ноября) https://kz.kursiv.media/2023-11-28/zhrb-iin-mvd/ (검색일: 2024. 11. 16).

Карыпбай, Т. К. 2023. "Релоканты РФ в КР: Со Своим Уставом в Чужой Монастырь." Вечерний Бишкек (23 июня)https://www.vb.kg/doc/430643_relokanty_rf_v_kr:_so_svoim_ystavom_v_chyjoy_monastyr.html (검색일: 2024. 11. 16).

Хопёрская, Л. 2023. "Релоканты Из России в Условиях СВО: Киргизский Пример." РСМД, (3 марта) https://russiancouncil.ru/blogs/l-khoperskaya/relokanty-iz-rossii-v-usloviyakh-svo-kirgizskiy-primer/

(검색일: 2024. 11. 16).

Маканбай, Г. К. 2022. "Депутаты Жогорку Кенеша просят не предоставлять россиянам статус беженца." *24.kg* (25 октября) https://24.kg/vlast/249042_deputatyi_jogorku_kenesha_prosyat_nepredostavlyat_rossiyanam_status_bejentsa/ (검색일: 2024. 11. 16).

Масалиева, Ж. 2022. "Частичная мобилизация. Депутаты обеспокоены наплывом россиян в Кыргызстан" *24.kg* (12 октября) https://24.kg/vlast/247826_chastichnaya_mobilizatsiya_deputatyi_obespokoenyi_naplyivom_rossiyan_vkyirgyizstan/ (검색일: 2024. 11. 16).

Омирбек, Д. 2022. "Спикер сената о притоке россиян в Казахстан: ВНЖ им дается с согласия России." Радио Азаттык (22 сентября) https://rus.azattyq.org/a/32045936.html (검색일: 2024. 11. 16).

Платформа. 2023. "ОТНОШЕНИЕ ЖИТЕЛЕЙ БЛИЖНЕГО ЗАРУБЕЖЬЯ К ПОСЛЕДНЕЙ ВОЛНЕ ЭМИГРАЦИИ ИЗ РОССИИ Исследование Позиций Русскоязычных Аудитори." (23 июня) https://pltf.ru/2023/06/23/otnoshenie-zhitelej-blizhnego-zarubezhya/ (검색일: 2024. 11. 16).

Сталбек, А. 2023. "Орусиялыктар кыргыз жарандыгын сатып алуудабы?." *BBC News* Кыргыз Кызматы (30 марта) https://www.bbc.com/kyrgyz/articles/c9eggjj9d77o (검색일: 2024. 11. 16).

Элкеева, К. 2023. "≪Кыргызстан становится похожим на Беларусь≫. В Бишкеке за 10 дней задержали трех российских активистов." Радио Азаттык (13 июня) https://rus.azattyk.org/a/32457306.html (검색일: 2024. 11. 16).

• • • •

제6장

우크라이나 전쟁으로 재조명된 아랍권의 시리아 난민 정책의 역학*

황의현

I. 머리말: 유럽, 시리아 난민은 쫓아내고 우크라이나 난민은 받아들이다

유럽은 항상 난민 이동의 목적지가 되어 왔으나, 난민의 유럽 유입은 아랍권의 정치적 혼란으로 유럽으로 향하는 난민이 증가하기 시작한 2010년대부터 재조명되기 시작했다. 특히 아랍 난민 중 가장 많은 수를 차지하는 시리아 난민의 유입은 유럽 각국에 과거와는 다른 차원과 성격의 난민 문제를 제기했다.

2022년 기준 약 700만 명에 달하는 시리아 난민 대부분은 튀르키예, 요르단, 레바논 등 인접 중동 국가에 있지만, 일부는 유럽 국가로 향했다. 가장 많은 시리아 난민이 머무르는 유럽 국가는 독일로, 약 60만 명에 달한다. 이어 스웨덴에 약 11만 명의 시리아 난민이 있으며, 오스트리아, 그리스, 네덜란드, 프랑스 등에도 약 3~4만 명의 시리아 난민이 머무르고 있다(Arab Center

---

* 이 글은 『중동연구』 42-3 (2024)에 게재된 논문을 본서의 편집 취지에 맞도록 수정·보완한 것입니다.

Washington DC, 2022). 지중해를 거쳐 이탈리아, 스페인, 그리스 등으로 온 난민의 수는 2011년 약 7만 명에서 2014년에는 22만 명으로 늘어난 뒤 2015년에는 100만 명에 이르렀다(이신화, 2016: 88; 김성진, 2020: 161). 이 중 많은 수가 시리아 난민으로, 특히 시리아와 접한 튀르키예를 거쳐 에게해를 건너 그리스로 많은 난민이 유입되었다. 2015년 그리스로 온 난민 85만 명 중 약 절반이 시리아 출신이었다(이신화, 2016: 88).

이처럼 유럽과는 다른 문화적 배경을 가진 난민이 짧은 시간 내에 대거 유입되자 유럽 각국은 난민의 수용과 통합을 적극적으로 모색하기보다는 국내 사회적 안정을 우선시하여 난민 문제를 안보 문제로 규정하여 국경을 통제하는 '요새화' 정책을 택했다(이신화, 2016: 89-90). 시리아 난민의 주요 유입 경로인 중동부유럽의 헝가리, 폴란드, 체코, 슬로바키아 4개국은 난민이 집중되는 현상을 완화하기 위해 유럽연합이 도입한 난민 할당제도를 거부하고 국경 통제를 강화했다(김성진, 2017: 73-75).

시리아 난민을 포함한 아랍, 무슬림 난민은 환영받지 못할 뿐만 아니라 유럽의 고유한 문화와 가치관, 사회를 위협하는 적대적 타자로 간주되기도 했다. 특히 2015년부터 2017년까지 프랑스, 독일, 영국, 스페인 등에서 이슬람 극단주의 조직에 의해 자행된 잇따른 테러 공격은 난민에 대한 거부감과 결합하여 시리아 난민, 더 넓게는 아랍인과 무슬림에 대한 두려움과 반감을 고조시키기도 했다. 난민 유입이 가져온 사회적 변화는 또한 독일, 스웨덴, 오스트리아 등 유럽 각국에서 난민과 이민자 수용에 적대적인 우파 정당이 부상하는 상황으로 이어졌다(김성진, 2018: 117-118).

2022년 러시아가 우크라이나를 침공하며 발발한 전쟁은 유럽으로 향하는 또다른 난민의 이동을 만들어 냈다. 그러나 우크라이나 난민에 대한 유럽 사회의 반응은 시리아 난민의 유입할 때와는 달랐다. 한준성은 우크라이나 전쟁이 발발한 이후 유럽 사회가 보여준 "난민 환대와 지역주의 연대는 유례를 찾아보기 힘들 만큼 적극적"이었다고 평가한다(한준성, 2023: 8). 시리아 난민 수용에는 부정적이었던 동유럽 국가도 우크라이나 난민에게는 국경을 개방하고 우호적인 태도를 보였다. 슬로바키아와 폴란드는 유효한 여권이 없더라도 우크라이나 난민에 국경을 개방했으며, 시리아 난민에는 적대적이었던 헝가리의 빅토르 오르반(Viktor Orban) 총리는 60만 명에 달하는 우크라이나인을 수용했다(한준성, 2023: 10-11). 유럽연합 회원국 사이의 협력도 긴밀하게 이루어져 유럽연합은 우크라이나인에 유럽연합 내에서 다른 국가로의 이동과 거주, 취업의 자유를 허용했으며 2001년 채택된 후 한 번도 실제로 적용된 적 없었던 '임시보호지침(Temporary Protection Directive, TPD)'을 시행해 우크라이나인에 3년간의 거주권, 취업권, 사회복지 접근권, 가족재결합권 등 시리아를 포함한 다른 국가 출신의 난민에게는 허용되지 않은 높은 수준의 자유를 보장했다(박선희, 2022: 203-206).

시리아 등 중동이슬람권 난민 수용에 부정적이고 적대적이었던 유럽의 빈이민 성향 지도지들도 우크라이나 난민 유입을 이전의 난민 유입 사례와는 다르다고 주장했다. 키릴 페트코프(Kiril Petkov) 불가리아 총리는 우크라이나 난민을 가리켜 "이들은 우리가 알던 난민들이 아니라 유럽인들이다. 이들은 지적이고 교육을 받은 사람들"로 지칭하며 우크라이나인들을 "이전의 난민들, 신분이 확실하지 않고 과거도 불분명하며 테러리스트일 수도 있는 사람들"과는 구분했다(Reilly and Flynn, 2022/3/2). 아프가니스탄 난민을 추방할 권리를 주장하던 오스트리아의 카를 네함머(Karl Nehammer) 총리는 우크라이나는 아프가니스탄과 다르며, 우크라이나 난민을 이웃에 비유했다(Sow, 2022: 706). 비유럽인 난민과 이민자를 '무슬림 침략자', '독소'로 지칭하고 헝가리가 문화적, 민족적 동질성을 지키기 위해 다른 문화와 종교적 배경을 가진 난민을 수용해서는 안 된다고 주장했던 오르반 총리는 "친구로서 헝가리에서 환영"받는 우크라이나 난민이 무슬림 난민과는 분명히 다르다고 선을 그었다(Reilly and Flynn, 2022/3/2). 시리아 난민에 대해서는 보여주지 않았던 동유럽 국가의 환대는 시리아에서 온 아랍 무슬림 난민은 문화적으로 다른 위협적인 타자로, 우크라이나 난민은 같은 유럽인으로 보는 인식이 난민에 대한 유럽 사회에 대한 태도와 관련되어 있다는 점을 시사한다.

우크라이나 난민에 대한 환대는 유럽 사회가 다른 난민, 특히 시리아 난민에게 보여주었던 부정적 태도와 반감을 재조명하는 계기가 되었다. 유럽 전체를 통틀어 시리아 난민이 100만 명도 되지 않은 반면에 전쟁이 시작된 지 약 두 달이 지난 2022년 4월 기준 유럽연합 역내로 온 우크라이나 난민은 360만 명에 달했다(박선희, 2023: 196). 우크라이나 난민이 시리아 난민보다 많음에도 불구하고 유럽 국가가 우크라이나 난민에 더 우호적인 태도를 보이는 것에 대해 유럽이 우크라이나인과 시리아인을 인종주의에 따라 구분하고 난민 문제에 이중잣대를 적용한다는 비판이 언론과 학계, 특히 아랍권 언론을 중심으로 제기되었다.

이 글은 영어 및 아랍어로 발행되는 아랍권 언론에서 유럽의 우크라이나 난민 정책이 어떻게 유럽을 비판하기 위한 근거로 제시되고 유럽의 인종주의적 차별에 관한 담론을 구성하는지를 분석한다. 이어 시리아 난민에 대한 배타적 정책과 부정적 인식이 유럽의 전유물인지, 아랍권 언론이 유럽에 제기하는 비판으로부터 아랍 국가는 자유로울 수 있는지 확인하기 위해 시리아 난민이 가장 많은 아랍 국가인 레바논과 요르단의 시리아 난민 정책을 검토하고 두 국가에서 시리아 난민이 어떻게 인식되는지를 살펴본다. 이를 통해 이 글은 아랍 국가에도 시리아 난민에 대한 배타적 정책과 부정적 인식이 존재함을 확인하여 시리아 난민이 같은 문화적 배경을 가진 아랍권에서도 환대의 대상으로만은 인식되지 않는다는 점을 지적한다. 또한 시리아 난민이 유럽과 아랍권에서 타자화되는 이유를 분석하기 위해서는 문화적 요인 외에 난민 수용국마다 다른 정치적, 사회경제적 요인 사이의 복합적 상호관계를 이해하는 총체적 시각이 필요함을 주장한다.

II. 유럽의 '이중잣대'에 대한 아랍권의 비판

1. 영문 아랍 매체: 아랍의 비판을 세계에 전달하는 통로

우크라이나 전쟁이 시작된 이후 일부 서구 언론인들은 우크라이나 난민에 대해 시리아 등 비유럽 국가에서 온 난민과는 다른 편향된 태도를 보여주었다. 이러한 언론인들의 보도에서 '우크라이나 난민은 '유럽인', '우리(서구)와 같은 사람들', '백인이거나 기독교도'로 그려지며 시리아나 이라크, 아프가니스탄 난민과 구분되는 '우리', 즉 서구 세계의 일원으로 간주된다(Bayoumi, 2022/3/2).

비유럽 국가 출신 난민과 우크라이나 난민을 구별하는 이러한 보도 경향은 서구권 내에서도 비판을 받았으며, 아랍 지식인과 언론인, 난민 운동가들도 편향된 보도를 유럽의 난민 정책에 내재한 인종주의와 이중잣대를 비판하는 근거로 삼았다. 이들의 비판은 서구 언론뿐만 아니라 영어와 아랍어로 발행되는 아랍권 언론을 통해 제기된다.

한 예로 카타르 기업이 소유하고 영국에 본부를 두고 있는 범아랍 매체인 더 뉴 아랍(The New Arab)의 기자인 나디네 탈라아트(Nadine Talaat)는 우크라이나 난민을 '문명화된 중산층'으로 부르는 '주류 언론'의 동정적 보도가 "다른 제국주의적 세력에 의해 비슷한 운명에 처한 시리아, 팔레스타인, 아프가니스탄, 예멘 등의 수많은 사람들"에게는 왜 이루어지지 않았는지 묻는다(Talaat, 2022/3/10). 사우디아라비아에서 발간되는 영어 신문인 아랍 뉴스(Arab News)도 우크라이나 전쟁이 "유럽 정책 결정자들과 언론의 반(反)아랍, 반무슬림 편견을 드러냈다"라고 지적하고 우크라이나 난민에 대한 유럽의 태도를 '편견', '편애', '이중잣대의 교과서적 사례'라고 강하게 비판한다(Hamil-Stewart, 2022/3/16). 이 기사에서는 우크라이나 난민에 편향적인 서구 언론인들의 보도, 우크라이나 난민에게는 난민의 소지금 상한액을 규정한 법을 적용하지 않을 것을 촉구한 덴마크 정치인의 발언, 시리아 난민을 받아들이기를 거부한 폴란드, 헝가리, 체코가 우크라이나 난민은 적극적으로 수용한 점들이 유럽의 편향된 난민 정책을 비판하는 근거로 제시된다.

아랍권 언론은 유럽의 난민 정책을 비판하는 아랍 난민과 난민 운동가의 목소리를 알리는 역할도 한다. 한 예로 아랍 뉴스는 우크라이나 난민에 대한 특별 대우를 이중잣대라고 비판하는 시리아 구호단체 '하얀 헬멧(White Helmets)' 대표 라에드 알살레흐(Raed Al-Saleh)의 인터뷰를 보도했다(Arab News, 2022/3/30). 알자지라(Al-Jazeera)는 독일의 시리아 난민을 인터뷰해 난민을 차별적으로 대우하는 유럽에 대한 비판을 전한다(Sharma, 2022/3/31).

때로는 서구 매체가 아랍 지식인들의 비판 의견을 전달하는 통로 역할을 하기도 한다. 파리의 아메리칸대학교 교수인 지아드 마제드(Ziad Majed)는 프랑스24(France24)를 통해 우크라이나 난민을 "우리 유럽인과 같은 사람들"로 보는 유럽의 시각은 중동에서 오는 난민을 유럽인과 같지 않은 존재로 '탈인간화'하는 의미를 내포하고 있다고 비판한다(France 24, 2022/3/1). 이집트 출신으로 뉴욕시립대학교 교수로 있는 무스타파 바유미(Moustafa Bayoumi)는 영국 더 가디언(The Guardian)의 기고문에서 유럽 언론과 정치인들이 유럽인과 "똑같이 생기고 똑같이 기도하는 사람들"만을 환영하면서 "매우 편협하고 오만한 민족주의"를 되풀이하고 있다고 지적한다(Bayoumi, 2022/3/2).

아랍 지식인들은 언론 매체 외에도 학문적 활동을 통해 서구의 편향성을 비판하기도 한다. 카타르 도하대학원대학교(Doha Institute for Graduate Studies)의 모함메드 엘나우와이(Mohammed el-Nawawy)와 모하마드 하마스 엘마스리(Mohamad Hamas Elmasry)는 뉴욕타임스, 시카고 트리뷴, 워싱턴포스트, 로스앤젤레스 타임스, 아틀란타 저널 컨스티튜션 총 5개 미국 언론에서 시리아 난민과 우크라이나 난민 문제가 어떻게 다루어지는지를 비교 분석했다. 이 연구에서 엘나우와이와 엘마스리는 미국 언론이 우크라이나 난민 문제를 시리아 난민문제보다 인도적 위기로 접근하며 난민 개인의 고통과 목소리에 더 주목한다고 분석했다. 연구는 또한 5개 언론 보도에서 시리아 난민이 범죄, 테러리즘, 정치적 위기, 종교적 차이와 연관된 위협적이고 부정적인 대상으로 보도되는 경향이 나타남을 밝혀낸다. 연구는 비교 분석을 통해 서구 언론이 시리아 난민를 다루는 방식이 아랍 무슬림 이민자에 대한 편견을 반영하며, 결국에는 아랍 무슬림에 대한 서구인의 부정적 인식을 강화하는 데 기여한다고 주장한다(El-Nawawy · Elmasry, 2023).

2. 아랍어 매체: 아랍의 비판 여론이 형성되는 영역

아랍 언론을 포함한 영어 매체가 글로벌 차원에서 난민 문제에 관해 상반된 해석과 담론 사이에 경쟁이 이루어지는 영역이라면, 아랍어 매체는 아랍 저자에 의한, 아랍 독자를 위한 것이다. 따라서 아랍어 매체에서 이루어지는 유럽의 난민 정책에 대한 비판은 유럽이 난민 문제에 이중잣대를 적용하고 있다는 아랍권의 인식을 반영하는 동시에 그러한 인식을 강화하고 전파하는 역할을 한다고 볼 수 있다.

대표적으로 제기되는 비판은 유럽이 시리아와 우크라이나 난민을 차별적으로 수용한다는 것이다. 한 예로 더 뉴 아랍의 아랍어판인 알아라비 알자디드(Al-Araby al-Jadid)의 카티야 유수프(Katiya Yusuf)는 "영국의 이중잣대…우크라이나 위기가 난민 간 차별을 폭로하다"라는 기사에서 우크라이나 난민에게 대한 영국 정부의 지원책에는 시리아 난민이 포함되지 않는다고 보도한다. 이 기사에 따르면 영국은 2015년부터 2020년까지 단 2만 명의 시리아 난민을 수용한 반면 우크라이나 난민은 4만 명이 넘게 받아들이고 시리아 난민에게는 허용되지 않았던 가족결합권도 허용하는 이중적 행태를 보이고 있다(Yusuf, 2022/6/26).

마찬가지로 미국 아랍연구소(Arab Center) 연구원인 라드완 지아데(Radwan Ziadeh)는 호주의 범아랍 언론 안나스 뉴스(Annas News)에서 7,000명에 불과한 시리아 난민을 강제로 되돌려 보내고 권리를 박탈한 덴마크가 우크라이나 난민은 4만 명을 받아들이며 우크라이나 난민을 위한 캠프까지 마련한 점을 비판한다. 지아데는 또한 시리아 난민에게는 자산 보유를 1,000달러 미만으로 제한하는 법이 우크라이나 난민에게는 적용되지 않는다는 이중잣대를 지적하고, 우크라이나 난민뿐만 아니라 시리아 난민 또한 러시아의 공습을 피해 떠나온 사람들이며 따라서 우크라이나 난민과 동등한 대우를 받을 권리가 있다고 강조한다(Ziadeh, 2022/4/30).

우크라이나 난민에 대한 환대와 비교되는 시리아 난민에 대한 처우도 비판을 받는 이유다. 난민 전문 언론인인 니자르 알질디(Nizar al-Jildi)는 스카이뉴스 아라비아(Sky News Arabia)와의 인터뷰에서 인권 존중을 표방해온 유럽이 우크라이나 전쟁으로 난민을 국적에 따라 차별해왔음이 드러나며 곤경에 봉착했다고 언급했다. 알질디는 우크라이나인은 난민 인정 절차와 경제적 지원 모두에서 시리아인보다 유리한 대접을 받고 있다고 비판한다(Sky News Arabia, 2022b). 팔레스타인 언론인 니브한 카리샤(Nibhan Kharishah)는 팔레스타인 언론인 알하다스(Al-Hadath)에 게재한 기고문에서 그리스 국경수비대로부터 최루탄을 맞고 슬로베니아 국경에서는 비인도적인 대우를 받은 시리아 난민과 폴란드 국경에서 환영을 받은 우크라이나 난민과 비교해 시리아 난민에 대한 유럽의 박대와 우크라이나 난민에 대한 환대를 극명하게 대비한다. 카리샤는 '유색인' 난민이 노동시장에서 자국민과 경쟁할 것이라는 이유로 난민 유입에 가장 반대하던 동유럽의 노조들이 '백인' 난민은 환영하는 모습을 꼬집는다. 카리샤에 따르면 이러한 차이는 '백인과 유색인 난민을 차별하는

그림 1 알아라비아(Al-Arabiya)의 뉴스 클립(2022/4/10), "시리아 난민과 우크라이나 난민의 차이"(Youtube, 2022b)

인종주의적 태도'에서 기인한 것이며 9/11 테러 이후 확산되어 중동 출신 난민에 관한 정치적 담론을 결정하는 이슬람포비아가 발현된 결과다(Kharishah, 2022/3/20). YouTube에 업로드된 스카이뉴스 아라비아의 영상 또한 왜 우크라이나인은 인도적 대우를 받은 반면에 비유럽 출신 난민과 이민자들에게는 왜 인도주의가 적용되지 않았는지, 왜 구타와 최루탄 세례를 받았는지 묻는다(Sky News Arabia, 2022a)

난민 사이의 차별이 유럽의 가려진 위선과 인종주의를 드러내는 증거로 제시되기도 한다. 영국의 아랍어 언론인 라이 알요움(Rai alyoum)에 실린 글에서 팔레스타인 알쿠드스대학교의 사니야 알후사이니(Saniah al-Husayni)는 우크라이나 난민과 시리아 난민에 대한 이중잣대가 유럽의 인종주의의 증거이자 자신들이 주창하는 가치에서 벗어난 행위라고 주장한다. 알후세이니는 유럽으로 향하던 시리아와 중동 난민들이 지중해에 빠져 죽은 것이 "말로만 원칙과 가치를 표방하는 서구 민주주의에 대한 부끄러운 낙인"이라고 비판한다(Al-Husayni, 2023/1/19). 알제리 언론 에쇼루크(Echorouk)에 실린 기사에서 후사인 라크라(Husayn Laqra)는 우크라이나 난민과 시리아 난민의 차별이 "인종주의와 오만함, 도덕적 퇴폐로 물든 유럽의 추악한 얼굴"을 보여주는 것이며 "무슬림 난민은 이곳에 자리가 자리가 없으며 죽을 때까지 굶주림과 추위 속에 내버려진 것이 낫다"라는 무슬림과 아랍인을 차별하는 유럽의 인식을 드러낸다고 주장한다(Larqa, 2022/3/1). 스카이뉴스 아라비아의 영상 또한 우크라이나 난민 유입이 유럽인만을 조건 없이 받아들이고 종교와 민속에 따라 난민을 차별하는 유럽의 인종주의를 드러내는 계기가 되었다고 지적한다(Sky News Arabia, 2022a).

아랍어 매체는 또한 아랍권 외부에서 유럽에 제기되는 비판을 아랍 독자에게도 전달하는 역할도 한다. 한 예로 스카이뉴스 아라비아와 요르단의 알가드 TV(Al-Ghad TV)는 유럽의회에서 공개적으로 유럽 국가의 이중적 난민 정책을 비판한 클레어 달리(Clare Daly) 의원의 발언을 보도했다(Sky News Arabia, 2022b; Al-Jazeera, 2022/3/13). 뉴욕타임스, 워싱턴포스트 등의 외신에

그림 2 알아라비야(Al-Arabiya)의 뉴스 클립(2022/3/9), "덴마크, 난민들을 구별하다" (Youtube, 2022a)

실린 비판적 논조의 기사와 해외 전문가들의 견해도 알아라비 알자디드, 알자지라와 알후르라(Al-Hurra)와 같은 아랍 언론을 통해 아랍어로 보도되었다 (Akum, 2022/5/20; Al-Hurrah, 2022/3/1; Al-Jazeera, 2022/2/27). 아라빅포스트(Arabicpost)는 튀르키예 아나돌루(Anadolu) 통신사의 글을 번역한 "우크라이나의 동물은 따뜻한 곳을 즐길 때 시리아인은 길바닥에 있다…인종차별 문제가 유럽을 폭로하다"는 제목의 기사에서 시리아 난민이 심지어 우크라이나 난민이 키우는 동물보다 못한 대접을 받는다고 주장한다. 기사는 벨기에는 공간이 없다는 이유로 난민과 이주자를 받아들이기 거부했지만, 우크라이나 난민을 위해서는 캠프를 조성하고 심지어 우크라이나인들의 반려동물까지 수용했다는 점을 언급하며 유럽의 차별 정책을 극명하게 묘사한다(Arabic Post, 2022/3/20).

이렇듯 우크라이나 난민 유입은 아랍 언론이 시리아 난민에 대한 유럽의 비인도적인 정책과 대응을 재조명하고 비판하는 계기가 되었다. 그러나 아랍 국가의 시리아 난민 정책은 유럽에 제기되는 비판에서 과연 자유로운가? 시리아 난민은 문화, 언어, 종교를 공유하는 아랍 지역에서는 환대받는가?

III. 아랍 국가의 시리아 난민 정책

1. 레바논: '무정책 정책', 제한, 통제

내전이 일어나기 전 시리아인은 비자 없이 시리아 신분증이나 여권으로 레바논에 입국할 수 있었으며, 2014년이 되어서야 시리아인에 대한 입국 규정이 강화되었다(Mencutek, 2017: 15). 이로 인해 내전 이후 많은 시리아인이 레바논으로 유입되었다. 레바논의 시리아 난민은 전체 레바논 인구의 약 30%에 달하는 150만 명에 달하는 것으로 추산되며, 이 중 약 80만 명이 UNHCR에 등록되어 있다. 2019년 기준 인구 1,000명당 134명의 난민을 수용하고 있는 레바논은 세계에서 국민당 난민 수용 비율이 가장 높은 국가다(UNHCR, 2021: 25).

레바논의 난민 대응 기조는 '무정책이 곧 정책(no-policy-policy)'이었다(Stel, 2021: 59). 레바논은 시리아 난민 유입을 막지는 않았지만 난민 수용과 지원에 소극적이었으며 2014년 난민 관리 규정을 제정하기 전까지는 사실상 체계적인 난민 정책이 없었다. 시리아 난민이 대규모로 유입된 이후에도 레바논에는 난민을 관리할 정부 기구나 조직이 구성되지 않았다. 이러한 '무정책 정책'은 대규모 난민 유입에 대응할 법적 제도가 준비되지 않은 상황에서 레바논 정치의 고질적인 문제인 정파 간 분열이 결합된 결과였다. 시리아 내전 발발 이후 친(親)시리아파와 반시리아파 사이 갈등이 첨예해지면서 정파 간 분열은 심화되었다. 이에 따른 정국 마비는 결국에는 중앙정부 차원에서 통일된 난민 정책 수립을 방해했다. 실제로 2012년 난민 정책을 수립하기 위한 시도가 있었으나, 당시 총리인 나집 미카티(Najib Mikati)가 정파 간 갈등을 봉합하지 못한 채 2013년 사임한 뒤 정치적 공백이 장기화되면서 무산되었다(Mencutek, 2017: 10-11). 마비된 중앙정부 대신에 난민을 관리하고 지원하는 주체는 지방정부, 국제기구와 비정부기구, 민간 자선단체 등이었다. 이와 같은 이유로 레바논 정부는 난민을 보호하고 지원할 책임을 사실상 비정부기구와 국제기구에 떠넘겼다는 평가를 받기도 한다(Yasin, 2023).

레바논의 난민 대응 방식은 "난민 보호보다는 난민으로부터 레바논 사회의 보호"에 초점을 맞추었다고 평가된다(Kundsen, 2017: 141). 레바논은 1951년 UN에서 채택된 난민협약을 비준하지 않았으며 난민 신청과 난민 지위 인정에 관한 법률도 없다. 레바논 정부는 시리아 난민을 국제법상의 '난민(laji)'이 아닌 일시적 피난민(nazih)으로 지칭한다(Mencutek, 2017: 14). 난민의 권한과 지위에 관한 법률이 없는 상황에서 UNHCR에 등록된 난민을 포함한 시리아 난민은 레바논에서 법적 지위를 가지지 못한다. 레바논 내 시리아 난민 중 절반 이상이 신분을 증명할 수 있는 서류를 가지지 못한 것으로 추산된다(Alzyoud et al., 2023). 레바논 정부는 난민을 위한 어떠한 주거 대책도 제시하지 않은 채 난민캠프가 범죄자와 극단 이슬람주의 세력의 근거지가 되어 레바논 안보를 위협할 것이라는 이유를 들어 시리아 난민을 수용할 공식 캠프 설립도 거부했다(Alzyoud et al., 2023; Mencutek, 2017: 18).

시리아와 접경한 지방정부 차원에서도 시리아 난민 입국을 제한하고 난민을 통제하는 조치가 이루어졌다. 한 예로 쿠브 엘리아스(Qub Elias) 지방정부는 지역 내 시리아 난민의 수를 제한하고 시리아인의 유입과 지방정부 소유 토지에서의 불법 주거지 건설을 금지했다. 시리아 난민에 대한 국제기구와 시민단체의 구호 활동 또한 지방정부의 허가를 받아야 이루어질 수 있도록 했다(Mencutek, 2019: 146). 일부 지역에서는 시리아 난민에게만 적용되는 야간 통행금지령을 시행하기도 했다(Janmyr, 2016: 61).

2014년 레바논 정부는 시리아 난민의 유입과 장기 체류를 막기 위한 규성을 제정했다. 규정의 목적은 (1) 시리아인의 레바논 입국을 제한해 레바논 내 시리아인의 수를 줄이고 시리아인의 귀국을 촉진하며 (2) 레바논 내 시리아인에 대한 규제를 강화해 국내 치안을 유지하고 (3) 인프라에 대한 부담을 경감하는 것이었다(Janmyr, 2016: 62).

새로운 규정에 따라 시리아인의 입국과 체류권 갱신 절차와 조건이 강화되었다. 시리아인은 레바논에 입국하기 위해서는 레바논 내에서 주거할 곳을 입증할 수 있는 부동산 서류와 신분증명서 등 레바논 정부가 요구하는 서류를 갖추어야 하며 극히 제한된 경우가 아닌 한 정부의 별도 허가를 받지 못하면 난민으로서 레바논에 입국할 수 없게 되었다. 체류권을 얻기 위해서는 법적으로 효력이 있는 임대차계약서와 레바논 국민의 보증서를 지참해야 하며, 6개월마다 체류권을 갱신하기 위한 수수료도 무료에서 200달러로 인상되었다(Mencutek, 2017: 20). 이에 따라 레바논으로 들어오는 시리아 난민의 수는 2015년 1~3월에 2014년 같은 기간보다 80% 감소했으며, 2015년 이후 레바논 정부가 UNHCR의 신규 시리아 난민 등록까지 중단시키면서 레바논 내에 있는 시리아인 중 약 80%가 불법체류자가 되어 언제든지 체포되고 강제추방될 위험에 놓였다(Janmyr, 2016: 71-72; Mencutek, 2019: 150-151). 휴먼라이트워치(Human Rights Watch)에 따르면 합법적인 체류 자격을 갖추지 못했다는 이유로 2019년 4월부터 2021년 9월에 강제로 시리아로 송환된 시리아 난민은 6,345명에 달했다(Human Rights Watch, 2023/7/5).

2014년에 수립된 규정은 시리아인의 취업에도 제한을 두었다. 레바논에 입국하거나 체류권을 갱신하기 위해 UNHCR에 난민으로 등록하면 합법적으로 일자리를 구할 수 없으며, 따라서 일자리를 구해 장기간 체류하고자 하는 시리아인은 레바논인의 체류 보증을 받는 길밖에 없다. 그러나 많은 시리아인이 보증을 서 줄 레바논인을 구하지 못해 체류권을 갱신하지 못하고 있으며, 레바논인이 운영하는 사업체에 고용되더라도 보증이 철회되면 체류권 갱신이 불가하기에 노동 착취나 임금 체불을 당하더라도 아무런 보호를 받지 못한다(LEADERS Consortium, 2019: 21-22). 실제로 2017년 옥스팜(Oxfam)의 조사에 따르면 시리아인 중 75%가 레바논 법에 따른 최저임금도 받지 못하는 것으로 나타났다(LEADERS Consortium, 2019: 13).

난민캠프 설립을 불허하는 레바논 정부의 정책 또한 시리아인의 노동 조건을 악화하는 결과를 가져왔다. 난민캠프를 통해 이루어지는 구호와 지원을 받을 수 없었기에 시리아인들은 생계를 유지하기 위해 저임금 미숙련 노동자로서 노동 시장에 참여해야만 했으며, 레바논인 사업주와 고용인들은 이러한 상황을 악용해 시리아인을 낮은 인건비로 고용하기도 했다(Turner, 2015: 397).

제도적으로 불평등한 노동시장 구조에서 열악한 위치에 있던 시리아인들의 상황은 2020년 레바논 경제 위기로 더욱 악화되었다. 시리아인 가정 중 가계 소득이 최저임금의 절반도 되지 않는 빈곤층 비율은 2019년 55%에서 2020년에는 90%까지 증가했다(Reliefweb, 2020/12/8).

레바논의 난민 정책은 2014년을 기점으로 방관 또는 무정책에서 시리아인에 대한 제한과 통제를 강화하는 방향으로 전환되었다. 이에 따라 시리아인 대다수는 레바논에서 난민 지위를 인정받거나 합법적 체류권을 누리지 못하고 강제 송환의 위험에 상시 노출되어 있으며, 노동시장에서도 레바논인과 동등한 권리를 누리지 못한 채 사회경제적으로 취약한 위치에 놓여 있다.

2. 요르단: 지대추구를 위한 난민 통제 정책

요르단에는 140만 명에 가까운 시리아 난민이 있는 것으로 추산되며, 이 중 UNHCR에 등록된 난민 약 65만 명으로 요르단은 레바논에 이어 아랍 국가에서 가장 많은 시리아 난민을 수용하고 있다. 인구 1,000명당 난민 수도 69명으로 세계에서 두 번째로 많다. 레바논과 달리 요르단은 시리아 난민을 수용하기 위한 공식 난민캠프를 자타리(Zatari)와 아즈라크(Azraq)에 세웠다. 세계에서 가장 큰 시리아 난민캠프인 자타리 캠프에는 약 8만 명이, 아즈라크 캠프에는 약 4만 명의 시리아 난민이 살고 있다. 나머지 54만 명은 암만, 이르비드, 마프라크 등 도시 지역에 거주한다(Karasapan, 2022).

요르단은 난민협약 가입국이 아니며 난민의 지위와 체류권, 노동권에 관한 명시적인 규정이나 법률도 없다(Mencutek, 2019: 194). 난민의 입국과 체류권을 결정하는 권한은 내무부에 있으며, 난민은 교육과 보건 시설을 이용하고 난민캠프 밖으로 이동해 거주하거나 취업할 권리를 얻기 위해서는 내무부로부터 신분 증명을 받아야 한다. 이를 위해서는 난민은 먼저 UNHCR에 등록되어야 한다. 난민은 또한 UNHCR에 등록되어야 현금이나 식품 지원을 받을 수 있다(Mencutek, 2019: 199).

요르단의 난민 정책은 난민의 입국과 체류권을 더욱 엄격하게 제한하는 방향으로 변화했다. 시리아 내전 초기에 요르단은 '국경 개방 정책'을 펼치고 국경을 통해 정식 절차를 거쳐 입국하는 시리아 난민을 수용했으나, 2013년에 들어 요르단 내 시리아 난민이 50만 명에 다다르자 요르단 정부는 국경 통제를 강화하고 시리아인의 입국을 하루 최대 100명으로 제한했다(Mencutek, 2019: 200; Kelberer, 2017: 152).

경제성장률은 인구 증가 속도를 따라가지 못하고 레바논과 시리아에 대한 수출과 관광객 수가 모두 감소해 무역과 관광산업이 침체되었으며 2012년 기준 GDP 대비 정부부채는 80%에 도달한 상황(김정현 2022, 161)에서 시리아 난민까지 대거 유입되면서 요르단은 막대한 재정적 부담에 직면했다. 자타리 난민 캠프 운영에만 하루 50만 달러가 필요한 것으로 알려졌으며(Turner, 2015: 393). 요르단 정부에 따르면 2011년 이후 난민 수용으로 발생한 경제적 부담 규모는 2016년에는 86어 달러, 2018년에는 103억 달러에 달했다(Fran, 2018: 63; Kelberer, 2017: 149).

이러한 상황에서 시리아 난민의 캠프 수용은 요르단의 난민 정책에서 중요한 위치를 차지한다. 난민캠프는 요르단이 인도적 책임을 다하고 있다는 일종의 표지로서 시리아 난민 문제에 대한 국제사회의 관심을 환기하고 요르단에 원조를 제공하도록 설득하는 근거가 된다(Ali, 2023: 186). 보조금 제도에 부정적인 세계은행도 2013년에는 요르단의 빵 보조금 예산을 지원하기 위해 1억 5,000만 달러의 대출을 제공했으며 2015년에는 국제사회의 지원금 상당 부분이 요르단 정부 예산으로 할당되어 시리아인에 대한 지원뿐만 아니라 요르단 지역사회도 혜택을 볼 수 있는 개발 프로젝트에 투입되었다(Kelberer, 2017: 153-154). 2014년 요르단이 지원받은 해외원조 수혜액은 2012년의 원조액의 2배가 넘었으며, 1인당 원조 수혜액은 306달러로 같은 기간 중동북아프리카 지역 평균보다 4배 이상 많았다(김정현, 2022: 170).

난민캠프는 또한 실업률이 10%가 넘고 경제난, 물가 상승, 낮은 임금 수준에 대한 불만이 고조되던 상황에서 인건비가 저렴한 시리아인이 노동시장으로 진입해 요르단인과 경쟁하는 것을 통제한다. 2015년 기준 노동연령에 속한 시리아인 남성 중 단 51%만이 경제활동을 하고 있었으며 이 중 43%만이 고용 상태였다(Turner, 2015: 395-396). 같은 기간 이루어진 32만 건이 넘는 노동허가 신청 중 2%도 되지 않는 5,700건만이 승인되었다(Ali, 2023: 188-189).

이러한 이유로 요르단은 시리아인의 난민캠프 수용을 정책 기조로 삼았다. 2014년에는 요르단 정부의 허가를 받지 않고 난민캠프 밖으로 나간 난민이 UNHCR에 등록할 수 없도록 했으며 2015년 2월부터는 난민캠프를 벗어나기 위한 절차도 더욱 복잡하고 엄격해졌다(Mencutek, 2019: 200). 캠프를 떠나려는 난민은 요르단인의 보장을 얻거나 일자리나 체류권이 있음을 증명해야 하며, 이 과정에서 난민에게는 큰 부담이 되는 거금을 브로커에게 주어야 하는 문제가 발생하기도 했다(Turner, 2015: 392). 난민캠프 외부에서 거주하는 시리아인을 강제로 캠프로 돌려보내는 조치도 취해지기도 한다. 한 예로 2014년 요르단 정부는 암만 외곽의 텐트촌에서 거주하는 시리아인 1,300명을 강제로 아즈라크 캠프로 이주시켰다. 난민캠프로의 강제 이주 정책은 2016년 이후 더욱 빈번해진 것으로 알려졌다(Turner, 2015: 204). 2018년에는 난민캠프 외부에 사는 시리아인을 위한 병원에 지급되던 보조금을 삭감하기도 했다(Eran, 2018: 64-65).

시리아 난민의 노동시장 진출을 제한하는 정책은 2016년 변화했다. 2016년 2월 요르단과 유럽연합은 시리아 난민의 교육과 고용을 확대하는 '요르단 콤팩트(Jordan Compact)'에 합의했다. 합의에 따라 요르단 정부가 시리아 난민 20만 명이 특별경제구역에서 일할 수 있도록 허가하는 대가로 유럽연합은 시리아인을 일정 비율 고용한 요르단 공장에서 생산된 제품의 원산지표지 규정을 완하하는 등의 혜택을 제공하기로 했다. 요르단이 다자개발은행에서 빌릴 수 있는 대출 규모도 8억 달러에서 18억 달러로 늘어났다(Ali, 2023: 188; Kelberer, 2017: 160). 2017년 요르단은 GDP의 약 9.1%에 달하는 36억 5,000만 달러의 해외 원조금을 받을 수 있었으며, 이 중 16.7%인 6억 5,370만 달러를 제외한 나머지는 요르단인에게 혜택이 돌아갔다(김정현, 2022: 171).

그러나 요르단 정부는 시리아 난민의 취업 기회를 확대하면서도 노동시장에서 시리아 난민이 요르단인과 경쟁하지 못하도록 하는 정책 기조를 유지했다. 시리아인들은 요르단인이 아니라 이집트와 남아시아 출신 외국인 노동자들이 주로 일하던 부문에 고용되었다. 20만 명에 일자리를 제공하겠다는 당초 약속과 달리 실제로 노동허가를 받은 시리아인은 2017년 기준 4만 명이 되지 않았으며 2020년 1월에도 17만 9,000명에 그쳤다(Ali, 2023: 189).

빅토리아 켈버러(Victoria Kelberer)는 요르단의 난민 정책을 난민을 개발원조를 받는 경제적 수단으로 이용하는 "난민 지대 추구(Refugee rent-seeking)"라고 정의한다(Kelberer, 2017: 157). 요르단은 레바논보다는 개방적인 난민 정책을 펼치고 있다. 그러나 시리아 난민을 난민캠프에 수용하고 난민의 입국, 거주, 취업을 통제하는 정책은 인도주의적 원칙에 따라 난민의 권리를 보장하기보다는 사회 안정을 유지하고 경제적 이익을 추구하기 위한 것으로 보인다.

IV. 유럽과 아랍권의 시리아 난민 인식 비교: 아랍인들은 시리아 난민은 환영하는가?

시리아 난민은 수용국 사회에서 어떻게 인식되는가? 다른 문화적, 종교적 배경을 가진 시리아 난민은 유럽에서 어떻게 인식되는가? 시리아 난민이 유럽에서 문화적, 종교적 이유로 타자로 여겨져 배척된다면, 문화와 종교, 언어를 공유하는 아랍권에서는 환대받는가?

먼저 유럽의 인식은 시리아 난민이 유럽에 대거 유입된 뒤인 2016년 7월에 발표된 퓨리서치센터(Pew Research Center)의 설문조사에서 확인할 수 있다. 헝가리, 폴란드, 네덜란드, 독일, 이탈리아, 스웨덴, 그리스, 영국, 프랑스, 스페인 10개 유럽 국가에서 수행된 이 설문조사에 따르면 난민 유입이 테러 위험을 높인다고 응답한 비율은 유럽 평균 59%였다. 시리아 난민의 주요 유입 경로이자 동유럽에서 가장 많은 시리아 난민을 수용했던 헝가리가 76%로 가장 높았으며, 그리스에서도 55%가 난민 때문에 테러 위험이 늘어난다고 답했다. 유럽에서 시리아 난민이 가장 많은 독일과 스웨덴에서도 난민을 테러와 연관지어 보는 응답은 각각 61%, 57%였다. 난민이 범죄에 가장 큰 책임이 있다는 응답은 헝가리 43%, 독일 35%, 스웨덴 46%, 그리스 30%였다(Pew Research Center, 2016: 3).

난민에 대한 부정적인 시각은 반무슬림 감정과도 크게 관계되어 있다. 난민을 안보 위협 요인으로 보는 응답이 가장 높게 나타난 헝가리에서는 무슬림에 대한 부정적 여론도 72%에 달했으며, 그리스에서도 65%로 유럽 평균인 43%를 상회했다. 독일, 스웨덴에서 이 비율은 각각 29%, 35% 비교적 낮았다(Pew Research Center, 2016: 9). 그러나 독일과 스웨덴에서도 무슬림를 부정적으로 보는 응답자 가운데 난민을 안보 위협으로 보는 응답자 비율이 각각 84%와 79%로 높게 나타났다(Pew Research Center, 33). 시리아나 이라크 등 중동 국가에서 온 난민이 위협이 된다는 인식도 무슬림에 부정적 시각을 가진 응답자 가운데서 분명히 나타났다. 이 비율은 헝가리와 그리스에서는 각각 76%와 80%에 달했으며, 독일과 스웨덴에서도 50%, 58%로 나타났다(Pew Research Center, 2016: 29). 무슬림이 자신들의 고유한 특색을 유지하며 동화를 거부하는 집단이라는 인식도 그리스와 헝가리에서 각각 78%, 76%로 가장 높게 나타났으며 독일과 스웨덴에서도 61%, 50%에 달해 무슬림을 타자로 보는 시각이 유럽 전반적으로 우세하다고 할 수 있다(Pew Research Center, 2016: 25).

요약하자면, 시리아 난민을 대거 수용한 독일과 스웨덴보다 난민의 이동 경로에 있는 헝가리와 그리스에서 난민에 대한 반감이 두드러지게 나타난다. 특히 헝가리와 그리스는 퓨리서치센터가 측정한 민족 정체성 지수(National Identity Index) 순위에서 조사 대상 10개국 중 가장 높았으며, 이는 고유한 민족 정체성을 지켜야 한다는 인식이 높을수록 난민과 무슬림에 대한 부정적 인식도 높아진다는 점을 시사한다(Pew Research Center, 2016: 36). 한편 부정적인 난민 인식이 무슬림을 적대적으로 보는 시각과 밀접하게 연관되는 양상은 헝가리와 그리스뿐만 아니라 독일과 스웨덴에서도 확인된다.

난민에 대한 반감은 유럽 각국 정치권에서 난민에 부정적인 태도를 보이는 우파 정당의 부상으로 이어졌다. 반난민 정서가 가장 강하게 나타난 헝가리에서는 오르반 총리가 이끄는 강경 우파 성향의 청년민주연합과 기독교민주당 연정의 지지율이 2015년에 11%p나 상승했다(김성진, 2017: 72). 난민에 대한 반감이 비교적 적은 독일에서도 반난민 정책을 표방하는 극우 정당 '독일을 위한 대안(AfD)'이 2017년 총선에서 전체 의석의 13.3%를 얻어 원내 3당으로 부상했으며, 이는 독일에서도 난민 유입에 따른 위기의식이 우파 정당에 대한 지지 성장이라는 가시적인 결과로 나타났음을 보여준다(김성진, 2017: 117).

아랍권에서도 시리아 난민에 대한 부정적 여론이 존재하며, 특히 레바논에서 두드러지게 나타났다. 2013년 조사에 따르면 레바논인 응답자 중 약 60%는 시리아인을 가까운 이웃으로 두고 싶지 않다고 답했으며, 레바논 북부 베브닌(Bebnine)에서 진행된 설문조사에서는 응답자의 약 40%가 시리아인에 대한 불신을 드러냈다(Christophersen et al., 2013a: 46). 시리아인과의 결혼에 반대한다는 응답은 베이루트를 제외한 레바논 전 지역에서 80% 이상으로 나타났으며 베이루트에서도 시리아인과의 결혼에 반대한다는 비율은 60%를 넘었다(Christophersen et al., 2013a: 47). 모나 크리스토페르센(Mona Christophersen) 등의 연구자들이 베비네에서 만난 레바논인들은 시리아인이 도둑질을 많이 하고 불결하며 비도덕적이고 성적으로 문란하다는 편견과 반감을 드러냈다. 편견은 레바논인 교사가 시리아 학생들을 불평등하게 대우하는 등 실제 일상생활에서 시리아인을 차별하고 모욕하는 형태로 나타나기도 한다(Christophersen et al., 2013a: 43). 인터네셔널 알라트(International Alert)의 2013년 조사에서도 시리아인이 레바논 문화와 도덕 가치에 위협이 될 수 있다고 생각하는 비율은 응답자의 약 40%에 달했다. 기독교도가 시리아인에 대한 가장 큰 문화적 반감을 드러냈으나, 순니파 사이에서도 이러한 인식이 커지기 시작한 것으로 나타났다(International Alert, 2016: 6).

유럽과 마찬가지로 레바논인들도 시리아 난민이 유입되며 치안과 안보가 위협받고 있다는 인식을 드러낸다. 크리스토페르센 등의 조사에서는 남부의 나바티에(Nabatieh)를 제외한 레바논 전 지역에서 시리아 난민이 국가 안보와 치안을 위협하고 있다는 응답이 60~80%에 이르렀다(Christophersen et al., 2013a: 49). 시리아 난민이 들어오며 치안이 악화되었다는 인식은 2015년 조사에서도 우세하게 나타났다(International Alert, 2015: 3).

레바논인들은 또한 시리아 난민을 레바논인의 일자리를 빼앗고 경제를 어렵게 만드는 대상으로 보고 있다. 2013년 조사에서 응답자 98%가 시리아 난민들로 인해 레바논인이 구직에 어려움을 겪고 있다고 생각하는 것으로 나타났으며, 96%는 시리아 난민 때문에 레바논인의 임금이 감소했다고 응답했다. 내전 이후 더 낮은 가격으로 수입되는 시리아산 제품 때문에 레바논 기업과 상인들이 어려움을 겪고 있다는 응답 비율도 90%에 달했다. 시리아 난민이 수도와 전기 등 공공 서비스에 부담을 주고 있다고 응답한 비율은 93%, 시리아인이 불공평하게 많은 경제적 지원을 받고 있다고 응답한 비율은 63%였다(Christophersen et al., 2013b: 57-62).

레바논 정치인들도 시리아 난민에게 우호적이지 않다. 무슬림 난민이 대거 유입됨에 따라 인구 구성이 변화하고 이슬람 극단주의 세력이 침투할 것을 우려하는 기독교도뿐만 아니라 순니파인 사아드 하리리도 "시리아인과 레바논인 사이의 긴장"을 경고하는 등 많은 레바논 정치인들은 시리아 난민을 레바논 안보를 위협하는 타자로 규정한다(이경수·안소연, 2023: 202). 이처럼 레바논에서 시리아 난민은 국민과 정치인 모두가 배척하는, 환대받지 못하는 대상이다.

요르단에서는 레바논보다 시리아 난민에게 포용적인 인식이 강하다. 2023년 6월 UNHCR이 수행한 조사는 요르단인 응답자 가운데 약 80%가 난민에게 공감하고 긍정적인 태도를 보였다(UNHCR, 2023: 16). 난민 수용과 지원을 지지하는 응답도 82%에 달했다(UNHCR, 2023: 24). 다른 연구에서도 요르단인이 전반적으로 시리아 난민에게 동정적이고 우호적이라는 점이 확인된다(Ala' Alrababa'h et al. 2021, 61-62). 특히 이 연구는 시리아 난민을 같은 순니파 아랍 무슬림으로 보는 문화적 동질감이 시리아 난민에 대한 요르단인의 긍정적 인식과 상당한 관계가 있다는 점을 보여준다(Ala' Alrababa'h et al., 2021: 64).

그러나 시리아 난민에 대한 긍정적인 시각과는 별개로 요르단의 난민 상황에 관해서는 부정적인 여론이 우세했다. UNHCR 조사에서 요르단에 난민이 너무 많다는 응답은 93%에 달했으며, 이 비율은 시리아 난민이 많은 마프라크(Mafraq)와 이르비드(Irbid)에서 특히 높았다. 이 외에도 요르단이 필요 이상으로 난민에게 많은 지원을 하고 있다는 응답은 89%, 난민에게 지나치게 많은 예산이 지출되고 있으며 요르단인보다 더 많은 지원을 받고 있다는 응답은 각각 61%, 60%였다(UNHCR, 2023: 18).

레바논과 마찬가지로 요르단에서도 시리아 난민이 요르단 경제에 부담을 주고 있다는 인식이 나타난다. 요르단인 중 44%는 시리아 난민 유입이 요르단 경제에 영향을 주었다고 보았고, 이 중 95%가 시리아 난민이 끼친 경제적 영향이 부정적이라고 답했다. 가장 큰 영향을 받은 부문은 노동시장이라고 답한 응답자 비율은 75%에 달했으며, 이 비율 역시 마프리크에서 가장 높았다(UNHCR, 2023: 22-23). 2015년 수행된 다른 설문조사에서도 응답자의 약 75%가 시리아 난민이 요르단인의 일자리를 빼앗아 간다고 답했다. 이 연구 또한 시리아 난민이 많은 북부 지역에 거주할수록 난민에 대한 부정적인 시각이 증가한다는 점을 보여준다(Ali·Ghanideh, 2020: 187-189). 모함마드 수마디(Mohammad A. Sumadi) 등은 요르단인들이 취업 기회와 노동시장에 시리아 난민이 미친 영향을 부정적으로 인식한다고 주장한다(Sumadi et al., 2023: 879).

이처럼 같은 아랍 국가임에도 시리아 난민에 대한 레바논과 요르단의 인식은 확연히 다르다. 레바논에서 시리아 난민은 국가 안보를 위협하는 타자로서 부정적으로 인식되는 반면에 요르단에서는 시리아 난민에 대해 포용적인 입장이 우세하며, 같은 문화와 종교를 공유하는 집단으로서 시리아 난민에게 동질감을 느끼는 시각도 나타났다. 그러나 시리아 난민이 국가 경제와 자국민의 일자리에 부정적인 영향을 미친다는 인식은 레바논과 요르단 모두에서 확인되며, 요르단에서도 난민의 수가 지나치게 많고 난민들이 과도한 혜택을 누리고 있다는 여론이 존재한다. 시리아 난민의 대규모 유입에 따른 사회적, 경제적 변화를 우려하는 시각은 공통적이지만, 시리아 난민에 대한 레바논과 요르단의 인식 차이에서 드러나듯이 그러한 우려가 항상 난민에 대한 적의로 이어지는 것은 아니다. 레바논과 요르단의 사례는 또한 수용국과 같은 문화적 배경에 속한 난민이라도 수용국의 환경과 상황에 따라 환영받을 수도, 배척받을 수도 있음을 시사한다.

시리아 난민에 대한 요르단과 레바논의 확연한 인식 차이는 두 국가의 역사적, 사회적, 정치적 요인의 차이로 설명해 볼 수 있다. 두 국가 모두 아랍 국가고 시리아 난민 유입이라는 같은 도전에 직면했지만, 도전에 대응하는 방식은 두 국가의 서로 다른 환경에 따라 결정되는 것이다. 팔레스타인 난민이 대거 유입된 이후에도 비교적 안정을 유지한 요르단과 달리 레바논에서는 불안정한 내부 정치, 내전, 오랫동안 레바논에 개입했던 시리아에 대한 반감과 같은 요인이 시리아 난민에 대한 배타적 인식에 영향을 끼친 것으로 보인다. 시리아 난민을 아랍 공동체의 일원으로서 보는 인식이 나타나지 않는 것도 기독교도 등 다양한 종교와 종파로 구성된 레바논에서 아랍과 무슬림 정체성이 공동체의 정체성으로서 확고한 위치를 차지하고 있지 않다는 뜻으로 해석될 수 있다. 즉 아랍 무슬림 국가로서 정체성 인식에서의 차이가 레바논과 요르단의 시리아 난민에 대한 인식 차이와도 관련되어 있을 가능성이 있다.

V. 맺음말: 난민 정책, 다양한 요인의 복합 작용의 결과

마리사 잭슨 소우(Marissa Jackson Sow)는 우크라이나 사태가 유럽과 백인 우월주의가 깊게 잠재되어 있음을 폭로했다고 지적한다(Sow, 2022: 707). 실제로 시리아 난민은 유럽을 위협하는 적대적 타자로 배척하던 유럽이 우크라이나 난민은 인도적 지원이 필요한 대상으로 보고 적극적으로 환영하는 모습의 기저에 유럽인과 백인을 비유럽인과 비백인보다 우위에 놓는 인종주의적 인식이 깔려있지 않다고 확신하기는 어렵다. 따라서 아랍 지식인과 언론이 유럽의 상반된 난민 대응을 '인종주의적 차별' 또는 '이중잣대'로 비판하는 것은 자연스러운 반응이라고 할 수 있다.

그러나 본 글에서 검토한 레바논과 요르단의 사례는 유럽만이 난민을 배척하거나 통제하는 것만은 아니라는 점을 보여준다. 레바논은 난민의 각종 권리를 제한할 뿐만 아니라 강제로 송환하는 등 유럽 국가보다 엄격한 난민 정책을 택했다. 요르단의 정책은 레바논보다 난민에게 우호적이지만, 그 동기는 인도주의적 고려보다는 경제적 이익을 극대화하기 위한 것으로 보인다. 요르단 또한 난민의 자유로운 취업과 이동과 같이 경제와 사회 안정에 불안을 줄 위험이 있는 권리는 통제하고 있다.

유럽의 시리아 난민 차별에 대한 아랍권 언론의 비판은 역설적으로 아랍 국가에도 적용될 수 있다. 아랍권 언론은 시리아 난민이 유럽에서 배척당하는 것을 비판하지만, 아랍권 내에서도 시리아 난민을 배척하는 경향은 존재하기 때문이다. 레바논의 사례가 보여주듯이, 시리아 난민을 국가 안보와 경제를 위협하는 존재로 타자화하는 반응은 유럽뿐만 아니라 같은 아랍 국가에서도 나타나기도 한다. 레바논보다 시리아 난민에게 우호적이고 같은 아랍인이라는 연대 의식이 나타나는 요르단에서도 시리아 난민이 지나치게 많고 과도한 지원을 받으며 요르단 경제에 부담을 가한다는 인식이 드러난다. 난민 유입이 제기하는 안보와 치안 악화에 대한 우려, 노동시장에서의 변화, 경제적 부담 증가 등의 실질적인 영향은 문화적 동질 의식이나 아랍 정체성에 토대를 둔 연대보다 난민에 대한 인식에 영향을 끼치는 중요한 요인이며, 이 점에서 시리아 난민에 대한 태도는 유럽이나 아랍권이나 큰 차이가 없다.

문화적 동질성과 이질성에 대한 인식이 유럽과 아랍에서 시리아 난민을 바라보는 시각에 영향을 미치는 유일한 요인은 아니다. 난민 정책과 인식에는 각국의 특수한 정치적, 사회적, 문화적, 역사적 요인이 복합적으로 영향을 미치며, 특히 치안이나 경제, 일자리와 같은 실질적인 문제가 난민 인식 형성에서 큰 비중을 차지한다. 이러한 복잡성을 간과한 채 '유럽'이나 '아랍권'의 난민 정책을 일반화하여 설명하는 것은 지나치게 단순하다고 할 수 있다. 왜 유럽이 시리아 난민은 배척하고 우크라이나 난민은 환대하는지, 왜 아랍 각국에서 시리아 난민에 대한 정책이 상이한지 등의 질문에 답하기 위해서는 '이중잣대'나 '인종주의적 차별'과 같은 단순한 개념보다 구체적이고 세밀하며 총체적인 분석이 필요하다.

참고문헌

1차 자료

UNHCR. 2021. *UNHCR Global Trends 2019*, Copenhagen: UNHCR.

UNHCR. 2023. *Reception of Refugees in Jordan: Survey-June 2023*. Ammn: UNHCR.

2차 연구자료

김성진. 2017. "동유럽 각국의 시리아 난민정책." 『동유럽발칸연구』 41(2): 57-84.

김성진. 2018. "유럽 내 시리아 난민과 사회안보." 『정치 · 정보연구』 21(1): 99-128.

김성진. 2020. "유럽 난민 위기: 문제정의 오류와 결과." 『동서연구』 32(2): 155-180.

김정현. 2022. "요르단의 난민 정치학: 인권정책으로 살아남는 법." 『국제정치논총』 62(2): 153-190.

박선희. 2022. "유럽연합 난민정책의 전환점? 우크라이나 사태와 임시보호지침을 중심으로." 『유럽연구』 40(2): 193-217.

이경수 · 안소연. 2023. "국가안보 위협 대상으로서의 난민: 레바논 정치 엘리트의 시리아 난민 '외집단화'." 『중동연구』 41(3): 183-212.

이신화. 2016. "시리아 난민사태: 인도적 위기의 안보적 접근과 분열된 정치적 대응." 『한국과 국제정치』 92: 75-103.

한준성. 2023. "우크라이나 난민 위기에 대한 유럽의 대응: '환대'와 '연대'에 가려진 '인종주의'와 '동맹'." 『담론201』 26(3): 7-37.

Ala' Alrababa'h et al. 2021. "Attitudes Toward Migrants in a Highly Impacted Economy: Evidence From the Syrian Refugee Crisis in Jordan." *Comparative Political Studies* 54(1): 33-76.

Ali, A. 2023. "Disaggregating Jordan's Syrian refugee response: The 'Many Hands' of the Jordanian state." *Mediterranean Politics* 28(2): 178-201.

Ali, N. and Al-Ghanideh, S. F. 2020. "Syrian Refugees in Jordan: Burden or Boon." *Research in World Economy* 11(1): 180-194.

Christophersen, M., Thorleifsson, C. M. and Tiltnes, A. A. 2013a. *Ambivalent Hospitality: Coping Strategies and Local Responses to Syrian Refugees in Lebanon*. Oslo: Fafo.

Christophersen, M., Thorleifsson, C. M. and Tiltnes, A. A. 2013b. *Lebanese attitudes towards Syrian refugees and the Syrian crisis: Results from a national opinion poll implemented 15–21 May, 2013*. Oslo: Fafo.

Eran, O. 2018. "The Syrian Refugees: A Political and Economic Challenge to Jordan." *Strategic Assessment* 21(3): 59-70.

International Alert. 2015. *Citizens' perceptions of security threats stemming from the Syrian refugee presence in Lebanon*. London: International Alert.

Janmyr, M. 2016. "Precarity in Exile: The Legal Status of Syrian Refugees in Lebanon." *Refugee Survey Quarterly* 35: 58-78.

Kelberer, V. 2017. "Negotiating Crisis: International Aid and Refugee Policy in Jordan." *Middle East Policy* 24(4): 148-165.

Knudsen, A. J. 2017. "Syria's Refugees in Lebanon: Brothers, Burden, and Bone of Contention." in Rosita Di Peri and Daniel Meier, eds. *Lebanon Facing the Arab Uprisings: Constraints and Adaptation*, 135-154. London, Palgrave Macmillan.

Mencutek, Z. Ş. 2017. *From Inaction to Restrictions: Changes in Lebanon's Policy Responses to Syrian Mass Refugee Movement*. Duisburg, Kate Hamburger Kolleg / Centre for Global Cooperation Research.

Mencutek, Z. Ş. 2019. *Refugee Governance, State and Politics in the Middle East*. Londo and New York: Routledge.

Sow, Ma. J. 2022. "Ukrainian Refugees, Race, and International Law's Choice Between Order and Justice." *American Journal of International Law* 116(4): 698-709.

Stel, N. 2021. *Hybrid Political Order and the Politics of Uncertainty: Refugee Governance in Lebanon*. London and New York: Routledge.

Sumadi, M. A., Alkhateeb, N. A., Alnsour, A. S. and Sumadi, M. 2023. "Perceptions and Attitudes Towards Syrian Refugee on Socioeconomic Sectors: Evidence from Jordan." *Journal of International Migration and Integration* 24: 865-884.

Pew Research Center. 2016. "Europeans Fear Wave of Refugees Will Mean More Terrorism, Fewer Jobs."

Turner, L. 2015. "Explaining the (Non-)Encampment of Syrian Refugees: Security, Class and the Labour Market in Lebanon and Jordan." *Mediterranean Politics* 20(3): 386-404.

기타 (미디어 및 기타 인터넷 자료)

Alzyoud, S., Alzyoud, F. and Shahin, D. 2023. "The Syrian Refugee Crisis and the Lebanese Response." *E-International Relations*. https://www.e-ir.info/2023/04/26/the-syrian-refugee-crisis-and-the-lebanese-response/ (검색일: 2025. 2. 6).

Arab Center Washington DC. 2022. "The Syrian Refugee Population around the Globe." (April 1). https://arabcenterdc.org/resource/syrian-refugee-population-around-the-globe/ (검색일: 2025. 2. 6).

Arab News. 2022. "UK employed 'double standards' over treatment of Ukrainian, Syrian refugees." (March 30). https://www.arabnews.com/node/2053586/world (검색일: 2025. 2. 6).

Bayoumi, M. 2022. "They are 'civilised' and 'look like us': the racist coverage of Ukraine." *The Guardian* (March 2). https://www.theguardian.com/commentisfree/2022/mar/02/civilised-european-look-like-us-racist-coverage-ukraine (검색일: 2025. 2. 6).

El-Nawawy, M. and Elmasry, M. H. 2023. "Worthy and Unworthy Refugees: Framing the Ukrainian and Syrian Refugee Crises in Elite American Newspapers." *Journalism Practice*. https://doi.org/10.1080/17512786.2024.2308527 (검색일자 2025. 2. 6).

France24. 2022. "Arabs decry 'racist' double standard in Ukraine media commentary." (March 1). https://www.france24.com/en/livenews/20220301-arabs-decry-racist-double-standard-in-ukraine-media-commentary (검색일: 2025. 2. 6).

Hamil-Stewart, C. 2022. "How Ukraine crisis laid bare Western biases, prejudices and double standards." (March 16). https://www.arabnews.com/node/2038816/media (검색일: 2025. 2. 6).

Human Rights Watch. 2023. "Lebanon: Armed Forces Summarily Deporting Syrians." (July 5). https://www.hrw.org/news/2023/07/05/lebanon-armed-forces-summarily-deporting-syrians (검색일: 2025. 2. 6).

Karasapan, O. 2022. "Syrian refugees in Jordan: A decade and counting." *Brookings* (January 27). https://www.brookings.edu/articles/syrian-refugees-in-jordan-a-decade-and-counting/ (검색일자 2025. 2. 6).

LEADERS Consortium. 2019. "Dignity at Stake Challenges to Accessing Decent Work in Lebanon." https://reliefweb.int/report/lebanon/dignity-stake-challenges-accessing-decent-work-lebanon (검색일: 2025. 2. 6).

Reilly, R. and Flynn, M. 2022. "The Ukraine Crisis Double Standards: Has Europe's Response to Refugees Changed?" *Global Detention Project* (March 2). https://www.globaldetentionproject.org/the-ukraine-crisis-double-standards-has-europes-response-to-refugees-changed (검색일: 2025. 2. 6).

Reliefweb. 2020. "Nine out of ten Syrian refugee families in Lebanon are now living in extreme poverty, UN study says." (December 18). https://reliefweb.int/report/lebanon/nine-out-ten-syrian-refugee-families-lebanon-are-now-living-extreme-poverty-un-study (검색일: 2025. 2. 6).

Sharma, G, 2022. "What do Syrians think about the welcome for Ukrainian refugees?" *Al-Jazeera* (March 31). https://www.aljazeera.com/news/2022/3/31/what-do-syrians-think-about-the-welcome-for-ukrainian-refugees (검색일: 2025. 2. 6).

Talaat, N. 2022. "Good refugee, bad refugee: Why media representation matters." *The New Arab* (March 10). https://www.newarab.com/analysis/good-refugee-bad-refugee-why-media-representation-matters (검색일: 2025. 2. 6).

Yasin, I. 2023. "The Syrian Refugee Crisis in Lebanon: Between Political Incitement and International Law." *Arab Center Washingtond DC.* https://arabcenterdc.org/resource/the-syrian-refugee-crisis-in-lebanon-between-political-incitement-and-international-law/#_ednref5 (검색일: 2025. 2. 6).

Akum, S. 2022. "Laji'un almanya...al-tamyyiz bayna al-ukraniyyin wa ghayrihim bil-qanun." *Al-Arabi al-Jadid* (May 20). https://bit.ly/49lINLO (검색일: 2025. 2. 6).

Al-Ghad TV. 2022. "Mufawwdiyyat al-laji'iyyin tahdhur min izdiwajiyyat al-ta'amul fi milaff al-muhajirin." (March 17). https://www.youtube.com/watch?v=q9XYxnOw65k (검색일: 2025. 2. 6).

Al-Hurra. 2022. "Taqrir yatahaddathu 'an asbab al-tarhib al-urubbi bil-farrin min ukrnaiya." (March 1). https://bit.ly/3XBGBsk (검색일: 2025. 2. 6).

Al-Husayni, S. 2023. "D. Saniah Al-Husayni: Al-ittihad al-urubbi wa al-kail bi-mikyalayn...Ukuraniya mathalan." *Ray al-Youm* (January 19). https://bit.ly/4nZTdUY (검색일: 2025. 2. 6).

Al-Jazeera. 2022. "New York Times: al-tarhib al-harr bil-laji'iyyn al-ukraniyyin yuthir al-ta'atuf wa al-huzn fi al-sharq al-awsat." (February 27). https://bit.ly/3Xyi5bw(검색일: 2025. 2. 6).

Arabic Post. 2022. "Hayawanat al-ukraninyyin tahza bil-daf', wa al-suriyyun fi al-'ara'..'unsuriyyat al-azmat tafdah urubba." (March 20). https://bit.ly/49IDpmj(검색일: 2025. 2. 6).

Kharishah, Ni. 2022. "Madha ya'ni an yakuna talib al-luju' ila urubba laysa abyad al-bashrah?" *Al-Hadath* (March 20). https://bit.ly/3LPhDTK (검

색일: 2025. 2. 6).

Laqra, H. 2022. "'Unsuriyyah baghidah fi 'izz al-harb." *Echroroq* (March 1).https://bit.ly/4oPognR (검색일: 2025. 2. 6).

Sky News Arabia. 2022a. "#Watha'iqat khassah: ahlan bi-ukraniya al-shaqra'.. insaniyyat ma'a waqf al-tanfidh." (March 2). https://www.youtube.com/watch?v=jF16o0Pt9TU (검색일: 2025. 2. 6).

Sky News Arabia. 2022b. "Bisabab "Mu'amalat al-laji'i al-ukrani"..urubba tahta wabl al-intiqadat." (March 11). https://bit.ly/4pmGjBL (검색일: 2025. 2. 6).

Yusuf, K. 2022. "Izdiwajiyyat al-ma'ayyir al-britaniyyah...al-azmah al-ukraniyyah takshif 'an tamyiz bayna al-laji'yyin." *Al-Araby al-Jadid* (June 26). https://bit.ly/48ba5Cy (검색일 2025. 2. 6).

Youtube. 2022a. "hakadha farraqat al-dinmark fi taamul bayna al-lajiin al-suriyyin wa al-ukraniyyin." *Al-Arabiya* (March 9). https://www.youtube.com/watch?v=wq2b8gR63b4 (검색일 2025. 2. 6).

Youtube. 2022b. "limadha yatimmu al-tafriqah bayna al-laji al-suri wa al-ukrani?" Al-Arabya (April 10). https://www.youtube.com/watch?v=hJwfocSgOjA (검색일 2025. 2. 6).

Ziadeh, R. 2022. "Al-laji'un al-suriyyun wa al-ma'ayyir al-muzdawwijah." *An-nas News* (April 30). https://bit.ly/48kT7mb (검색일: 2025. 2. 6).

제2부
주체로서의 난민의 이동과 생존 전략

• • • •

제7장

폴란드에 거주하는 우크라이나 난민 아동 교육과 사회 통합*

최아영

I. 머리말

우크라이나 전쟁 발발 이후 유럽에서 제2차 세계 대전 이후 최대 규모의 난민이 발생했다. 2025년 2월 기준 해외로 이주한 우크라이나 난민의 수는 680만 명으로 추산된다(UNHCR, 2025a). 우크라이나의 접경국 중 하나인 폴란드는 전쟁 초기 가장 많은 우크라이나인들을 수용했던 국가이다. 2025년 5월 14일 현재 폴란드에 등록된 난민의 수는 994,175명이다(UNHCR, 2025b). 2024년에 폴란드 정부가 발간한 자료에 따르면 우크라이나 난민의 63%는 여성이다(UNHCR, 2024). 전쟁 이후 징집 대상 남성들은 우크라이나를 떠날 수 없고, 기존에 폴란드에 거주하고 있던 우크라이나 남성들도 전쟁 이후 본국으로 돌아가는 경우가 있었기 때문에 여성의 숫자가 월등히 높다.

한편 주목할 것은 폴란드에 거주하고 있는 우크라이나 난민의 약 40%가

* 이 글은 『슬라브研究』 40-2 (2024)에 게재된 논문을 본서의 편집 취지에 맞도록 수정·보완한 것입니다.

18세 이하 아동이라는 사실이다(UNHCR, 2024). 난민 아동들이 전쟁을 피해 타국으로 이주한 이후 당면하게 되는 여러 도전 중에서 시급하고도 중요한 것은 예상치 않았던 이주로 인해 발생할 수밖에 없는 학습의 손실과 학교 안과 밖에서 겪어야 하는 심리적인 불안을 최소화하고, 현지 교육 시스템에 편입하여 적응하는 것이다. 에이거(A. Ager)와 스트랭(A. Strang)은 교육은 난민이 거주국 사회로 통합되는 것에 영향을 미치는 핵심 영역이며 난민 아동과 난민 학부모에게 학교는 거주국 사회 주민들과 접촉할 수 있는 중요한 장소로 경험되며 이들과의 관계는 난민 아동, 난민 부모의 사회 통합을 지원하는 중요한 역할을 한다고 밝히고 있다(Ager · Strang, 2008:172-173). 또한 난민 아동의 교육은 난민을 포함한 이주민들이 거주국 사회에 통합된 정도를 보여주는 지표이면서 거주국의 언어를 학습하고, 취업을 가능하게 함으로써 거주국 사회와 이주민을 더 넓게 연결하는 수단으로 작용한다(Ager · Strang, 2004:16).

이처럼 폴란드에 거주하는 우크라이나 난민의 40%가량이 18세 이하인 상황에서 난민 아동의 교육 이슈는 현재 폴란드에 거주하고 있는 우크라이나 난민의 거주국 사회 통합 수준을 보여주는 중요한 척도 중 하나가 될 수 있다. 이에 이 장은 폴란드가 우크라이나 난민의 보호와 난민 아동 교육을 위해 적용하고 있는 법과 제도를 살펴보고, 18세 이하 학령기의 우크라이나 난민 아동의 교육 형태와 그러한 교육의 형태를 추동한 원인을 분석하여 난민의 자녀 교육이 현재 폴란드에 거주하는 우크라이나 난민들의 거주국 사회 통합 수준과 어떤 관계에 있는가를 살펴보고자 한다. 이 글은 시기적으로는 2024년 9월 폴란드 정부가 우크라이나 난민 아동의 공교육 등록을 의무화하기 이전 시기의 상황에 초점을 맞추고 있다. 이로써 폴란드의 우크라이나 난민 수용 초기 대응 단계와 이들의 장기적인 사회 통합을 위한 새로운 전략으로 전환하는 단계 사이에서 나타난 폴란드 정부의 난민 아동에 대한 교육정책과 사회 통합을 위한 수단 그리고 결과로서의 난민 아동 교육의 현황을 포착하고자 한다.

이를 위해서 기존의 연구 문헌, 각 기관의 보고서 및 통계자료와 함께 필자가 2024년 2월 20일부터 2월 26일까지 폴란드 바르샤바에서 우크라이나

표 1 바르샤바의 우크라이나 난민과 난민 보호 기관 관계자 인터뷰 현황[1]

순번	코드	성별	일시	장소	출신 지역	비고
1	J. 보샹	여성	2024. 02. 20	바르샤바 UNHCR 폴란드	-	-
2	I1	여성	2024. 02. 20	글로벌엑스포센터 '러브 더스' (LOVE DOES) 학교	헤르손주	딸(7세)
3	I2	여성	2024. 02. 20	글로벌엑스포센터 '러브 더스' (LOVE DOES) 학교	오데사	딸(4세)
4	V1	여성	2024. 02. 20	글로벌엑스포센터 '러브 더스' (LOVE DOES) 학교	키이우	-
5	L1	여성	2024. 02. 21	바르샤바 가족지원센터	헤르손주	-
6	V2	여성	2024. 02. 21	바르샤바 가족지원센터	키이우	-
7	L2	여성	2024. 02. 21	바르샤바 가족지원센터	-	-
8	L3	여성	2024. 02. 21	바르샤바	자포리자	손자3 (19세, 10세, 9세)
9	A. 타라스	남성	2024. 02. 23	바르샤바 가족지원센터	리비우	자녀 없음
10	E	여성	2024. 02. 23	바르샤바 가족지원센터	이르핀 (키이우주)	딸(8세), 아들(5세)
11	T1	여성	2024. 02. 23	바르샤바 가족지원센터	테르노필주	딸(17세)
12	S1	여성	2024. 02. 23	바르샤바 가족지원센터	체르니히우	딸5명(17세, 11세, 10세, 2세, 6개월)
13	I3	여성	2024. 02. 23	바르샤바 가족지원센터	키이우	바르샤바 소재 우크라이나학교 '마테린카' 교사
14	M	여성	2024. 02. 24	바르샤바 가족지원센터	미콜라이우	아들(13세)
15	N1	여성	2024. 02. 24	바르샤바 가족지원센터	하르키우	딸2(8세, 10세)
16	T2	여성	2024. 02. 24	바르샤바 가족지원센터	자포리자	딸(15세)
17	O	여성	2024. 02. 24	바르샤바 가족지원센터	체르노빌주	딸3(18세, 7세, 6세), 아들(9세)
18	I4	여성	2024. 02. 24	바르샤바 가족지원센터	키이우	아들2 (19세, 15세)
19	N. 크로베츠	여성	2024. 02. 26	바르샤바 우크라이나학교 '마테린카'(Materynka)	세바스토폴	바르샤바 소재 '마테린카' 학교 교장
20	S2	남성	2024. 02. 26	바르샤바 소재 교회	오데사	딸(18세), 아들3 (15세, 9세, 4세)
21	N2	여성	2024. 02. 26	바르샤바 소재 교회	오데사	딸(18세), 아들3 (15세, 9세, 4세)

1 난민들의 신상을 보호하기 위해 개인정보는 최소화하였고, 인명은 기호로 처리했다.

난민 18인, 바르샤바에 있는 우크라이나 학교 관계자 1인, 난민 집단거주시설 관계자 1인, UNHCR Poland 관계자 1인을 대상으로 진행한 총 21건의 인터뷰 내용이 분석에 사용되었다. 난민 인터뷰는 주로 18세 이하의 자녀 또는 손주가 있는 우크라이나인들을 대상으로 하였으며 러시아어로 진행되었다. 인터뷰에 참여한 우크라이나 난민들은 1명을 제외하고 모두 여성이었고, 출신 지역을 살펴보면 전쟁의 피해가 큰 동부와 남부 지역 출신이 다수를 이루었다. 이는 2024년 1월 현재 EU에 거주하는 우크라이나 난민들의 출신 지역 중 동부(33.4%)와 남부(26.9%)가 60.3%로 다수를 차지한다는 기존 통계 수치에 부합한다(Mykhailyshyna et al., 2024: 35). 난민들과의 면담은 자녀의 폴란드 학교 입학 여부, 우크라이나 온라인 교육 현황, 난민 아동 교육의 연속성과 폴란드 교육환경, 그리고 향후 이주 계획에 관한 질문 등으로 구성되었다.

이와 함께 이 글에서 사용하는 '아동'의 범위는 폴란드와 우크라이나 법이 정하는 미성년자의 정의와 유엔아동권리협약 제1조의 정의와 유럽연합(European Union)의 임시보호지침(Temporary Protection Directive)에 근거하여 18세 이하로 한정한다.

II. 폴란드의 난민 보호 관련 정책과 제도

1. EU의 임시보호지침과 난민 보호 관련 국내법

폴란드는 1991년에 난민의 지위에 관한 협약과 난민의 지위에 관한 의정서에 서명하면서 국제 난민 보호 시스템에 합류했다. 폴란드는 2022년 2월 24일 우크라이나 전쟁 발발 이전까지는 난민들이 향하는 전통적인 난민 수용국은 아니었다. 오히려 사회주의 정권이 종식된 이후 한동안 자국민이 유럽의 다른 국가로 이주하는 경향을 보였던 송출국의 특성을 지니고 있었다. 이후 폴란드 정부는 인구 감소의 위기로 인한 발생한 노동시장의 공백을 채우기 위해서 우크라이나 출신 이주노동자 등 이민자들을 받아들이기 시작했다.

폴란드는 헌법 제56조에 따라 외국인은 폴란드에 망명할 권리를 가지며, 탄압으로부터 보호를 요청하는 외국인은 폴란드가 가입한 국제 협약에 따라 난민 신분을 부여받을 수 있음을 보장한다(SEJM, n.d). 난민 보호와 관련된 폴란드의 법과 제도들은 2000년대 초반 EU 가입을 준비하는 과정에서 정비된 측면이 있다. 2008년에 난민 보호에 관한 법률이 개정되어 난민협약에 따른 난민 지위를 획득할 수 없지만, 국제적 보호가 필요한 망명 신청자들도 포함하는 보충적 보호(complementary protection)로까지 난민에 대한 국제적 보호의 형태를 확장시켰다(Sobczak-Szelc et al., 2022: 25). 한편 2015년 법과정의당(PiS, Prawo i Sprawiedliwość)이 집권하면서 폴란드는 난민 이슈를 포함하여 EU법 우선의 원칙(Primacy of EU law)을 거부하면서 EU 지도부와 잦은 마찰을 빚었다. 법과정의당은 당시 의회 선거에서 중동 발 '난민 위기'를 호명하면서 폴란드에서 나가는 이주보다 들어오는 이민이 더욱 관심을 끄는 정치적 의제가 되었다(Zawadzka-Paluektau, 2023: 98). EU가 2015~2017년 시리아 내전 이후 이탈리아, 그리스 등에 집중적으로 유입된 시리아 난민을 회원국이 공동으로 관리하는 난민 분담 해법을 제시했을 당시 체코, 헝가리, 슬로바키아와 함께 비셰그라드 그룹(Visegrad Group)의 일원이었던 폴란드는 EU의 강제적이고 장기적인 난민 할당을 받아들일 수 없다고 선언했다(오정은, 2016: 9). 이렇듯 2015~2017년에 존재했던 폴란드의 반(反)난민 내러티브는 2022년 2월 24일 우크라이나 전쟁이 일어나면서 극적인 변화를 겪게 되었다.

EU는 2022년 3월 4일 전쟁을 피해 EU 회원국으로 유입된 우크라이나 난민을 보호하고 지원하기 위해서 임시보호지침을 발동시켰다. 임시보호지침은 EU가 이미 2001년에 대규모 난민 유입 가능성에 따라 만들어 놓은 것이었으나 우크라이나 전쟁으로 인해 유입된 난민들에게 최초로 적용되었다. 임시보호지침에 따라서 EU 회원국에 거주하는 우크라이나 난민들은 임시보호기간 연장권(4조), 체류권(8조), 취업권(12조), 주거, 복지, 의료지원 등 사회복지 접근권(13조), 18세 이하 미성년자에 대한 교육권(14조), 가족 재결합권 (15조), 난민신청권(17조), 은행개설권을 가진다(박선희, 2022: 206).

폴란드는 2022년 3월 12일 임시보호지침 집행을 위한 법적 근거가 되는 국내법인 "우크라이나 무력 분쟁 상황에서 우크라이나 국민 지원에 관한 법"(The Act on Assistance to Ukrainian Citizens in the Context of the Armed Conflict in Ukraine)을 제정했다. 이 법은 2022년 2월 24일 이후 폴란드로 유입된 우크라이나 국민에게 제공되는 법적 지위, 취업, 복지 혜택 등을 명시하고 있다. 이러한 우크라이나 국민지원법의 적용 시한은 당초 2024년 3월 4일이며, 일부의 경우 2024년 8월 31일, 또는 2024년 9월 30일까지 유효했으나, 폴란드 정부는 폴란드에 거주하는 우크라이나인들의 임시보호 적용 기간을 2025년 9월 30일까지 연장했다(European Pravda, 2024/6/10).

우크라이나 난민은 전쟁으로 인해 폴란드-우크라이나 국경을 넘어 입국한 직후 폴란드에 거주할 의향이 있는 경우 이를 폴란드 정부에 고지하고, 범용 전자 인구등록시스템인PESEL(Powszechny Elektroniczny System Ewidencji Ludności)에 등록하여 고유식별번호를 발급받아야 한다. 이때 'PESEL UKR'가 이들의 식별 표식이 된다. 이러한 과정을 거치면 상기한 법에 근거하여 취업, 의료, 교육 등의 내국인과 유사한 복지 혜택을 받는다. 우크라이나 국민이 폴란드에서 출국하여 30일 이상 해외에 체류하면 폴란드에서 임시 보호를 받을 수 있는 권리가 박탈되고 PESEL UKR도 취소된다.

이렇게 폴란드 거주 우크라이나인들의 공식적인 법적 지위는 '난민'이 아니라 임시보호지침에 따른 '임시보호대상자'이다.[2] 사실 우크라이나 '난민'은 1951년에 만들어진 난민의 지위에 관한 협약이 규정하는 전통적인 '난민'의 정의에는 포함되지 않는다. 이 협약은 전쟁으로 인하여 대규모로 타국으로 이주한 자들을 '난민'으로 규정하지 않기 때문이다. 그러나 1951년 난민협약 체

2 임시보호 외에도 폴란드를 비롯한 EU 회원국에 거주하는 우크라이나인 난민들은 난민 지위 또는 취업/학업/가족 비자를 신청할 수 있다. 그러나 현재 대부분의 우크라이나 난민들은 거주, 의료, 교육, 노동에 대한 접근을 보장하는 임시보호 상태를 유지하고자 한다. 따라서 EU의 임시보호 지침이 유효한 가운데 폴란드의 우크라이나 난민 중 난민 지위를 신청하거나 난민 지위를 인정받은 경우는 거의 관측되지 않고 있다.

결 이후 현대 세계에서는 전쟁이나 분쟁의 결과 대규모 강제이주민이 빈발하는 것이 현실이기 때문에 전쟁 이주민들을 협약상 정의와 난민 지위 획득 여부와 별개로 '난민'으로 지칭하는 것이 일반적이다. 따라서 이 장에서도 우크라이나 전쟁으로 폴란드로 이주한 전쟁 이주민인 우크라이나인을 우크라이나 '난민'으로 지칭한다.

EU 국가에 유입된 난민들의 2차 이동을 금하는 더블린 규약(Dublin Regulation)[3]이 우크라이나 난민에게 적용되지 않는다는 사실도 우크라이나 난민이 기존 전통적인 난민의 사례와 다른 점이라 할 수 있다. 우크라이나 난민은 EU가 최초로 2차 이동 제한을 두지 않은 사례다(박선희, 2022: 209). 이러한 현상은 필자가 우크라이나 난민과 행한 인터뷰를 통해서도 확인되었는데, 전쟁 이후 우크라이나인들의 폴란드 입국 경로가 다양했음을 알 수 있었다. 우크라이나에서 직접 폴란드로 입국한 경우도 있었지만, 먼저 루마니아 로 이동한 후 폴란드로 들어온 사례도 있었다. 이처럼 우크라이나 난민들은 EU 내부에서 비교적 자유롭게 이동하며 폴란드에서 거주하다가 다른 EU 회원국으로 이주하여 그 나라에서 임시보호지위를 신청하여 혜택을 받을 수 있게 되었다. 이러한 예외적인 상황으로 인해서 전쟁 직후 난민들이 우크라이나에서 가까운 폴란드에 입국한 이후 독일과 같은 임금 수준이 보다 높고 혜택이 더 많은 EU 국가로 이동하는 경향도 목격되고 있다.

2. 난민 아동 교육과 관련된 법과 제도

학습권은 그 어떤 상황에도 중단될 수 없는 아동의 소중한 권리이다. 여성과 아동이 압도적으로 다수인 폴란드에 거주하는 우크라이나 난민의 경우 자녀

3 더블린 규약은 난민신청자가 처음 도착한 국가에서 보호를 신청해야하며, 만일 난민이 다른 EU 국가에서 난민 신청을 하면 그들이 처음 입국한 국가로 송환되도록 규정하고 있다. 유럽 국가 여러 곳으로 이주하는 난민들의 이른바 '망명지 쇼핑'(Asylum Shopping)을 통해 특정 국가에 난민이 집중되는 것을 방지하기 위해 만들어진 것으로 1997년 발효되었다.

교육은 주거, 고용과 함께 전쟁으로 폴란드에 입국한 우크라이나 난민의 초기 정착에 영향을 주는 중요한 이슈이다.

아동의 권익을 규정하는 국제 조약으로 1989년 채택된 유엔아동권리협약(UN Convention on the Rights of the Child: CRC)이 있다. 폴란드는 최초로 1979년 유엔아동권리협약의 비전을 제시하며 법적 구속력을 가지는 이 협약의 초안을 작성했던 나라이다.[4] 이 협약은 난민 아동들의 권리도 명시하고 있다. 유엔아동권리협약 제22조에 따르면 아동이 난민 지위를 요청하거나 국제법이나 국내법에 따라 난민으로 여겨지는 아동이 부모나 다른 보호자의 동반 여부와 관계없이 해당 협약 및 해당 국가의 국제 인권 및 인도주의 관련 문서에 규정된 권리를 향유함에 있어 적절한 보호와 인도적 지원을 받을 수 있도록 상응하는 조치가 취해져야 한다고 명시되어 있다(국제아동인권센터, n.d: 8). 또한 상기 협약 제28조는 아동의 교육받을 권리를 명시하고 있는데, 모든 아동은 초등교육을 무상으로 받을 권리가 있고, 일반 및 직업교육을 비롯한 여러 형태의 중등교육 발전을 장려하고 모든 아동이 중등교육을 받을 수 있도록 하며 무상교육 도입 및 필요시 재정적 지원 제공 등 적절한 조치를 취해야 함을 규정하고 있다(국제아동인권센터, n.d: 13).

폴란드 헌법도 폴란드에 거주하는 모든 아동은 교육을 받을 권리가 있음을 명시하고 있다. 폴란드 헌법 제70조는 모든 사람은 교육을 받을 권리를 가지고 있고 18세 이하 국민은 의무교육을 받아야 함을 명시하고 있다(SEJM. n.d). 폴란드 교육법은 폴란드 국민뿐 아니라 비시민권자를 포함한 폴란드에 사는 모든 18세 이하 아동은 의무교육을 받아야 함을 규정하고 있다(The Gov-

---

4 폴란드의 소아과 의사이자 교육자이자 작가인 야누스 코르차크(Janus Korczak)가 아동을 권리의 주체로 보는 협약의 비전은 제시했고, 세계 어린이의 해(1979)를 맞아 폴란드 변호사 아담 로파트카(Adam Lopatka)가 UN아동권리협약의 초안 작성을 제안했다. "Poland and the Convention on the Rights of the Child: celebrating the vision of Janus Korczac that put child dignity first." https://violenceagainstchildren.un.org/news/poland-and-convention-rights-child-celebrating-vision-janus-korczac-put-child-dignity-first (검색일: 2024. 3. 20).

ernment of Poland. n.d). 폴란드의 우크라이나 국민지원법도 폴란드에 거주하는 18세 이하의 우크라이나 난민도 자국민과 동등하게 무상으로 공교육을 받을 수 있음을 보장하고 있다.

한편 다른 유럽연합 국가의 교육 시스템과 달리 폴란드는 이주민 수용과 교육 경험이 제한적이다(Herbst · Sitek, 2023: 576). 우크라이나 전쟁 이후 단기간에 집중적으로 유입된 다수의 난민 아동을 수용할 수 있는 교실과 교사 등 교육 인프라가 부족했고, 그것을 준비할 수 있는 시간과 재원도 한정적이었다. 따라서 임시보호지침이 규정하는 우크라이나어를 사용하는 보조교사 배치, 예비반 편성과 같은 추가적인 재정과 인력이 필요한 의무사항은 잘 지켜지지 않는 경우가 존재했다. 인터뷰에 참여했던 난민의 자녀가 다니는 학교에는 전교에 우크라이나어를 할 줄 아는 보조교사가 1명뿐이었고, 그나마 우크라이나어를 할 줄 아는 도서관 사서가 우크라이나 학생들과 부모들을 필요할 때 돕는 경우도 있었다.[5] 자녀가 다니는 폴란드 학교에 우크라이나어를 할 줄 아는 보조교사가 단 한 명도 없었다는 사례도 있었다.[6] 2022년 3월 7일 바르샤바에 처음 도착한 후 찾아간 폴란드 학교에서 1학년~4학년이 같은 교실에서 공부하는 것을 목격하고는 우크라이나 학교를 찾아 자녀들을 보내기도 했다.[7] 입국 초기 바르샤바 학교 정보에 대한 부족도 우크라이나 학부모들이 겪어야 했던 문제였다. 어느 학교가 얼마나 우크라이나 아동을 받아주는지 알 수 없어서 계속 학교를 찾아다니다가 3월 말이 되어서야 자녀를 학교에 입학시켰던 경우도 있었다.[8]

전례 없이 많은 난민 아동을 수용해야 했기 때문에 혼선은 불가피하게 발생하기도 했지만, 폴란드 정부는 2021~2022년 및 2022~2023학년도 초

---

5 O 인터뷰, 2024. 2. 24. 바르샤바 가족지원센터.

6 T1 인터뷰, 2024. 2. 23. 바르샤바 가족지원센터.

7 N1 인터뷰, 2024. 2. 24. 바르샤바 가족지원센터.

8 T1 인터뷰, 2024. 2. 23. 바르샤바 가족지원센터.

등학교 한 학급에 우크라이나 난민 학생이 4명 이상 있는 경우 1학년~3학년 정규반은 학생 정원을 늘리고, 부족한 교사를 충원하기 위해서 조기 퇴직한 교사들을 일선 교육 현장으로 다시 불러들이는 정책을 취하기도 했다(Herbst·Sitek, 2023: 576-578). 이렇듯 폴란드 정부는 우크라이나 난민을 폴란드 국민의 주민등록시스템인 PESEL에 등록시키고, 기존 공교육 시스템으로 난민 아동을 수용하는 정책을 시행하고 있다. 이것은 폴란드가 우크라이나 난민을 위한 별도의 보호 시스템을 만들지 않고, 자국민을 위한 복지 시스템을 그대로 난민에게도 동일하게 적용하는 전략을 취하고 있음을[9] 보여준다. 이는 장기적인 관점에서 난민 아동을 위한 별도의 교육 시스템을 만드는 것은 더 이상 효율적이지 않다는 유엔난민기구의 '2030 난민교육전략' (Education 2030: A Strategy for Refugee Education)과도 맥을 같이 한다고 볼 수 있다(UNHCR, 2019: 11).

III. 폴란드 거주 우크라이나 난민 아동 교육의 현황

2022~2023학년도 집계 기준으로 폴란드에 거주하는 18세 이하의 우크라이나 학령기 아동은 약 43만 명이었다. 이 가운데 약 56% 정도는 폴란드 학교에 다니지 않는다. 학년이 높아질수록 폴란드 학교에 다니는 우크라이나 난민 아동의 수는 줄어드는 경향을 보이는데, 중고등학생 연령 우크라이나 난민 아동의 78%가 폴란드 학교 시스템에 등록되어 있지 않다(UNHCR, 2023: 5). 이것은 폴란드의 우크라이나 난민 아동 교육이 가지는 가장 두드러지는 특성이라 할 수 있다. 폴란드 학교에 다니지 않는 상당수의 우크라이나 아동들은 우크라이나 학제에 따른 온라인/오프라인 교육을 받고 있으며 폴란드 학교에 출석하는 경우에도 우크라이나 학교 온라인 수업을 병행하는 경우가 적지 않다. 이렇듯

9 J. 보샹 인터뷰, 2024. 2. 23. 바르샤바 UNHCR 폴란드.

폴란드 학교에 등록하지 않은 우크라이나 난민 아동들은 어떠한 형태로 교육을 받고 있으며 이러한 현상의 원인은 어디에서 찾을 수 있는가를 살펴보도록 한다.

2024년 2월 현재 폴란드에 거주하는 우크라이나 출신 학령기 아동들은 폴란드 학교에 다니는 형태, 온라인으로 우크라이나 학교 교육을 받거나 폴란드 소재 우크라이나 학교에 다니는 형태 그리고 폴란드 학교에 다니면서 우크라이나 학교 온라인 교육을 병행하는 형태의 세 가지 방식으로 교육을 받고 있었다.[10]

1. 폴란드 학교를 통한 교육

18세 이하의 우크라이나 난민 아동들은 폴란드에서 무상으로 학교 교육을 받을 수 있다. 폴란드 학교에 등록하기 위해서는 거주지가 정해져야 하고, 거주지 기준으로 배정된 해당 학교에 대한 정보를 얻은 후 학교장과 면담을 거쳐 자녀의 입학과 학년을 결정해야 한다.

인터뷰에 참여했던 우크라이나인 중 자녀가 폴란드 학교에 등록하여 다니는 사례는 자녀가 저학년인 경우가 상대적으로 많았다. 폴란드 학교의 취학 전 예비 과정 또는 유치원 과정인 '제롭카'(zerowka)에 다니며 폴란드어를 익히고 1학년에 입학하거나, 초등학교 저학년인 자녀를 폴란드 학교에 입학시키는 경우이다. 아동의 나이가 어릴수록 폴란드어 습득이 쉽고, 현지 학교에서 수업 내용을 학습하는 것에 어려움을 보다 덜 경험하기 때문이다.

"7살인 셋째는 1년 동안 폴란드 유치원에 다닌 후에 폴란드 학교에 들어갔

10 인터뷰를 통해서 파악하게 된 폴란드 거주 우크라이나 난민 아동이 경험하는 세 가지 형태의 교육 방식은 2023년 EU 유럽위원회(European Commission)에서 작성한 우크라이나 난민 아동 교육 시스템의 탄력성에 대한 보고서(Resilience of education systems: what lessons can be learned from Ukraine?)에서도 유사한 형태로 보고되었다.

어요. 유치원 1년을 다니니까 곧잘 폴란드어를 했어요."[11]

"3학년인 둘째 손자는 처음에는 그렇게 폴란드 학교에 가기 싫다고 두 달 내내 울더니 이제는 잘 다니고 폴란드어도 잘하고 친구도 사귀었어요."[12]

이와 함께 우크라이나 학교 온라인 교육을 받기 어려운 환경이기 때문에 자녀를 폴란드 학교에 보내는 것을 선택하기도 한다. 양육자가 직장에 다니게 되면 자녀들이 가정에서 우크라이나 학교 온라인 교육을 받는 과정을 돌보고 관리할 수 없기 때문이다. 따라서 양육자의 퇴근 시간까지 자녀를 맡길 수 있는 방과 후 보육 과정이 개설된 폴란드 학교에 자녀들을 보내고 있었다.

"우리 아이는 원래 우크라이나 학교 원격교육으로 공부했는데 학기마다 시험만 봤어요. 이제 내가 직장에 다니게 되니 아이 옆에서 공부하는 것을 봐주지 못해요. 그래서 온라인 교육을 할 수 없어서 폴란드 학교에 보내고 있어요."[13]

폴란드 학교에 자녀를 보내는 또 다른 이유는 자녀가 전쟁 이전에 우크라이나에서 다니던 학교에서 온라인 수업이 더 이상 열리지 않기 때문이었다. 이런 경우 난민들의 출신 지역은 테르노필을 비롯한 우크라이나 서부 지역이었다.[14] 우크라이나의 서부는 동부와 남부에 비해 폭격 등 전쟁으로 인한 학교 건물의 파괴가 적어서 시간이 지나면서 온라인이 아닌 대면으로 수업을 진행하는 경우가 많기 때문이다.

한편 이처럼 우크라이나 학교 온라인 교육이 어려운 상황에서 대안으로

---

11 O 인터뷰, 2024. 2. 24. 바르샤바 가족지원센터.

12 L3 인터뷰, 2024. 2. 21. 바르샤바.

13 E 인터뷰, 2024. 2. 23. 바르샤바 가족지원센터.

14 T1 인터뷰, 2024. 2. 23. 바르샤바 가족지원센터.

자녀를 폴란드 학교에 보내는 경우도 있었지만, 전쟁이 끝나더라도 본국으로 돌아가기가 어렵거나 장기적으로 폴란드 체류를 염두에 두고 있어서 폴란드 학교를 선택하는 사례도 있었다. 헤르손주 출신의 한 우크라이나인은 자신의 집이 폭격으로 다 부서져서 이제는 고향으로 돌아갈 수 없다고 답했다.[15] 난민들의 출신지가 러시아군이 점령한 지역인 경우 우크라이나로 돌아가기가 쉽지 않다. 이러한 이유와 함께 종전이 지연되면서 폴란드에 장기적으로 거주하는 것을 고려하며 폴란드 학교에서 자녀들을 교육하는 방식을 선택하는 경우도 생겨나고 있다.

> "처음에는 우크라이나로 돌아갈 계획이었거든요. 어쨌든 상황이 나아져서 전쟁이 끝날 거라고 예상했지만 전쟁은 안 끝나고 있어요. 그래서 앞으로 꽤 오랫동안 전쟁이 끝나지 않을 수도 있다는 생각을 하고 있어요. 그럼 아이들은 폴란드라는 환경에서 자라고 있는데 우크라이나 학교에 다니는 것이 의미가 없잖아요. 그래서 작년 9월부터는 아이를 폴란드 학교에 보내기 시작했어요. 그곳에서 공부 잘하고 있어요."[16]

"아이들이 폴란드 학교에 다니고 있어서 전쟁이 끝나도 곧장 아이들 모두 데리고 우크라이나로 돌아갈 수는 없을 거 같아요. 그곳 상황을 모르니까요. 게다가 나는 남편이 없어서 혼자 아이 4명을 길러야 하니 무턱대고 우크라이나로 돌아갈 수도 없어요. 여기 있으면 아이 3명 양육보조금을 폴란드 정부로부터 받아요."[17]

---

15 L1 인터뷰, 2024. 2. 21. 바르샤바 가족지원센터.

16 N1 인터뷰, 2024. 2. 24. 바르샤바 가족지원센터.

17 O 인터뷰, 2024. 2. 24. 바르샤바 가족지원센터.

2. 우크라이나 학교 온라인 교육 또는 오프라인 교육

바르샤바에 거주하는 우크라이나 난민 학부모들이 자녀를 폴란드 학교에 보내지 않는 경우 선택할 수 있는 자녀 교육의 형태는 우크라이나 학교 온라인 교육(홈스쿨링, 원격수업) 또는 자녀를 바르샤바에 있는 우크라이나 학교에 보내는 것이다.

전쟁 초기 우크라이나에서 모든 학교는 2주간의 강제 휴교령을 내렸다(홍석우, 2024: 241). 전쟁 시작 후 2~6주 사이 우크라이나 전체 학교의 최대 92%가 온라인 교육으로 전환되었다(Alieva · Nechitailo, 2023: 14). 러시아와의 전쟁에서 우크라이나의 학교 중 3428개 학교가 피해를 입었고, 그중 365개는 완전히 파괴되었다(Save schools. n.d). 이렇듯 대규모 교육 인프라의 손실이 발생하여 피해가 심한 지역에서는 온라인으로 수업을 진행하여 우크라이나 국내에서 이주한 국내실향민과 외국으로 떠난 난민 아동들이 Google Classroom, Zoom, Viber 등 온라인 플랫폼을 통해 학습하고 있다.

폴란드의 우크라이나 난민들이 자녀들의 학습을 위해 우크라이나 온라인 교육을 선택하는 이유는 무엇보다 우크라이나로 돌아가야 한다는 판단 때문이다. 이와 함께 우크라이나와 폴란드 사이의 학제 차이에서도 기인한다. 폴란드 학제는 12년제 또는 13년제이지만 우크라이나는 11년제이다. 폴란드는 1학년에서 8학년의 초등학교 과정을 마치면 시험을 본 후 중고등학교 과정이 시작되는데 대학 진학에 방향을 맞춘 리체이(liceum)에서 4년 또는 전문 직업교육에 초점을 맞춘 테흐니쿰(technikum)에서 5년 동안 공부해야 한다. 또한 우크라이나는 취학 연령이 6세부터 시작하지만, 폴란드는 7세부터 입학이 가능하다.

이러한 상황에서 우크라이나 아동은 폴란드 학교에서 종종 우크라이나에서 다니던 학교의 학년보다 낮은 학년에 배정받거나, 우크라이나 학교와 같은 학년으로 입학하는 경우 자신보다 1살 많은 폴란드 아동들과 공부해야 하는 경우가 많다. 폴란드 학교에서 우크라이나 아동들의 학년을 1년씩 낮추어 배정하는 것은 학제의 차이에서 기인하기도 하지만, 폴란드어를 모르는 상태로 높은 학년에서 학습할 경우 아동들의 학습 부진이 더욱 커지기 때문이기도 하다. 그러나 우크라이나 학부모들은 이런 경우 1년을 '버려지는' 시간으로 간주하여 때로는 폴란드 학교를 떠나서 우크라이나 온라인 교육을 선택하기도 한다.[18] 우크라이나 난민 학생들의 학년을 정하는 것에 대한 폴란드의 통일된 국가적인 지침이 확고하지 않은 상황에서 학교장의 재량에 따라 학년이 결정되기 때문에 혼란이 발생하기도 한다.

이와 함께, 우크라이나의 온라인 학교를 선택하는 사례는 자녀가 고학년일수록 더 자주 나타난다. 이는 언어 습득 문제와 밀접하게 관련되어 있는데, 학년이 높을수록 폴란드어 습득이 어려워 폴란드 학교 수업을 이해하는 데 큰 부담을 느끼기 때문이다. 또한 우크라이나 학제로는 중고등학교 과정이 10, 11학년으로 2년이지만, 폴란드는 4년 또는 5년이기 때문에 자녀가 고학년인 경우 우크라이나 온라인 교육을 통해 중고등학교를 졸업한 후 바르샤바에서 대학에 진학하는 경우도 있다. 우크라이나인 자녀들은 일정 수준의 폴란드어 구사 능력만 갖추면 서류전형을 통해 대학입학시험인 '마투라'(matura)를 치르지 않고도 대학교 진학이 가능하기 때문이다. 한편 온라인 교육으로 우크라이나의 9학년 과정까지 마친 후 폴란드의 중고등학교에 진학하는 경우도 있었다.[19]

한편 학제의 차이에서 오는 어려움 외에도 폴란드어를 잘 구사하지 못하는 자녀들이 학교에서 폴란드 아동으로부터 따돌림이나 차별을 당함으로써 받는 스트레스로 인해 폴란드 학교 교육을 중단하고 우크라이나 학교로 보내는 것을 선택하기도 했다.

> "난 선택을 해야 했어요. 아이가 수업시간에 아무것도 이해하지 못하는 폴란드 학교로 계속 아이를 보내야 할 것인가? 결국 우리 아이들이 우리 선생

18 T1 인터뷰, 2024. 2. 23. 바르샤바 가족지원센터.

19 N2 인터뷰, 2024. 2. 26. 바르샤바 소재 교회.

님들에게 배우는 우크라이나 학교로 보내기로 했어요. 아이가 스트레스를 덜 받도록 충돌 상황이 없는 학교로요. 우리 아이는 언어 장애가 생겨서 우크라이나어 언어 치료 과정이 있는 학교가 필요했어요."[20]

"처음에는 아이들을 많이 폴란드 학교로 보냈다가 포기하고 나오는 경우가 많아요. 못된 아이들은 어디든 있잖아요. 그래서 이곳에 있는 학교로 오거나 온라인 교육을 받기도 하죠. 크림에서 온 내 손녀도 폴란드 학교에 다니는데 자기 반에서 우크라이나 사람이 자기 혼자라서 학교 가기 싫어해요."[21]

"유감스럽게도 난민을 대하는 폴란드인들의 시각이 예전과 달라졌습니다. 경제, 정치적인 이유에서죠. 폴란드가 경험하고 있는 경제 문제의 원인을 우크라이나 난민들에서 찾는 경우가 있어요. 우리 센터 아이들이 유니세프에서 준 가방을 메고 학교에 가면 놀림과 따돌림을 당하기도 합니다. 또 얼마 전까지 출입증으로 손목에 고무 밴드를 하고 다녔거든요. 그것도 학교에서 따돌림을 당하는 이유가 됐죠."[22]

2023년에 불거진 우크라이나와 폴란드 간의 곡물 수입 문제를 둘러싼 갈등과 함께 폴란드 경제가 고전하면서 폴란드인들이 우크라이나 난민을 바라보는 시각이 난민 유입 초기에 비해서 다소 냉랭해진 것을 인터뷰에 참여했던 보는 우크라이나인들은 인식하고 있었다. 대다수의 폴란드인들은 여전히 우크라이나 난민 수용을 지지하지만, 이러한 인식을 공유하는 사람들의 비율은 점점 낮아지고 있다. 2022년 2월 전쟁 발발 당시 폴란드 국민의 90% 이상

20 I1 인터뷰, 2024. 2. 20. 바르샤바 글로벌엑스포센터 '러브 더스' (LOVE DOES) 학교.

21 V1 인터뷰, 2024. 2. 20. 바르샤바 글로벌엑스포센터 '러브 더스' (LOVE DOES) 학교.

22 A. 타라스 인터뷰, 2024. 2. 23. 바르샤바 가족지원센터.

이 우크라이나 난민 수용을 환영했지만, 2023년 4월 현재 이는 73%로 하락했다(CBOS, 2023: 1).

또한 폴란드가 극심한 인플레이션 등 경제적인 위기도 폴란드에 거주하는 우크라이나 난민에 대한 정책에 영향을 미치고 있다. 2023년 3월 우크라이나 국민 지원에 관한 법을 개정해서 폴란드에 120일 이상 체류한 우크라이나 난민들이 기존에는 무료였던 집단 숙박시설(난민 캠프 등) 숙박비의 50%를 부담하도록 하고 있다(Reliefweb, 2023). 인터뷰가 진행되었던 바르샤바 소재 우크라이나 난민들의 집단거주시설인 글로벌 엑스포와 바르샤바 가족지원센터도 이러한 규정에 따라 거주민들에게 유료로 서비스를 전환하면서 이곳에 거주하던 우크라이나인들이 다른 숙소를 찾아 이주하거나, 우크라이나로 돌아간 경우도 발생하고 있다.

학생뿐 아니라 폴란드어를 모르는 학부모들이 받는 스트레스로 인해 우크라이나 학교를 찾는 경우도 있었다.

그림 1 2024년 2월 바르샤바 시내 중심가에서 열린 폴란드 농민들의 시위 집회
출처: 필자 촬영

"학교에서 아이 입학서류를 폴란드어로 쓰라고 했는데, 난 폴란드어를 못하는데도 계속 폴란드어로만 쓰라고 했어요. 결국은 폴란드어 할 줄 아는 사람을 데려오라고 했어요. 하도 속상해서 오는 내내 울다가 결국 아이를 우크라이나 학교로 보내기로 했어요."[23]

우크라이나 온라인 교육을 선택하는 또 다른 원인은 폴란드에 거주하더라도 자녀를 동반하고 우크라이나에 왕래하는 경우가 적지 않기 때문이다. 가족을 만나러 가거나, 의약품 등 필요한 물품을 구매하러 우크라이나에 단기로 다녀오는 경우도 드물지 않았다.

한편 우크라이나 공립학교의 온라인 교육은 여러 한계를 가지고 있다. 우크라이나의 전력 수급이 불안정하기 때문에 정전이 되는 경우, 공습경보가 울리면 무조건 수업을 중단하고 방공호에 피신하는 경우 등 수업이 중단될 때가 많다. 이런 경우를 피해서 자녀들을 위해서 우크라이나 사립학교에서 운영하는 유료 온라인 교육 시스템을 이용하기도 했다. 사립학교 온라인 교육은 교사와 제작자들이 모두 학교가 있던 우크라이나 지역을 떠나 보다 안전한 해외 여러 지역에서 수업을 운영하기 때문에 공립학교 온라인 교육이 가진 문제점들을 보완한다.[24]

한편 학생의 수업 집중도와 학습의 연속성과 같은 온라인 수업이 가지는 한계로 인해 자녀들을 바르샤바에 있는 우크라이나 학제대로 운영되는 우크라이나 학교에 입학시키는 경우도 있다.

바르샤바의 우크라이나 학교는 전쟁 이전에 바르샤바에 이미 존재했던 우크라이나인들을 위한 학교, 전쟁 이후 우크라이나에서 바르샤바로 이전한 학교, 해외재단, NGO 등이 세운 학교 등으로 구분할 수 있다. 학부모들로부터 받는 수업료로 운영되는 학교가 있고, NGO나 해외재단의 후원으로 무료

23 I2 인터뷰, 2024. 2. 20. 바르샤바 글로벌엑스포센터 '러브 더스' (LOVE DOES) 학교.

24 N2 인터뷰, 2024. 2. 26. 바르샤바 시내 교회.

로 운영되는 학교도 존재한다.

바르샤바 시내에 위치한 '마테린카' 학교(Ukrainian Center for Education 'Materynka')[25]는 2016년에 개교한 우크라이나 정부가 인증한 학교이며, 2024년 2월 현재 1학년~11학년 학생 약 1000명이 공부하고 있다. 전쟁 이전에는 주말 학교의 형식으로 운영되었다가 전쟁 이후 전 학년이 개설된 정규과정을 유료로 운영하고 있다. 모든 수업은 우크라이나어로만 진행된다. 수업 외에도 우크라이나의 국경일과 명절에 문화 행사를 개최하여 전쟁으로 해외에 거주하는 아동이 우크라이나인으로서의 정체성을 잊지 않도록 교육하고 있다.

필자가 이 학교를 방문했던 시기는 우크라이나 전쟁 2주년이 된 날과 맞닿아 있었는데 학생들이 모여서 2014년부터 현재까지 우크라이나가 경험하고 있는 러시아와의 분쟁을 담은 영상을 함께 시청한 후 묵념하고 시를 낭송하는 행사를 진행했다. 이 학교는 우크라이나 학교이지만 폴란드에 거주해야 하는 아이들의 폴란드 사회로의 통합을 돕기 위해서 폴란드어 교육을 하고, 폴란드의 초등학교, 중고등학교 및 대학교와 박물관과 협력하여 견학과 체험 프로그램을 진행하고 있다.[26]

또 하나의 바르샤바에 위치한 우크라이나 학교인 '러브 더스'(Love does) 학교는 분쟁지역 아동 교육을 지원하는 미국 NGO가 2023년 1월 우크라이나 난민 아동 교육을 위해 세운 무료로 운영되는 학교로서 난민들의 집단 숙소 안에 자리하고 있다. 미국 단체가 만든 학교이지만 우크라이나 정부가 인정하는 학제로 운영이 되고, 교사의 대부분은 우크라이나에서 전쟁 이전에 학교에서 교사로 근무한 경력을 지니고 있다. 러브 더스 학교는 여러 학년이 같은 반에서 공부하는 통합반의 형태로 운영되고 있다. 전쟁으로 인한 트라우마를 겪고 있는 아동을 위한 심리 치료가 이루어지고 있고, 남편이 전사한 아내들을

25 바르샤바 외에도 포즈난, 카토비체, 그단스크에도 마테린카 학교가 있다.

26 N. 크로베츠 인터뷰, 2024. 2. 26. 바르샤바 우크라이나학교 '마테린카'(Materynka).

위로하는 행사도 열고 있다.[27]

마테린카 학교와 러브 더스 학교 모두 우크라이나 정부가 인정하는 학제로 운영되지만, 우크라이나 정부로부터 받는 지원은 없다. 심지어 교과서마저 교사들이 직접 공수해서 사용하기도 한다.

3. 폴란드 학교 교육과 우크라이나 학교 온라인 교육의 병행

비공식적 집계에 따르면, 폴란드 학교에 재학 중인 우크라이나 아동의 약 3명 중 1명은 우크라이나 학교의 온라인 수업을 병행하고 있다(UNICEF, 2023). 이는 폴란드에 거주하는 이상 폴란드어 습득을 위해 현지 학교에 보내야 하지만, 동시에 우크라이나 학교 교육을 중단할 수 없다는 부모들의 판단이 맞물린 결과로 볼 수 있다. 이러한 병행·혼합 방식은 아동에게 이중의 학습 부담을 주고 있지만, 학부모들은 자녀가 우크라이나로 돌아갈 가능성을 염두에 두고 우크라이나를 잊지 않고 성장하기를 바라는 마음에서 이러한 교육 경로를 선택한다.

> "우크라이나 교육도 필요하니까요. 전쟁이 끝나면 우크라이나로 갈 건데 그러면 폴란드에서 배운 것은 그렇게 필요가 없잖아요. 우크라이나 교육을 받아야죠. 난 아이들이 우크라이나어로 글을 읽고 쓰는 걸 잊어버리지 않았으면 좋겠어요."[28]

> "아이가 힘들어하지만 두 가지를 같이 할 수밖에 없는 이유는 우리는 지금 우크라이나 학교를 포기할 수 없기 때문이에요. 우리가 여기서 어떻게 될지 모르니까요. 여기서 계속 살게 될지 아니면 그럴 수 없게 될지 모르니까요. 만일 우크라이나로 돌아간다면 우크라이나 학제를 따라야 하니까 여기 폴

27 I1 인터뷰, 2024. 2. 20. 바르샤바 글로벌엑스포센터 '러브 더스' (LOVE DOES) 학교.

28 T2 인터뷰, 2024. 2. 24. 바르샤바 가족지원센터.

란드 학교 교육도 받으면서 우크라이나 온라인 학습도 해야 해요"[29]

폴란드 학교 교육과 우크라이나 학교 교육을 온라인으로 병행하는 방식은 인터뷰에 참여했던 난민들의 자녀 교육 형태 중 가장 자주 언급되었던 방식이었다. 이러한 교육 형태는 폴란드에 임시보호대상자로 거주하는 우크라이나인들이 법적 지위 유지가 불투명한 상황에서 내릴 수 있는 가장 현실적인 자녀교육 형식이라고 볼 수 있다.

IV. 폴란드 거주 우크라이나 난민 아동의 교육과 사회 통합과의 관계

드라이든-피터슨(Dryden-Peterson)등은 난민의 거주국 사회 통합에 중요한 요소인 난민 아동 교육을 거주국 국가교육시스템으로 수용할 때 나타나는 현상을 "포용하지 않음(no inclusion)-부분적 포용-완전한 포용(full inclusion)"이라는 모델로 범주화했다. '포용하지 않음'의 경우 거주국 정부는 공교육의 틀 밖에서 난민 아동 교육을 개별적으로 허용하는 반면, '완전한 포용'의 모델은 난민 아동과 자국 아동을 동일한 공간과 환경에서 교육받을 수 있는 제도를 구축한다(Dryden-Peterson et al., 2019: 353-357). 이러한 모델에 따르면 기존의 폴란드 주민등록제도인 PESEL 시스템을 통해서 자국민과 동일하게 교육 및 복지 혜택을 누리도록 개방했던 폴란드는 우크라이나 난민 유입 초기부터 교육을 통해서 우크라이나인들의 자국 사회로의 포용과 통합을 지향했음을 볼 수 있다. 같은 슬라브 계통의 민족이며 기독교적 전통과 문화도 공유할 뿐만 아니라 자국 안보를 위해 러시아를 견제해야 하는 지정학적 이해관계로 인해 우크라이나 난민들은 폴란드 사회의 환영을 받으며 수용되었다.

그러나 이러한 전략에도 불구하고 폴란드에 거주하는 우크라이나 난

29 O 인터뷰, 2024. 2. 24. 바르샤바 가족지원센터.

민 아동의 절반 이상이 폴란드 공식 교육 시스템에 편입되지 않았다. 폴란드에 거주하는 기간이 지속되는 상황에서도 거주국 학교에 자녀를 보내지 않는 현실은 폴란드 정부의 입장에서 볼 때 사회 통합을 지연시키는 중대한 요소로 작동할 수 있다. 난민의 출신 국가 중심으로 이루어지는 교육은 난민 아동이 경험하는 언어장벽을 심화시키고, 제한된 정보를 습득할 수밖에 없기 때문에 거주국 사회에 대한 지식 부족으로 이어져서 결국 거주국이 제공하는 다양한 기회에 접근하는 것을 어렵게 만드는 문제점을 가지고 있기 때문이다(Dryden-Peterson et al., 2019: 349). 또한 해외에서 우크라이나 학교에 다니는 난민 아동일수록 우크라이나로 돌아가기를 원하는 경향이 강하기 때문에 거주국 사회로의 통합에 어려움이 존재한다. 해외에서 우크라이나 학교만 다니는 난민 아동의 경우 우크라이나로 돌아가기를 원하는 비율이 72%로 가장 많았고, 현지 학교만 출석하는 경우는 이런 비율이 43%로 가장 낮았다(Mykhailyshyna et al., 2024: 54).

지금까지 폴란드 정부는 우크라이나 아동들도 폴란드 학교에 다닐 권리가 있음을 지속적으로 강조해 왔으나(EUAA, 2022), 동시에 전쟁 초기부터 2024년 상반기까지 폴란드 학교에 다니지 않는 우크라이나 아동들도 보호와 지원에서 배제하지 않고 존중하며, 점진적으로 폴란드 학교의 테두리 안으로 이끌어가는 경향을 보였다. 18세 이하의 폴란드에 거주하는 모든 아동들은 학교에 다녀야 하는 의무를 가지고 있지만, 우크라이나 국민지원법 제54조에 따라 우크라이나 국적을 가지고 있고, 우크라이나의 공식 온라인 교육에 참여하는 아동은 폴란드의 유치원과 초등학교 교육의 의무에서 제외되었다. 자녀에게 우크라이나 학교 교육을 제공하기를 원한다면 이에 대한 진술서를 관할 관청에 통보하면 그것이 허용되었다(Herbst · Sitek, 2023: 577-578).

한편 전쟁이 장기화되고 우크라이나 난민들의 폴란드 체류 기간이 길어지면서 자국의 교육 시스템에 편입되지 않은 우크라이나 난민 아동 교육 문제에 대한 폴란드 정부의 접근법에도 변화가 관측되고 있다. 2024년 4월 폴란드 교육부는 2024년 9월부터 폴란드에 거주하는 우크라이나 난민 아동의 폴란드 학교 등록을 의무화하기로 결정했다(Notes from Poland, 2024). 이와 함께 2024년 5월 국회에서 승인되어 개정된 우크라이나 국민지원법에서도 폴란드 정부의 우크라이나 난민 아동에 대한 정책 변화를 찾아볼 수 있다. 개정된 법의 우크라이나 난민 아동과 교육에 대한 부분을 통해서 폴란드 교육 당국의 우크라이나 난민 아동에 대한 관리가 엄격해지고 있는 경향을 감지할 수 있다. 그동안 폴란드에 거주하는 우크라이나 난민들이 PESEL 등록 시 12세 이하 아동은 직접 출석해서 지문을 채취해야 하는 의무가 없었으나, 개정된 법에 따르면 2024년 7월부터 6세 이상의 모든 우크라이나 아동은 의무적으로 생체정보를 PESEL 데이터베이스에 등록해야 한다. 또한 폴란드 학교에 다니는 우크라이나 아동들이 추가로 무료 폴란드어 수업에 참여할 수 있는 기간은 24개월에서 36개월로 연장되었다(Visit Ukraine. 2024b). 이와 함께 법 개정 이전까지는 18세 이하의 자녀가 있는 경우 폴란드 국민과 동일하게 우크라이나 난민들도 미성년 자녀 1인당 매월 800즈워티의 국가 양육 보조금(Rodzina 800+ program)을 수령할 수 있지만, 개정된 법에 따라 보조금 지급은 우크라이나 난민 자녀가 폴란드 유치원이나 학교에 다니는 경우로만 한정된다(Hodunova, 2024).

이러한 정책의 변화는 전쟁이 장기화되면서 초기 대응에서 장기적인 통합 전략으로 전환하려는 폴란드 정부의 의지를 드러낸다. 또한 독일과 같이 폴란드보다 경제 여건이 좋은 국가로 재이주하거나 자국으로 귀환하는 우크라이나 난민들이 늘어나는 상황과도 무관하지 않다. 인구 감소와 산업 인력 부족의 문제를 겪고 있는 폴란드에게 있어서 교육 수준이 비교적 높은 우크라이나인들은 놓칠 수 없는 인적 자원으로 인식되고 있기 때문이다. 이렇게 폴란드 정부는 난민 아동의 폴란드 공교육 편입 이슈에 더욱 집중하면서 자녀 교육 방식을 전환하여 폴란드 사회에 더 깊숙하게 통합되고자 하는 우크라이나인들에게만 기존의 난민 아동에 대한 복지 혜택을 유지하거나 증가시키는 방식을 취하면서 난민 아동, 그리고 그들의 부모들을 폴란드 사회로 더욱 깊이 수용하고자 하는 의지를 뚜렷하게 드러내고 있다.

한편 우크라이나 난민들의 폴란드 체류 기간이 늘어나고 있음에도 불구하고 폴란드 학교에 자녀를 보내지 않고 우크라이나 학교의 온/오프라인 교육을 유지하는 현상은 지속되고 있다. 앞의 Ⅲ장에서 살펴보았듯이 이에 대해서는 여러 원인이 존재하지만 가장 근본적인 원인은 전쟁이 계속되고 있는 상황에서 우크라이나 난민들 가운데 폴란드를 정착지로 여기지 않고, 전쟁이 끝나면 우크라이나로 돌아가기를 원하는 경향이 아직은 상대적으로 뚜렷하기 때문이다. 폴란드중앙은행(Narodowy Bank Polski)이 2022년 11월 폴란드에 거주하는 3,934명의 우크라이나인들을 대상으로 실시한 설문조사에 따르면 전쟁 이후 입국한 사람 중 "전쟁이 끝나면 3개월 이내에 우크라이나로 돌아가겠다"고 답한 사람의 비율은 응답자는 59%였다(Chmielewska-Kalińska et al.,2023: 23). 전쟁 발발 이후 폴란드로 온 이유도 우크라이나에서 가까워서 전쟁이 끝나면 쉽게 돌아갈 수 있기 때문이었다.[30]

폴란드 정착 여부를 묻는 질문에 대해서는 전쟁 이후에 들어온 우크라이나인의 49%가 "대답하기 어렵다"라고 답했다. 폴란드 영구 정착을 아직 결정하기 어렵고, 동시에 종전이 되어도 곧 우크라이나로 귀환하기를 꺼려하는 사람도 41%나 되는 이 설문조사의 결과는(Chmielewska-Kalińska et al., 2023: 23) 폴란드에 거주하는 우크라이나 난민의 향후 이주 또는 잔류에 대한 계획에 불확실성이 지배적이라는 사실을 보여준다. 이러한 불확실성은 난민 아동들이 폴란드 학교 시스템에 들어가 있지만 우크라이나 학교 교육도 포기하지 못하며 이를 병행하는 이중의 교육 형태를 낳고 있다.

이러한 불확실성을 야기하는 원인 중 하나는 우선 폴란드에서 우크라이나 난민들의 불안정한 법적 지위라고 볼 수 있다. 이들의 법적 지위는 타국으로 이주하지 않는 한 안정적으로 체류가 보장되는 '난민 지위를 인정받은 자'가 아닌 최대 보호기간이 정해진 '임시보호대상자'이다. 물론 의사, 간호사, 사업가 등 폴란드가 필요로 하는 몇 가지 조건을 충족하는 경우 임시보호

30 E 인터뷰, 2024. 2. 23. 바르샤바 가족지원센터.

가 아닌 임시 거주 허가증(Karta pobytu)을 발급 받을 수도 있다(Visit Ukraine, 2024a). 그러나 이것은 현재 PESEL UKR 지위를 가지고 있는 우크라이나인 중 소수만이 활용할 수 있는 제도이다.

대다수의 폴란드의 우크라이나인들은 임시보호가 종료된 후에도 전쟁이 지속되거나, 우크라이나로 돌아갈 의향이 없다면 난민 지위를 신청하거나, 폴란드 이민법에 따라 체류해야 할 것이다(Mykhailyshyna et al., 2024: 25). 또는 폴란드 체류를 중단하고, 본국으로 돌아가거나 경제 수준이 더 높거나 안정적인 체류자격을 보장하는 제3의 국가로 재이주할 수도 있다. 이러한 법적 지위와 체류자격에 대한 불확실성으로 인한 이주 가능성은 난민들의 자녀 교육에도 영향을 미치고 있고, 이는 폴란드에서 우크라이나 온/오프라인 교육을 받는 아동, 폴란드 학교 교육과 우크라이나 교육을 병행하는 아동의 비율이 낮지 않은 것으로 나타나고 있다. 우크라이나 학교 온라인 교육은 자국의 교육을 받을 수 있다는 것과 함께 이동성이라는 측면에서 이들에게 유용하다.

이와 함께 전쟁이 길어지고 있는 현실도 폴란드에 거주하는 우크라이나 난민의 자녀 교육 형태에도 영향을 미치고 있음을 볼 수 있다. 인터뷰 과정에서 우크라이나 온라인 교육을 선택한 이유 중에서 많은 사람이 언급했던 것은 "전쟁이 몇 주면 끝날 줄 알았기 때문"이었다. 그러나 앞의 Ⅲ장에서 살펴본 것처럼 전쟁이 지속되어 이들이 폴란드에 머무는 시간이 길어지면서 우크라이나 학교 교육을 선택했던 학부모들의 전략에 변화가 감지되고 있다. 폴란드에 거주하는 시간이 길어질수록 우크라이나 학교 교육을 중단하고 폴란드 학교에서 자녀들을 교육하기로 선택하는 경우가 늘어나고 있다.

여전히 우크라이나에 돌아가겠다는 경향이 주류를 이루고 있지만, 전쟁이 길어지면서 이전 시기에 비해서 우크라이나로 돌아가기를 원하는 난민의 비율이 점차 줄어드는 추세를 보이고 있다. 폴란드를 포함한 EU 주요 국가와 영국, 미국, 캐나다 등에 거주하는 우크라이나 난민을 대상으로 2023년 12월~2024년 1월에 수행한 설문조사 결과 전쟁이 끝나면 반드시 우크라이나로 돌아갈 계획이라고 응답한 사람의 비율이 1년 전에 같은 형식으로 수행한 설문조사 결과보다 20% 이상 감소했다(Mykhailyshyna et al., 2024: 47).

종전이 이루어질 경우 우크라이나인들은 더 이상 '난민'이 아니기 때문에 본국으로 돌아가겠다고 말한 응답자들이 다수인 가운데 적지 않은 수의 우크라이나인들은 전쟁이 끝나도 우크라이나로 돌아가지 않거나 자신은 돌아가더라도 교육을 위해서 자녀를 바르샤바에 남겨놓을 것이라 답했다.

"난 큰딸이 바르샤바에 남아서 대학에 갔으면 좋겠어요. 17살이잖아요. 우크라이나에서는 딸에게 어떤 희망도 없다고 생각해요. 우리는 여기에 남고 싶어요."[31]

"러시아는 잠깐 폭격을 멈추어도 다시 공격해 올 거예요. 그래서 딸이 여기 바르샤바에서 공부하기를 원해요. 여기 남아서 살기를 원해요. 우크라이나에서는 딸을 위해서 해줄 수 있는 것이 없어요. 만일 남편 때문에 나는 돌아가야 해도 아이들은 여기 남겨둘 거예요."[32]

주목할 것은 난민으로서 폴란드에서 경험하는 교육을 자녀들의 미래에 긍정적으로 작용할 수 있는 하나의 기회로 여기는 경우도 존재한다는 사실이다.

"여기서 폴란드어를 하나 더 배우는 것은 아이에게 커다란 득이 될 거예요. 이 언어로 직업을 찾을 수 있잖아요. 이 나라가 주는 기회는 모두 사용해야죠. 난 우리 아이들이 유럽에서 공부했으면 좋겠어요. 폴란드 학교 졸업장도 있고 우크라이나 졸업장도 있는데 우크라이나 졸업장은 혹시 모르니까 따놓은 거예요. 아이들에게 유럽에서 대학을 졸업하자고 했어요. 유럽에서

31 S1 인터뷰, 2024. 2. 23. 바르샤바 가족지원센터.

32 T1 인터뷰, 2024. 2. 23. 바르샤바 가족지원센터.

대학을 나오면 키이우에 돌아가서도 유리할테니까요."[33]

"우크라이나 돌아가도 우리 아이가 폴란드어를 배워 놓은 것은 좋을 거 같아요. 우크라이나에서 폴란드어를 잘한다면 취업 전망이 좋거든요."[34]

전쟁으로 중단된 우크라이나의 교육 개혁이 지향하는 목표는 바로 유럽연합 교육 시스템으로의 통합이었다(Alieva · Nechitailo, 2023: 17). 이러한 사실을 상기해 본다면 우크라이나인들이 비록 난민으로 체류하고 있지만, 자신의 자녀가 EU국가인 폴란드에서 교육을 받는 경험을 하나의 기회로 인식하고 있음을 알 수 있다.

V. 맺음말

우크라이나 전쟁은 폴란드의 기존의 반 난민 기류를 급변시킨 사건이었다. 시리아 난민과 우크라이나 난민을 수용하는 태도에서 나타난 차이가 적지 않은 논쟁을 촉발할 정도로 폴란드는 우크라이나 난민의 수용에 적극적인 모습을 보였고, 난민 아동 교육 분야도 예외는 아니었다. 전쟁 이후 폴란드로 이주한 우크라이나 난민 아동들은 폴란드 학교, 우크라이나 학교 온라인 또는 오프라인 교육 그리고 우크라이나 학교 온라인교육과 폴란드학교 교육을 혼합한 형태의 교육을 받고 있다. 폴란드는 우크라이나 난민 자녀에게 자국민에게 동일한 교육 서비스를 제공하지만, 언어장벽, 그로 인한 난민 아동의 부적응, 그리고 폴란드 정착에 대한 불확실성과 본국으로 돌아갈 수 있다는 가능성으로 인해 난민 아동의 폴란드 학교 등록률이 상대적으로 낮으며, 난민 아동들은 온전히 또는 부분적으로 우크라이나 교육 시스템에 머물러 있다.

33 I4 인터뷰, 2024. 2. 24. 바르샤바 가족지원센터.

34 T2 인터뷰, 2024. 2. 24. 바르샤바 가족지원센터,

폴란드 정부 입장에서 본다면 우크라이나 학교 온라인 교육은 이중의 의미를 지닌다. 난민 수용 초기 이러한 온라인 교육은 우크라이나 난민 아동이 우크라이나인으로서 자신의 정체성을 상실하지 않고, 새로운 환경으로 인한 충격을 덜 겪으면서 서서히 폴란드 사회에 통합되도록 돕는 완충제의 역할을 하는 과도기적 도구로서의 의미를 지녔다고 할 수 있다. 통합은 동화와 달리 출신국의 문화와 정체성이 인정받고 존중되는 것을 의미하기 때문이다(윤인진, 2019: 85). 그러나 동시에 우크라이나 온라인 교육은 결과적으로는 폴란드 '국민'을 기르는 공교육 시스템으로 난민 아동의 편입을 지연시키거나 막는 부정적 요소로도 작용한다.

한편 우크라이나의 관점에서 본다면 온라인 교육 시스템은 전쟁 이후 폴란드를 포함한 해외에 거주하고 있는 자국 아동들이 본국의 공교육과 단절되는 것을 막고, 국가정체성과 문화 정체성을 유지하게 해주는 전략적인 자산의 역할을 한다.

우크라이나 전쟁이 지속되고 있는 상황에서 폴란드 정부가 자국에 거주하는 우크라이나 난민 아동의 교육을 비롯한 난민 문제와 관련하여 초기 대응에서 장기적인 통합 전략으로 전환하고 있음이 감지된다. 그것은 2024년 9월부터 시행되고 있는 우크라이나 난민 아동의 폴란드 학교 출석 의무화를 통해 이들을 폴란드 공교육 체계로 더욱 깊숙이 편입시키고, 학령기 자녀의 폴란드 학교 등록 여부와 기존에 제공하던 복지 혜택을 연동시키는 형태로 구체화되고 있다. 이러한 정책을 실시한 이후인 2024년 10월 현재 우크라이나 난민 아동의 초등학교 등록률은 2024년 4월 대비 6%, 중등학교 등록률은 40%씩 각각 증가했다. 중등학교 진학률이 상대적으로 높은 이유는 신규 입학 아동과 함께 초등학교에서 중등학교로 다수의 아동들이 진학한 것에서 기인한다(Świdrowska · Stano, 2024: 23).

이와 같이 폴란드 내 체류 기간이 길어지고, 폴란드 정부의 교육 정책이 전환됨에 따라, 우크라이나 난민 아동이 폴란드 학교에 등록하는 경우는 증가하고 있다. 이러한 상황에서 우크라이나 난민들은 자녀들이 폴란드라는 유럽연합 국가에서 교육을 받는 경험을 점차 새로운 기회로 인식하기 시작하고 있음이 목도되고 있다. 이러한 경향은 종전이 지연되고, 우크라이나 난민들의 체류가 장기화될수록 더욱 뚜렷해질 것이며, 이는 우크라이나 난민의 폴란드 사회 통합을 심화시키는 요인으로 작용할 것으로 보인다.

참고문헌

1차 자료

국제아동인권센터. n. d. 『유엔아동권리협약 국문번역본』.

SEJM. n. d. "The Constitution of the Republic of Poland." https://www.sejm.gov.pl/prawo/konst/angielski/kon1.htm (검색일: 2024. 3. 10).

The Government of Poland. n. d. "School education." https://www.gov.pl/web/udsc-en/school-education (검색일: 2024. 2. 3).

UN. 2014. "Poland and the Convention on the Rights of the Child: celebrating the vision of Janus Korczac that put child dignity first." (November 11). https://violenceagainstchildren.un.org/news/poland-and-convention-rights-child-celebrating-vision-janus-korczac-put-child-dignity-first (검색일: 2024. 3. 20).

UNHCR. 2019. *Education 2030: A Strategy for Refugee Inclusion*. Geneva: UNHCR.

UNHCR. 2023. *Protection Monitoring Brief, #3. Poland.*

UNHCR. 2024. *Regional Refugee Response for the Ukraine Situation. Poland Chapter.* https://data.unhcr.org/en/documents/details/106305 (검색일: 2024. 6.15).

UNHCR. 2025a. "Ukraine Emergency." https://www.unrefugees.org/emergencies/ukraine/ (검색일: 2025. 3. 10).

UNHCR. 2025b. "Ukrainian Refugee Situation." https://data.unhcr.org/en/situations/ukraine/location/10781 (검색일: 2025. 5. 30).

UNICEF. 2023. "More than half of Ukrainian refugee children not enrolled in schools in Poland-UNICEF-UNHCR." (July 10). https://www.unicef.org/eca/press-releases/more-half-ukrainian-refugee-children-not-enrolled-schools-poland-unicef-unhcr (검색일: 2024. 5. 10).

인터뷰

A. 타라스 인터뷰, 2024. 2. 23. 바르샤바 가족지원센터.

E 인터뷰, 2024. 2. 23. 바르샤바 가족지원센터.

I1 인터뷰, 2024. 2. 20. 바르샤바 글로벌엑스포센터 '러브 더스' (LOVE DOES) 학교.

I2 인터뷰, 2024. 2. 20. 바르샤바 글로벌엑스포센터 '러브 더스' (LOVE DOES) 학교.

I4 인터뷰, 2024. 2. 24. 바르샤바 가족지원센터.

J, 보샹 인터뷰, 2024. 2. 23. 바르샤바 UNHCR 폴란드.

L1 인터뷰, 2024. 2. 21. 바르샤바 가족지원센터.

L3 인터뷰, 2024. 2. 21. 바르샤바.

N. 크로베츠 인터뷰, 2024. 2. 26. 바르샤바 우크라이나학교 '마테린카'(Materynka)

N1 인터뷰, 2024. 2. 24. 바르샤바 가족지원센터.

N2 인터뷰, 2024. 2. 26. 바르샤바 소재 교회.

O 인터뷰, 2024. 2. 24. 바르샤바 가족지원센터.

S1 인터뷰, 2024. 2. 23. 바르샤바 가족지원센터.

T1 인터뷰, 2024. 2. 23. 바르샤바 가족지원센터.

T2 인터뷰, 2024. 2. 24. 바르샤바 가족지원센터.

V1 인터뷰, 2024. 2. 20. 바르샤바 글로벌엑스포센터 '러브 더스' (LOVE DOES) 학교.

2차 연구자료

박선희. 2022. "유럽연합 난민정책의 전환점? 우크라이나 사태와 임시보호지침을 중심으로." 『유럽연구』 40(2): 193-217.

오정은. 2016. "난민사태 이후 유럽공동이민망명정책의 변화." 『IOM이민정책연구원 이슈브리프』 6.

윤인진. 2019. "탈북민의 사회통합 모델과 통합 실태." 『문화와 정치』 6(1): 61-92.

홍석우. 2024. "러시아-우크라이나 전쟁이 우크라이나 교육에 미친 영향과 미래 과제." 『동유럽발칸연구』 48(1): 217-252.

Ager, A. and Strang, A. 2004. "Indicators of Integration: Final Report." *Home Office Development and Practice Report* 28. London: Home Office.

Ager, A. and Strang, A. 2008. "Understanding integration: A conceptual framework." *Journal of Refugee Studies* 21(2): 166-191.

Alieva, A. and Nechitailo, I. 2023. *Resilience of education systems: what lessons can be learned from Ukraine? NESET ad hoc report.* Brussels: European Commission.

CBOS. 2023. "Attitude towards Ukrainian refugees." *Polish Public Opinion.* Warsaw: Public Opinion Research Center.

Chmielewska-Kalińska, I, Beata, D. and Paweł, T. 2023. *The living and economic situation of Ukrainian migrants in Poland-the impact of the pandemic and the war on the nature of migration in Poland. Report of the questionnaire survey.* Warsaw: Narodowy Bank Polski.

Dryden-Peterson, S, Adelman, E, Bellino, M. J. and Chopra, V. 2019. "The Purposes of Refugee Education: Policy and Practice of Including Refugees in National Education Systems." *Sociology of Education.* 92(4): 346-366.

EUAA. 2022. *Information on temporary protection in Poland.* Luxembourg: Publications Office of the European Union.

Herbst, M. and Sitek, M. 2023. "Education in exile: Ukrainian refugee students in the schooling system in Poland following the Russian–Ukrainian war." *European Journal of Education* 58(4): 575-594

Mykhailyshyna, D., Samoiliuk, M., Tomilina, M., Myronenko, O. and Levchenko, Y. 2024. *Ukrainian Refugees. Future Abroad and Plans for Return.* Kyiv: The Centre for Economic Strategy (CES)

Sobczak-Szelc, K., Pachocka, M., Pędziwiatr, K., Szałańska, J. and Szulecka, M. 2022. *From Reception to Integration of Asylum Seekers and Refugees in Poland.* London: Routledge.

Świdrowska, E. and Stano, K. 2024. *Refugee students from Ukraine in Polish schools. What has changed in the 2024/2025 school year?* Warsaw: Center for Citizenship education and UNICEF.

Zawadzka-Paluektau, N. 2023. "Ukrainian refugees in Polish press." *Discourse & Communication* 17(1): 96-111.

기타 (미디어 및 기타 인터넷 자료)

European Pravda. 2024. "Polish president signs amendments to law on assistance to Ukrainian refugees." (June 10). https://www.eurointegration.com.ua/eng/news/2024/06/10/7187823/ (검색일: 2024. 6. 15).

Hodunova. K. 2024. "Polish government backs law amendments on Ukrainian refugees, extending protection status." *The Kyiv Independent* (May 1). https://kyivindependent.com/polish-government-adopts-draft-amendments-on-ukrainian-refugees-extending-protection-status/ (검색일: 2024. 5. 16).

Notes from Poland. 2024. "Attending school to be mandatory for Ukrainian refugee children in Poland from September." (April 5). https://notesfrompoland.com/2024/04/05/attending-school-to-be-mandatory-for-ukrainian-refugee-children-in-poland-from-september/ (검색일: 2024. 4. 18).

Reliefweb. 2023. "Poland: Amendments to Ukrainian refugee hosting laws showcase the need for continued humanitarian support." (January 27). https://www.rescue.org/press-release/poland-amendments-ukrainian-refugee-hosting-laws-showcase-need-continued-humanitarian (검색일: 2024. 4. 18).

Save schools. n. d. https://saveschools.in.ua/en/ (검색일: 2024. 3. 25).

Visit Ukraine. 2024a. "Karta pobytu for Ukrainian refugees: how to get a temporary residence permit in Poland in 2024?(updated)." (June 6). https://visitukraine.today/blog/1639/karta-pobytu-for-ukrainian-refugees-how-to-get-a-temporary-residence-permit-in-poland (검색일: 2025. 3. 10).

Visit Ukraine. 2024b. "Special law and PESEL UKR 2024: Polish Sejm approves changes to the rules of assistance to Ukrainian refugees." (May 16). https://visitukraine.today/blog/3767/pesel-ukr-2024-changes-to-be-introduced-by-the-polish-government-to-strengthen-refugee-control (검색일: 2025. 3. 10).

• • • •

제8장

우크라이나 전쟁 이후 러시아 이주민의 아르메니아 정착 현상 연구*

바딤 슬랩첸코

I. 머리말

2022년 2월 발발된 우크라이나 전쟁은 러시아 현대사에서 가장 큰 규모의 인구 유출을 초래했다. 이는 규모와 성격 면에서 1917년 볼셰비키 혁명 이후의 백군(白軍) 망명에 견줄 만한 수준으로 평가된다. 이 대규모 이주는 뚜렷이 구분되는 두 차례의 물결로 전개되었다. 제1차 이주 물결(2022년 2월~8월)은 반체제 인사들의 망명이 주를 이뤘다. 독립 언론인, 시민운동가, 정치인들이 대거 러시아를 떠났는데, 이는 2022년 3월 제정된 이른바 '전시 검열법'과 밀접한 관련이 있다.[1] 이 법은 '특별군사작전'에 관한 허위 정보 유포 시 최대 15년

---

* 이 글은『러시아연구』34-2 (2024)에 게재된 논문을 본서의 편집 취지에 맞도록 수정·보완한 것입니다.

1 '전시 검열법(Закон о военной цензуре)'은 2022년에 채택된 제32 연방법(№32-ФЗ)의 비공식 명칭이다.

형을 선고할 수 있어, 언론의 자유를 심각하게 제한했다. 실제로 법 시행 두 달 만에 2천 명 이상이 이 법으로 기소되었다(Novaya gazeta, 2022/05/22). 또한 이 시기에는 IT 업계 종사자들의 이주도 두드러졌다. 이들은 원격근무가 가능하다는 직업적 특성을 활용해 러시아의 경제 불안정성을 피해 조기에 해외 이주를 단행했다.

제2차 이주 물결(2022년 9월 이후)은 전적으로 군사적 요인에 의해 촉발되었다. 2022년 9월 21일 발표된 30만 명 규모의 부분동원령은 징집 대상이 될 수 있는 젊은 남성들의 대규모 탈출로 이어졌다. 1차 이주와 달리 2차 이주는 더욱 급박하고 대규모로 이루어졌으며, 정치적 성향과 관계없이 광범위한 계층이 참여했다는 특징이 있다.

다양한 추산에 따르면, 이 두 차례의 이주 물결로 인해 전쟁 발발 이후 1년간 러시아를 떠난 인구는 최소 50만에서 최대 130만 명으로 추산된다(BBC Russian, 2023/5/25). 이들 러시아 이주민은 '렐로칸트'라는 새로운 용어로 불리게 되었다. 이 글에서도 이 용어를 사용하고자 한다.[2] 렐로칸트의 이주 방향은 크게 두 갈래로 나뉘었다. 우선 가장 많은 이주민이 선택한 것은 유라시아경제연합(EAEU) 회원국들이었다. 아르메니아, 카자흐스탄, 키르기스스탄과 같은 EAEU 회원국들은 러시아 국민에게 장기체류에 가장 유리한 조건을 제공

2 '렐로칸트(релокант)'라는 용어의 어원과 의미 변천 과정을 살펴볼 필요가 있다. 이 용어는 영어 'relocation'에서 파생되었으며, 본래는 기업의 해외 지사 설립 초기 단계에서 현지 인력 구성이 완료될 때까지 한시적으로 파견되는 본사 직원들을 지칭하는 전문 용어였다. 우크라이나 사태가 발발하자 러시아의 주요 IT 기업들, 특히 '얀덱스(Yandex)'와 같은 대기업들은 조직 차원에서 직원들의 해외 이주를 적극 추진했다. 이는 서방의 경제 제재에 대응하고 남성 직원들의 동원 징집 가능성에 대비하기 위한 전략적 선택이었다. 이 과정에서 부서 단위의 집단 이주가 이루어지는 경우도 빈번했다. 주목할 만한 점은 이 과정에서 '렐로칸트'라는 용어의 의미 범위가 크게 확장되었다는 것이다. 당초 특정 기업의 파견 직원만을 지칭하던 이 용어는 2022년 2월 이후 러시아를 떠난 모든 이주민을 포괄하는 용어로 발전했다. 현재는 이주의 동기나 직업적 배경과 무관하게 우크라이나 전쟁을 계기로 러시아를 떠난 이들을 통칭하는 용어로 정착했다.

했다.[3] 또한 상당수의 러시아인은 아제르바이잔, 터키, 우즈베키스탄, 타지키스탄, 몽골, 세르비아, 아르헨티나 등 비자 없이도 입국이 가능한 국가들로 이주했다.[4]

특히 주목할 만한 사례는 아르메니아다. 현재 약 11만 명의 러시아 이주민이 거주하고 있는 아르메니아는 이들의 유입으로 인해 괄목할 만한 경제적 변화를 경험하고 있다. 전쟁 발발 이후 4,000명의 러시아인이 개인사업자로 등록하고, 2,500명이 법인을 설립했으며, 아르메니아 경제부는 2022년 GDP 성장률 12.6% 중 3%p가 러시아 이주민의 경제활동에서 비롯되었다고 평가했다(Интерфакс, 2023).

이 글은 두 가지 목적을 추구한다. 첫째, 아르메니아가 러시아 이주민의 핵심 정착지로 부상하게 된 요인들을 규명하고, 둘째, 이들의 현지 적응 방식을 경제적 적응과 사회적 통합의 측면에서 체계적으로 분석하고자 한다.

II. 연구 방법 및 선행 연구

1. 연구 방법

본 연구는 다양한 질적 연구 방법을 활용하여 자료를 수집하고 분석했다. 연구의 타당성과 신뢰성을 확보하기 위해 심층 면담, 참여관찰, 문헌자료 분석 등 다각적 접근법을 채택하고 방법론적 삼각 검증을 실시했다.

1차 자료 수집은 크게 두 가지 방식으로 진행되었다. 첫째, 러시아 이주

3 벨라루스는 유라시아경제연합(EAEU) 회원국임에도 불구하고 러시아인들의 이주 목적지로는 거의 선택되지 않았다. 이는 벨라루스가 러시아와 정치적으로 매우 밀접하며, 특히 러시아-우크라이나 전쟁에 있어 러시아의 가장 가까운 동맹국이기 때문이다. 러시아를 떠나는 이주민들은 대체로 러시아와의 정치적 연관성이 상대적으로 낮은 국가들을 선호하는 경향을 보였다.

4 눈여겨볼 만한 점은 약 1년 후 이주민의 40~50%가 러시아로 귀환했다는 사실이다(Ведомости, 2023).

표 1 면담 대상자 명단

순번	코드	나이	성별	일시	장소	출생 지역
1	N1	43	남	2024.02.19	예레반	모스크바
2	Y1	50+	남	2024.02.20	예레반	모스크바
3	I	21	남	2024.02.20	예레반	루간스크 주
4	L	30	여	2024.02.20	예레반	상트페테르부르크
5	Y2	43	여	2024.02.21	예레반	오데사[5]
6	M	19	여	2024.02.21	예레반	도네츠크
7	N2	40	남	2024.02.21	예레반	모스크바
8	D1	29	여	2024.02.22	예레반	모스크바
9	D2	48	남	2024.02.23	트빌리시[6]	코스크바
10	Y3	50	남	2024.02.23	예레반	블라디보스토크

민들과의 반구조화된 심층 면담을 실시했다. 면담 대상자는 우크라이나 전쟁 이후 러시아를 떠나 '렐로칸트'로 불리는 이주민 10명이었다. 연구 참여자 모집은 눈덩이 표집법(snowball sampling)을 통해 이루어졌다. 이는 면담 참여자들의 사회적 네트워크를 활용하여 연구 대상자를 확보하는 방법으로, 각 참여자로부터 연구 기준에 적합한 다른 잠재적 참여자를 소개받는 방식이다. 이러한 표집 방법은 특히 본 연구와 같이 접근성이 제한된 이주민 집단을 연구할 때 효과적인 것으로 알려져 있다. 둘째, 연구자가 직접 현지 러시아 이주민 커뮤니티를 방문하여 참여관찰을 진행했다. 이를 통해 이들의 일상생활과 현지 적응 과정을 보다 깊이 있게 이해할 수 있었다.

5 본 연구의 면담 대상자 중에는 우크라이나 출신 이주민 지원 비영리단체의 대표직을 맡고 있는 관계자(응답자 N5)가 포함되어 있다. 이 응답자는 우크라이나 국적자로서 본 연구의 주된 연구 대상인 러시아 '렐로칸트' 집단에는 속하지 않으나, 연구 방법론적 고려에 따라 심층 면담 대상자로 포함시켰다. 이는 해당 응답자가 지닌 전문가적 식견과 러시아 '렐로칸트들'에 관한 폭넓은 정보력을 고려한 결정이었다. 특히 상당수의 러시아 '렐로칸트들'이 이 단체에서 자원봉사자로 활동하고 있어, 이들의 특성과 활동에 대한 심도 있는 관찰 결과를 제공할 수 있었다.

6 면담 대상자 N9의 경우, 현재는 조지아 트빌리시에 거주하고 있어 해당 도시에서 면담을 실시했다. 그러나 이 응답자는 트빌리시 정착 이전 예레반에서 상당 기간 거주한 경험이 있어, 아르메니아 이주민 사회에 대한 풍부한 경험을 제공할 수 있었다.

현지 조사는 2024년 2월 19일부터 23일까지 아르메니아의 수도 예레반과 조지아의 수도 트빌리시에서 수행되었다. 심층 면담 참여자의 인구학적 특성을 살펴보면, 성별 구성은 남성 6명(60%), 여성 4명(40%)이었다. 면담이 진행된 장소는 예레반이 9건(90%), 트빌리시가 1건(10%)이었다.

이와 함께 우크라이나 전쟁 이후 발생한 러시아인의 이주 현상과 관련된 미디어 담론을 이해하기 위해 언론 보도에 대한 체계적인 내용 분석도 실시했다. 이러한 복합적 연구 방법의 활용은 연구 결과의 객관성을 높이는 데 기여했다.

2. 선행 연구

우크라이나 전쟁 발발 이후 러시아인의 대규모 이주 현상은 비교적 최근에 등장한 연구 주제임에도 불구하고, 학계의 상당한 관심을 받으며 다각도의 연구가 이루어지고 있다.

기존의 연구 동향은 크게 두 가지 흐름으로 구분할 수 있다. 하나는 러시아인의 전반적인 이주 양상을 거시적 관점에서 분석한 연구들이고, 다른 하나는 특정 수용국을 중심으로 미시적 차원에서 접근한 연구들이다.

거시적 연구의 대표적 사례로 카잔체바와 오스타펜코의 연구를 들 수 있다. 이들은 러시아 전문인력의 해외 이주가 자국의 노동시장에 미치는 영향을 실증적으로 분석하여, 대규모 인적자본 유출이 러시아 경제에 미치는 부정적 영향을 체계적으로 규명했다(Казанцева · Остапенко, 2023).

개별 수용국 사례 연구도 활발히 진행되고 있다. 호페르스카야는 키르기스스탄 사례 연구를 통해 러시아 이주민의 가치관과 생활양식, 현지 적응 과정에서 발생하는 구조적 문제들을 심도 있게 분석했다(Хоперская, 2023). 브레디힌은 러시아–몽골 간 역사적 관계의 맥락에서 최근의 이주 현상을 조명하여 주목할 만한 연구 성과를 도출했다(Бредихин, 2024).

본 연구의 핵심 대상지인 아르메니아 관련 연구도 상당수 축적되어 있다. 아타네샨은 현지 청년층의 인식 조사를 통해 러시아 이주민 집단의 사회 통합 가능성과 한계를 분석했다(Атанесян, 2023). 예프스트라토프는 이 새로운 이주 흐름의 특수성에 주목한 선구적 연구자로, 러시아어권 커뮤니티의 고립적 성격과 현지 사회와의 제한된 상호작용을 실증적으로 입증했다(Евстратов, 2022). 그리고 멜쿠먄·멜코냔은 현재의 지정학적 맥락에서 러시아인의 아르메니아 이주 결정요인을 배출·흡입 요인 이론을 통해 분석함으로써, 이주지 선택 메커니즘에 대한 이론적 이해를 크게 높였다(Melkumyan · Melkonyan, 2023).

이 글은 이러한 선행 연구의 이론적·실증적 성과를 토대로, 러시아 이주민의 아르메니아 정착 과정을 새로운 시각에서 조명하고자 한다. 구체적으로 배출·흡입 요인 모델과 필요충분조건 분석틀을 결합하여, 아르메니아가 러시아 이주민의 핵심 정착지로 부상하게 된 구조적 요인들을 체계적으로 분석할 것이다. 특히 심층 면담을 통해 수집된 풍부한 질적 자료는 이주민들의 의사결정 과정, 정착 경험, 그리고 현지 생활에 대한 주관적 인식을 심층적으로 이해하는 데 결정적인 도움을 제공했다.

III. 러시아 '렐로칸트'의 아르메니아 이주지 선택 결정요인

본 연구는 러시아인의 아르메니아 선호 현상을 이해하기 위해 국제 이주 연구의 대표적 이론인 '배출·흡입 요인 모델'을 분석틀로 채택했다. 이 모델은 복잡한 이주 결정 요인들을 체계적으로 분석하는 데 유용한 이론적 틀을 제공한다.

배출·흡입 요인 모델은 19세기 말 라벤슈타인의 선구적 연구에서 시작되어(Ravenstein, 1889), 1966년 에버렛 리에 의해 현대적 이주 이론으로 정립되었다. 리는 이주 결정 요인을 출발지 요인, 목적지 요인, 중간 장애요인, 개인적 요인으로 체계화함으로써 이주 연구의 새로운 지평을 열었다(Lee, 1966).

이러한 이론적 틀은 우크라이나 전쟁 이후의 러시아인의 이주 현상을 분석하는 데 특히 유용하다. 송출국인 러시아의 내생적 요인과 잠재적 수용국들의 외생적 요인을 종합적으로 고려할 수 있기 때문이다.

심층 면담 결과, 러시아인의 본국 이탈 요인은 상당히 일관된 패턴을 보였다.[7] 구체적으로 다음과 같은 핵심적 배출 요인이 확인되었다:

1. 러시아 정부의 정책 기조에 대한 이념적 거부감
2. 정치적 탄압에 대한 우려
3. 직업 활동의 자유 제한 가능성(특히 언론 · 미디어 분야)
4. 서방 제재로 인한 경제적 불확실성
5. 군사 동원 위험

반면, 특정 국가로의 이주를 결정하는 흡입 요인은 국가별로 상당한 차이를 보였다. 이는 이주민들의 목적지 선택 과정에서 각 국가의 고유한 조건이 차별적으로 작용했음을 시사한다.

본 연구는 아르메니아의 흡입 요인을 체계적으로 분석하기 위해 필요조건-충분조건 모델을 도입했다. 이를 통해 기존 연구들이 단순히 흡입 요인을 나열하는 데 그친 것과 달리, 각 요인의 상대적 중요도와 상호 관계를 정교하게 파악할 수 있다.

여기서 필요조건이란 이주가 실현되기 위해 반드시 충족되어야 하는 기본 전제를 의미한다. 즉, 이러한 조건들이 충족되지 않으면 이주 자체가 불가능하다. 한편 충분조건은 이주민의 장기 정착을 가능하게 하는 추가적 요인들의 조합을 의미하며, 이는 다양한 형태로 나타날 수 있다. 이러한 분석틀을 통해 아르메니아가 지닌 이주지로서의 매력도를 입체적으로 이해할 수 있다.

7 N1 인터뷰, 2024. 2. 19. 예레반; N2~4 인터뷰, 2024. 2. 20. 예레반; N7 인터뷰, 2024. 2. 21. 예레반; N9 인터뷰, 2024. 2. 23. 트빌리시; N10 인터뷰, 2024. 2. 23. 예레반.

1. 필요조건

본 연구의 실증 분석 결과, 이주의 가장 핵심적인 필요조건은 수용국에서의 합법적 장기 체류 가능성으로 나타났다. 아르메니아의 경우, 다음과 같은 세 가지 제도적 요인이 러시아 이주민이 장기 체류할 수 있게 하는 필요조건으로 작용하고 있다.

1) 비자런(visa run)을 통한 무제한 체류 연장이 가능한 무비자 제도

아르메니아는 러시아 국민에게 180일간의 무비자 체류를 허용하고 있는데(Министерство иностранных дел Республики Армения, n. d) 이는 다른 잠재적 수용국들과 비교할 때 상당히 관대한 수준이다. 더욱 주목할 만한 점은 180일 체류 기간이 만료된 후에도 일시 출국 후 재입국하는 방식으로 실질적인 체류 연장(소위 '비자런' 연장 방식)이 가능하다는 것이다. 법적으로는 이러한 관행의 허용 여부가 모호하나, 현지 당국이 이를 묵인하고 있어 러시아 이주민들 사이에서 보편화된 체류 연장 방식으로 자리잡았다.[8] 이주민 대부분은 비용 효율성을 고려하여 조지아를 통한 비자런을 선호하는데, 트빌리시 노선버스가 시간당 1회 운행되며 편도 약 20달러 수준으로 경제적 부담이 크지 않다.[9]

2) 장기 체류를 위한 거주지 등록 제도

아르메니아 법제는 러시아 국민이 거주지 등록을 통해 무제한 체류할 수 있는 가능성을 열어두고 있다. 다만 실무적으로는 임대인의 동의나 추가 비용 요구 등 일부 장애요인이 존재하여, 이주민 상당수가 비자런을 통한 체류 연장을 선호하는 것으로 나타났다.[10] 그러나 일부 사례에서는 임대인의 명시적

---

8 N1 인터뷰, 2024. 2. 19. 예레반; N2~N3 인터뷰, 2024. 2. 20. 예레반; N10 인터뷰, 2024. 2. 23. 예레반.

9 N3 인터뷰, 2024. 2. 20. 예레반; N9 인터뷰, 2024. 2. 23. 트빌리시; N10 인터뷰, 2024. 2. 23. 예레반.

10 N3 인터뷰, 2024. 2. 20. 예레반; N9 인터뷰, 2024. 2. 23. 트빌리시; N10 인터뷰, 2024. 2.

동의 없이도 등록에 성공한 경우가 확인되었다.[11]

3) 이민법 위반에 대한 관대한 행정 집행

심층 면담 결과, 아르메니아 당국은 체류 기간 초과와 같은 경미한 이민법 위반에 대해 상당히 유연한 태도를 보이는 것으로 확인되었다.[12] 구체적으로, 180일 무비자 체류 기간을 초과한 경우에도 약 100달러 상당의 과태료만 납부하면 재입국에 제한이 없다.[13]

한편, 단순한 무비자 입국 허용이 반드시 이주의 필요조건은 아니라는 점도 주목할 만하다. 예컨대 한국의 경우, 러시아인에게 무비자 입국을 허용함에도 불구하고, 체류 기간 연장이 까다로워 러시아 이주민들의 주요 정착지가 되지 못했다(Slepchenko, 2024).[14] 이는 체류 기간 연장이 보장되지 않는 단순 무비자 제도만으로는 대규모 이주 흐름이 형성되기 어렵다는 것을 시사한다. 실제로 아래 〈표 2〉에서 드러나듯이, 아르메니아는 러시아 이주민의 또 다른 주요 정착지인 다른 세 구소련 국가와 비교해도 가장 개방적인 이민 제도를 운영하고 있다(Krawatzek · Sasse, 2024)

---

23. 예레반.

11 N7 인터뷰, 2024. 2. 21. 예레반.

12 N3 인터뷰, 2024. 2. 20. 예레반; N9 인터뷰, 2024. 2. 23. 트빌리시; N10 인터뷰, 2024. 2. 23. 예레반.

13 본 연구의 실증 조사 일환으로 연구자는 응답자 N10의 비자런 과정에 대한 참여관찰을 수행하였다. 관찰 과정에서 응답자의 취업비자 기간 만료가 확인되었으며, 이에 따라 40,000드람의 과태료가 부과되었다. 그러나 해당 사건 다음 날 재입국 시도에서 입국이 허용되었다는 점은 주목할 만하다. 이러한 사례는 아르메니아의 이민법 위반에 대한 제재가 일회성 금전적 처벌에 한정되며, 입국 제한과 같은 장기적 제재로 이어지지 않음을 실증적으로 입증한다. 본 관찰 결과는 아르메니아의 이민법 집행 실태와 경미한 체류 규정 위반에 대한 행정당국의 유연한 접근을 보여주는 귀중한 실증적 데이터를 제공한다.

14 대한민국의 현행 입국관리법상 러시아 국적자의 체류는 다음과 같은 제한을 받는다: ① 1회 최대 연속 체류 가능 기간 60일, ② 6개월 기간 내 총 체류 가능 일수 90일, ③ 체류 기간 간 3개월의 의무적 시차 등이다. 이러한 법적 제한으로 인해 비자런을 통한 실질적인 장기 체류가 불가능한 상황이다.

표 2 유라시아경제연합 회원국 및 조지아의 러시아 국적자 장기체류 조건 비교

체류조건	아르메니아	조지아	키르기스스탄	카자흐스탄
무비자 체류 기간	180 일	365 일	120 일	90 일
Visa run	O	O	X[15]	X[16]
거주지 등록 제도	O	X	O	O
이민법 위반에 대한 관대한 행정 집행	O	O[17]	-	X[18]

출처: 해당 국가들의 외교부 공식 자료를 바탕으로 저자 재구성.

2. 충분조건

본 연구는 러시아 이주민이 아르메니아를 선택하게 된 요인들을 분석한 결과, 다음과 같은 주요 충분조건들을 확인할 수 있었다.

1) 기후적 이점

아르메니아의 지중해성 기후는 이주민의 정착지 선택에 긍정적인 영향을 미치는 것으로 나타났다. 연중 온화한 기온이 유지되며, 특히 사계절 내내 신선한 과일과 채소를 쉽게 구할 수 있다는 점이 큰 장점으로 작용했다. 심층면담에 참여한 이주민들은 이러한 기후 조건이 삶의 질 향상에 직접적으로 기여한다고 평가했다.[19]

2) 생활비 우위

아르메니아는 다른 이주 대상국과 비교할 때 생활비 측면에서 큰 장점을

---

15 Министерство иностранных дел Республики Кыргызстан(n. d).

16 Эталонный контрольный банк нормативных правовых актов Республики Казахстан(n. d).

17 N9 인터뷰, 2024. 2. 23. 트빌리시.

18 Т-Ж(2025).

19 N4 인터뷰, 2024. 2. 20. 예레반; N7 인터뷰, 2024. 2. 21. 트빌리시; N10 인터뷰, 2024. 2. 23. 예레반.

가지고 있다. 러시아 이주민의 대규모 유입으로 부동산 시장이 다소 과열되었음에도 불구하고, 여전히 물가와 주거비가 상대적으로 저렴한 수준을 유지하고 있다. 예를 들어 예레반 도심의 경우, 80제곱미터 규모 주거 공간의 월평균 임대료가 약 25만 드람(약 700달러) 수준으로, 이는 다른 주요 이주 목적지들과 비교할 때 상당한 비용 절감 효과가 있다. 주거비뿐만 아니라 식료품비와 각종 서비스 이용료도 상대적으로 저렴해, 전반적인 생활비 부담이 낮다는 점이 이주민들의 정착지 선택에 있어 매우 중요한 고려 사항으로 작용하고 있다.[20]

3) 입국 절차의 용이성(국내 신분증으로 입국 가능)

아르메니아는 유라시아경제연합(EAEU) 회원국으로서 러시아 국민에게 특별한 입국 특권을 제공한다. 가장 주목할 만한 점은 국내 신분증만으로도 입국이 가능하다는 것이다. 이는 특히 급박한 상황에서 이주를 결정해야 했던 이들에게 매우 중요한 요인으로 작용했다. 면담 참여자들의 증언에 따르면, 많은 러시아인이 즉각적인 출국이 필요한 상황에서 여권 발급 절차 없이도 입국이 가능한 아르메니아를 선택했다고 한다.[21]

4) 개방적 노동시장 정책

아르메니아는 러시아 국민에게 매우 개방적인 정책을 제공하고 있다. 이는 양국이 EAEU 회원국이라는 제도적 배경에 기인한다. 특히 아르메니아의 외국인 노동 관련 법제는 러시아 국민에게 높은 수준의 포용성을 보여주는데, 이는 크게 두 가지 측면에서 두드러진다. 첫째는 간소화된 취업 자격 획득 절차이고, 둘째는 내국민 대우 원칙(принцип национального режима)의 적용이다(Правовой портал ЕАЭС, 2014). 러시아 국민은 신분증만으로도 사회

20 N1 인터뷰, 2024. 2. 19. 예레반; N2~N4 인터뷰, 2024. 2. 20. 예레반; N7 인터뷰, 2024. 2. 21. 예레반; N9 인터뷰, 2024. 2. 23. 트빌리시; N10 인터뷰, 2024. 2. 23. 예레반.

21 N3 인터뷰, 2024. 2. 20. 예레반.

보장카드(соцкарта)[22]를 발급받을 수 있으며(Платформа услуг по миграции и гражданству, n. d), 이를 통해 현지 노동시장에 즉시 진입할 수 있다. 이는 EAEU 협정의 핵심 원칙을 실현하는 것으로, 러시아 국민이 별도의 취업 허가나 노동 비자 없이도 아르메니아 국민과 동등한 노동권을 보장받을 수 있게 한다.

아르메니아의 개방적 노동시장 정책의 실효성은 실증 연구를 통해 확인되었다. 심층 면담 참여자들 중 한 명을 제외한 모든 응답자가 성공적으로 사회보장카드를 발급받아 현지 노동시장에 진입했다. 이들은 취업 과정에서 특별한 행정적 장벽을 경험하지 않았다고 증언했으며, 이는 관련 정책들이 실제로 잘 작동하고 있음을 보여준다.[23] 특히 다른 국가들과 달리 취업 자격 획득을 위한 복잡한 서류 절차나 장기간의 대기 기간이 없다는 점이 러시아 이주민의 신속한 경제활동 참여를 가능하게 하는 핵심 요인으로 작용하고 있다.

5) 친서방 외교 노선과 자유로운 정치적 분위기

아르메니아의 지정학적 입장과 정치적 성향은 러시아 렐로칸트에게 독특한 이점을 제공한다. 특히 최근 아르메니아가 보여주고 있는 대외 정책의 변화는 주목할 만하다. 아르메니아는 미국 및 EU 국가들과의 관계를 꾸준히 강화하는 동시에 러시아에 대한 전통적인 의존도를 점차 낮추는 방향으로 나아가고 있다.[24] 이러한 친서방 노선으로의 점진적 전환은 러시아에서 온 이들

22 아르메니아의 사회보장카드는 현지 정착을 위한 필수 신분증명 수단으로, 세금 납부와 취업 관련 행정 처리, 금융기관 이용, 운전 면허 발급 등 주요 경제활동 및 일상생활에 폭넓게 요구된다. 이는 단순한 신분증 이상의 의미를 지니는 것으로, 실질적인 사회 경제 활동 참여를 위한 기본 요건이라 할 수 있다.

23 N7 인터뷰, 2024. 2. 21. 예레반.

24 아르메니아의 최근 대외 정책 분석에 따르면, 친서방 노선이 현저하게 강화되는 양상을 보이고 있다. 이는 크게 세 가지 차원에서 관찰된다. 첫째, 2017년 포괄적 확대 파트너십 협정(CEPA: Comprehensive Economic Partnership Agreement) 체결로 대표되는 EU와의 관계 심화이다. 둘째, NATO의 '평화를 위한 동반자관계(PfP)' 프로그램 참여 및 '개별파트너십실행계획(IPAP)'

에게 더욱 안정적인 정착 환경을 제공하고 있다.

실제로 이러한 정치적 변화는 러시아 이주민의 법적 지위와 안전 보장에 직접적인 영향을 미치고 있다. 특히 강제송환의 위험이 실질적으로 없다는 점은 이들의 심리적 안정감 형성에 크게 기여하고 있다. 심층 면담 분석 결과, 응답자들은 아르메니아의 정치적 자유도가 상대적으로 높고, 러시아 당국의 영향력으로부터 다소 자유로운 환경을 제공한다는 점을 높이 평가했다.[25]

아르메니아의 이러한 정치적 입장은 다른 EAEU 회원국들과 비교할 때 더욱 두드러진다. 예를 들어 벨라루스나 카자흐스탄과 같은 국가들이 여전히 러시아와의 긴밀한 정치적 관계를 유지하고 있는 반면, 아르메니아는 보다 독자적인 정치적 노선을 추구하고 있다. 이는 러시아를 떠난 사람들에게 있어 매우 중요한 고려 사항이 되고 있으며, 특히 정치적 이유로 러시아를 떠난 이들에게 아르메니아가 더욱 매력적인 정착지로 인식되는 주된 요인이 되고 있다.

6) 문화적 친밀성과 네트워크 효과

아르메니아 이주의 가장 독특한 특징은 아르메니아계 러시아인의 높은 비중이다. 실증 자료에 의하면 이들이 전체 러시아 이주민의 약 60~70%를 차지하는 것으로 추정된다.[26] 이는 여러 요인에 기인하는데, 우선 많은 아르메니아계 러시아인이 아르메니아에 친인척 네트워크를 보유하고 있어 초기 정착이 상대적으로 용이하다. 또한 상당수가 어린 시절 아르메니아 방문 경험이

발전을 통한 대서방 군사협력 확대이다. 셋째, 프랑스를 중심으로 한 서방 국가들과의 군사기술 협력 강화로, 이는 현대식 무기체계 도입과 군사교육 프로그램을 포함한다. 외교적 측면에서도 미국-EU-아르메니아 고위급 3자 협의체 구성 추진 등 서방과의 접촉이 대폭 확대되었다. 특히 2018년 파시냔 정부 출범 이후에는 민주화와 서구적 가치 지향성이 공식 담론의 핵심 요소로 자리잡았다. 다만 예레반은 공식적으로 집단안보조약기구(CSTO) 회원국 지위를 유지하고 러시아와의 관계도 존속하는 등 다자외교 기조를 표방하고 있다.

25 N10 인터뷰, 2024. 2. 23. 예레반.

26 N2 인터뷰, 2024. 2. 20. 예레반.

있어 이 나라에 대한 정서적 유대감이 형성되어 있다는 점도 중요한 요인으로 작용한다.

주목할 만한 점은 아르메니아계 러시아인의 높은 비중이 다른 러시아 민족 집단의 이주 결정에도 상당한 영향을 미친다는 것이다. 특히 러시아계를 포함한 여러 민족 출신의 이주민들이 이러한 현상을 긍정적으로 평가하고 있다. 심층 면담 참여자들은 유사한 문화적 배경을 가진 '동향인'들의 존재가 사회문화적 적응 과정을 크게 용이하게 한다고 증언했다.[27] 무엇보다 아르메니아계 러시아인들이 러시아에서 성장하며 형성한 정신적 지향성이 러시아의 다른 민족들과 매우 유사하다는 점이 중요한 역할을 한다고 지적했다.

이는 일종의 눈덩이 효과를 창출하고 있다. 즉, 아르메니아계 러시아인의 성공적인 정착이 다른 민족 출신 이주민의 이주를 촉진하는 선순환 구조가 형성된 것이다. 이러한 현상은 네트워크 이주 이론으로 설명될 수 있는데, 선발(先發) 이주자의 존재가 후속 이주민의 이주 비용과 위험을 실질적으로 감소하는 효과를 가져오는 것으로 분석된다(Massey · García-España, 2023).

7) 러시아어 통용과 현지인들의 환대

이주민의 적응과 통합 과정에서 현지 사회의 언어적, 문화적 환경은 결정적인 역할을 한다. 아르메니아의 경우 특히 주목할 만한 두 가지 상호 연관된 특징이 있다. 하나는 러시아어 사용 이주민에 대한 현지인들의 전반적인 긍정적 태도이고, 다른 하나는 러시아어의 광범위한 사용이다.

실증 연구 결과, 아르메니아 사회는 러시아어 사용 이주민에 대해 높은 수준의 포용성과 개방성을 보여주고 있다. 심층 면담 참여자들은 현지인들의 친근함과 환대를 반복적으로 언급했는데, 이러한 우호적인 태도가 아르메니아 사회에서의 편안한 생활과 성공적인 통합을 가능하게 하는 핵심 요인이라

---

27 심층 면담 자료 분석 결과, 거의 모든 응답자들이 아르메니아에 지인이나 친구가 이미 거주하고 있다는 이유로 이주를 결정한 것으로 나타났다.

고 평가했다.[28]

아르메니아의 언어 환경 역시 러시아어 사용 이주민의 적응에 매우 유리하다. 최근의 사회언어학 연구에 따르면, 아르메니아 인구의 상당수가 모국어 수준에 가까운 러시아어 구사력을 보유하고 있다(Даниэлян, 2023: 357). 이는 구소련 지역의 다른 국가들과 비교할 때 더욱 두드러진다. 예를 들어 조지아의 경우, 응답자들은 현지인들의 러시아어 사용 기피 현상과 이로 인한 사회적 거리감을 경험했다고 보고한 반면, 아르메니아에서는 일상생활에서 러시아어 사용에 전혀 어려움을 겪지 않는다고 진술했다.[29]

다만 이러한 언어적 편의성이 양면성을 지닌다는 점에도 주목할 필요가 있다. 러시아어 사용의 용이함은 단기적으로는 적응을 돕지만, 장기적으로는 이주민들의 아르메니아어 학습 동기를 저해하여 완전한 사회 통합을 방해할 수 있다는 우려가 제기되고 있다.

표 3 유라시아경제연합 회원국 및 조지아의 러시아 국적자 정착 충분조건 비교

충분조건	아르메니아	조지아	키르기스스탄	카자흐스탄
기후적 이점	O	O	O	X
생활비 우위	O	O	O	X
입국 절차의 용이성	O	X	O	O
개방적 노동시장 정책	O	X	O	O
친서방 외교 노선	O	O	X	X
문화적 친밀성과 네트워크 효과	O	X	X	X
러시아어 통용과 현지인들의 환대	O	X	O	O

출처: 저자의 다양한 자료 분석을 토대로 작성

28 N1 인터뷰, 2024. 2. 19. 예레반; N2~N4, 2024. 2. 20. 예레반; N7 인터뷰, 2024. 2. 21. 예레반.

29 N2 인터뷰, 2024. 2. 20. 예레반.

IV. 러시아 이주민의 적응 방식

러시아 이주민의 아르메니아 현지 적응 과정은 크게 두 가지 차원에서 분석할 수 있다. 첫째는 경제적 적응으로, 이는 이주민이 현지 노동시장에 진입하여 안정적인 소득을 확보하고 경제활동의 주체로 자리잡는 과정을 의미한다. 둘째는 사회적 통합으로, 이는 현지 사회의 문화와 가치를 이해하고 수용하며 지역사회의 일원으로 편입되는 과정을 뜻한다. 본 연구의 심층 면담 결과는 이 두 가지 측면에서 러시아 이주민이 비교적 성공적인 적응 양상을 보이고 있음을 시사한다.

1. 경제적 적응

러시아 이주민의 적응 패턴을 구체적으로 살펴보기에 앞서, 러시아계 경제 주체들의 아르메니아 시장 진출 현황을 살펴볼 필요가 있다. 2022년 8월을 기준으로 약 850개의 러시아 법인과 350명의 개인사업자가 아르메니아에 공식 등록되어 있으며, 러시아인들이 개설한 현지 은행 계좌는 약 10만 개에 달한다. 특히 아르메니아 경제통상부 장관의 발표에 따르면, 현재 5만 명 이상의 러시아 IT 전문가가 아르메니아에 거주하면서 활발한 경제활동을 펼치고 있다(RTVI, 2022). 이러한 통계는 러시아 이주민의 경제적 적응이 개인적 차원을 넘어 아르메니아 경제 전반에 걸쳐 광범위하게 이루어지고 있음을 시사한다. 이와 같은 맥락에서 러시아 이주민의 구체적인 경제적 적응 양상을 살펴보면 다음과 같다. 러시아 이주민의 경제적 적응은 직업 유형과 소득원에 따라 크게 세 가지 패턴으로 구분된다.

1) 원격근무를 통한 적응

첫 번째 유형은 아르메니아에 거주하면서 러시아 기업을 위해 원격근무를 하는 전문직 종사자들이다. 이들은 주로 IT 산업과 같이 물리적 위치에 구애받지 않는 분야에 종사하고 있다. 심층 면담 결과에 따르면, 이들은 러시아에서의 고소득을 유지하면서도 아르메니아의 상대적으로 낮은 생활비를 활용할 수 있어 가장 안정적인 경제적 적응을 이루고 있는 것으로 나타났다.[30]

2) 현지 창업을 통한 적응

두 번째 유형은 아르메니아 현지에서 창업을 통해 경제적 기반을 마련한 그룹이다. 이들의 창업 분야는 크게 세 가지로 나눌 수 있다.

첫째, IT 서비스 분야다. 러시아 출신 IT 전문가들은 자신들의 전문성을 활용하여 현지 금융 및 통신 서비스 분야에서 다수의 성공적인 스타트업을 설립했다. 특히 모바일 뱅킹과 핀테크 영역에서 두각을 나타내고 있는데, 이는 러시아의 발달된 디지털 금융 서비스 경험을 아르메니아 시장에 성공적으로 이식한 사례로 평가된다(Лава медиа, 2024). 이들 러시아 스타트업의 영향으로 아르메니아의 금융 및 모바일 서비스는 급속한 발전을 이루고 있다(Новая газета, 2023). 예를 들어, 현지 은행 애플리케이션들은 공과금 납부, 통신비 결제 등 다양한 편의 기능을 도입했으며, 통신사들의 모바일 서비스도 사용자 편의성이 크게 개선되었다.[31] 이는 러시아의 앞선 디지털 서비스 경험이 아르메니아의 서비스 혁신을 이끌어내고 있음을 보여주는 사례다.

둘째, 전문 서비스 분야다. 수의사, 미용사, 헬스 트레이너 등 전문자격이 필요한 서비스 분야에서 창업한 사례들이 관찰된다. 특히 수의 서비스 분야의 창업은 러시아 이주민의 구체적인 수요에서 비롯되었다는 점이 주목할 만하다. 심층 면담 결과에 따르면, 초기에 많은 러시아인이 반려동물과 함께 이주했으나 아르메니아의 수의 서비스 수준이 기대에 미치지 못해 어려움을 겪었다고 한다.[32] 러시아에서 높은 수준의 수의 서비스에 익숙했던 이주민들의 불

30 N1 인터뷰, 2024. 2. 19. 예레반; N3 인터뷰, 2024. 2. 20. 예레반.

31 실제로 전쟁 초기에 아르메니아로 이주한 러시아인들의 평가에 따르면, 당시 현지 은행 애플리케이션은 러시아와 비교할 때 약 10년 정도 뒤쳐져 있었다. 심층 면담 자료(N1 인터뷰, 2024. 2. 19. 예레반; N10 인터뷰, 2024. 2. 23. 예레반).

32 N4 인터뷰, 2024. 2. 20. 예레반; N10 인터뷰, 2024. 2. 23. 예레반.

만은 곧 시장의 기회로 전환되었다. 이에 러시아 출신 수의사들이 이러한 수요에 부응하여 동물병원을 개원하기 시작했고, 현대적 의료 장비와 선진 의료 기법을 도입하여 현지 시장에서 높은 경쟁력을 확보했다. 이는 이주민 커뮤니티의 구체적인 필요가 새로운 비즈니스 기회를 창출한 대표적인 사례로 평가된다.

셋째, 외식업 분야다. 러시아 렐로칸트의 외식업 분야 진출은 기존 서비스의 품질 개선을 넘어 완전히 새로운 사업 영역을 창출했다는 점에서 특별한 관심을 받고 있다. 이는 특히 현대적 커피 문화와 수제 맥주 산업이라는 두 가지 혁신적인 시장의 형성으로 나타났다.

현대적 커피 문화의 도입은 아르메니아 음료 소비 문화의 변화를 단적으로 보여주는 사례다. 2021년 이전까지 아르메니아의 기존 커피전문점들은 라떼, 카푸치노, 아메리카노 등 기본적인 메뉴만을 제공하고 있었다. 그러나 러시아 이주민이 운영하는 스페셜티 커피숍들이 예레반을 중심으로 등장하면서 현지 커피 문화에 상당한 변화가 일어났다. 이들은 매장 내 원두 로스팅, 다양한 추출 방식, 품질 중심의 커피 문화를 도입했으며, 이는 아르메니아 커피 소비 문화의 질적 전환을 가져왔다.[33]

수제 맥주 산업의 발전도 이러한 혁신적 변화를 보여주는 또 다른 사례다. 러시아 렐로칸트들이 설립한 크래프트 브루어리들은 아르메니아의 주류 소비 문화에 새로운 패러다임을 제시했다. 이전까지 아르메니아의 맥주 시장은 대규모 양조장에서 생산하는 일반 라거 맥주가 주를 이루었으나, 러시아 이주민이 운영하는 소규모 수제 맥주 양조장들이 등장하면서 시장의 다변화가 이루어졌다. 이들은 에일, 스타우트, IPA(India Pale Ale) 등 다양한 스타일의 수제 맥주를 선보이며 소비자에게 새로운 맥주 문화를 소개했다. 이러한 변화는 단순한 제품 다양화를 넘어 아르메니아의 전반적인 음료 소비 문화를 질적으로 변화시키는 촉매 역할을 하고 있다. 수제 맥주에 대한 소비자의 관

33 N4 인터뷰, 2024. 2. 20. 예레반; N10 인터뷰, 2024. 2. 23. 예레반.

심이 증가하면서 크래프트 비어 전문 펍이 늘어나고 있으며, 이는 아르메니아의 외식 문화에도 새로운 변화를 가져오고 있다. 특히 젊은 층을 중심으로 수제 맥주 문화가 확산되면서, 아르메니아 주류 시장의 구조적 변화가 가속화되고 있다.[34]

3) 현지 취업을 통한 적응

세 번째 유형은 아르메니아 현지 기업에 취업한 경우다. 특히 IT, 금융, 통신 분야의 현지 기업들이 러시아 전문 인력을 적극적으로 채용하고 있다. 이들은 현지 임금 수준에 만족해야 하는 제약이 있으나, EAEU 회원국 국민으로서 내국인과 동등한 노동권을 보장받아 안정적인 경제활동이 가능하다는 장점이 있다.[35]

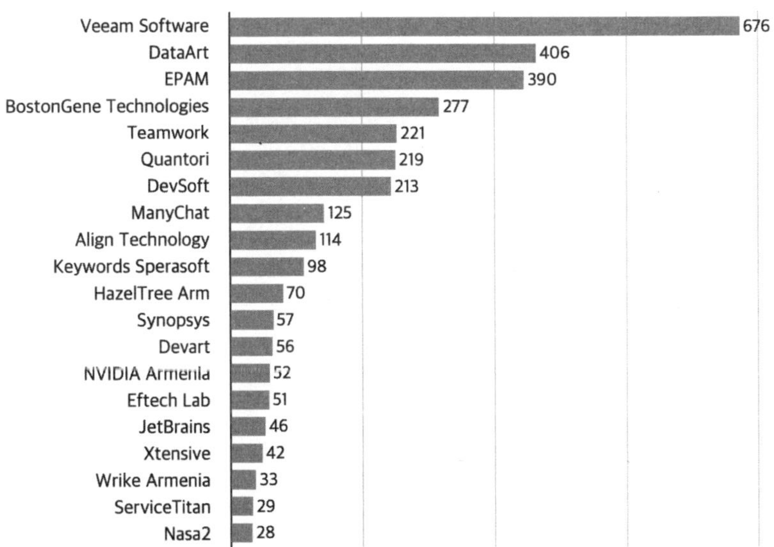

그림 1 러시아 이주민을 가장 많이 고용한 아르메니아 소재 20대 IT 기업 (단위: 명)

출처: Modex(2022)

---

34 N4 인터뷰, 2024. 2. 20. 예레반; N10 인터뷰, 2024. 2. 23. 예레반.

35 N10 인터뷰, 2024. 2. 23. 예레반.

분석 기업 모덱스(Modex)의 연구에 따르면, 2022년 가을까지 수백 명의 렐로칸트가 아르메니아에 소재한 Veeam Software, BostonGene Technologies, Quantori, Teamwork, DevSoft 등의 기업에서 근무하고 있는 것으로 나타났다. 특히 주목할 만한 것은 Veeam Software에서 약 700명, 그리고 국제적 IT 기업인 DataArt와 Epam의 아르메니아 지사에 각각 약 400명의 러시아 IT 전문가가 취업한 것으로 확인되었다. 이는 러시아 IT 전문가의 현지 취업이 개별적이고 산발적인 수준을 넘어 조직적이고 대규모로 이루어지고 있음을 보여준다(Лава медиа, 2024).

주목할 만한 점은 이러한 세 가지 경제적 적응 유형이 상호 배타적이지 않으며, 시간이 지남에 따라 한 유형에서 다른 유형으로 전환하는 사례도 빈번하다는 것이다. 예를 들어, 초기에는 러시아 기업을 위한 원격근무로 시작했다가 점차 현지 시장의 기회를 포착하여 창업으로 전환하는 경우가 다수 관찰되었다.

그러나 모든 러시아 이주민이 아르메니아에서 성공적으로 정착하는 것은 아니다. 경제적 적응에 성공하는 이들은 주로 두 부류로 나눌 수 있다. 하나는 IT 전문가와 같이 아르메니아에서 수요가 높은 전문직 종사자들이고, 다른 하나는 창업에 필요한 자본과 전문 지식을 보유한 사업가들이다.

반면, 이주민 상당수는 심각한 경제적 어려움을 겪고 있다. 자신의 전문성을 활용할 기회를 찾지 못한 이들은 레스토랑이나 카페에서 서빙을 하거나 심지어 음식 배달 일을 하며 생계를 유지하고 있다. 심층 면담 결과에 따르면, 이러한 경제적 어려움으로 인해 많은 이주민이 아르메니아를 떠나는 것으로 나타났다. 일부는 상대적으로 임금 수준이 높은 조지아와 같은 국가로 재이주하고 있으며,[36] 일부는 러시아로 귀환하는 선택을 하고 있다(Спутник Армения, 2024).

36 N9 인터뷰, 2024. 2. 23. 트빌리시.

2. 사회적 통합

러시아 이주민의 가장 두드러진 사회 통합 방식은 적극적인 시민사회 활동 참여다. 이는 렐로칸트 중 상당수가 러시아에서 시민운동가로 활동했던 경험이 있는 이들이라는 점과 밀접한 관련이 있다. 이들은 새로운 정착지에서도 자신들의 시민사회 활동 경험과 전문성을 적극적으로 활용하고 있으며, 특히 이들이 주도하는 다양한 비영리활동은 아르메니아 시민사회 발전에 새로운 동력을 제공하고 있다.

이들의 활동은 크게 두 가지 영역으로 구분된다. 첫째는 환경보호 운동이다. '수보트니크' 활동의 도입과 정착은 러시아 이주민들의 시민사회 기여를 보여주는 대표적 사례다. 수보트니크는 '토요일'을 뜻하는 러시아어 '수보타(суббота)'에서 유래한 말로, 주말을 이용해 지역사회의 환경을 개선하는 자발적인 봉사활동을 의미한다. 이는 본래 소련 시기의 전통으로, 소련 해체 이후 많은 구소련 국가에서 사라졌으나 러시아에서는 환경운동가들의 노력으로 성공적으로 부활했다. 현재 러시아 렐로칸트들은 이 의미 있는 전통을 아르메니아에 새롭게 도입하여 정착시키는 데 성공했다.[37]

이러한 활동을 주도하는 대표적 인물로 로스토프나도누 출신의 다나 베르길류시를 들 수 있다. 그녀는 러시아에서 도시 환경운동가로 활동하며 불법 건축 반대 운동에 참여한 경험이 있다. 현재 예레반과 인근 지역에서 매주 주말마다 수보트니크가 진행되고 있는데, 초기에는 러시아 렐로칸트들만 참여했으나 점차 아르메니아인, 우크라이나인, 벨라루스인도 동참하면서 진정한 다국적 시민운동으로 발전했다. 이러한 활동의 성과를 인정받아 현재는 지역 지자체로부터 청소 도구, 쓰레기봉투, 식수 등을 지원받고 있으며, 더 나아가 이들 환경운동가들은 아르메니아 경제부와 협력하여 폐기물 재활용 문제를 포함한 쓰레기 처리 제도 개혁을 추진하고 있다(RTVI, 2024).

37 N4 인터뷰, 2024. 2. 20. 예레반.

둘째는 인도주의적 지원활동으로, '에토스(Этос)'[38]와 '도포모가(Допомога)'[39] 재단을 중심으로 나고르노-카라바흐와 우크라이나 난민을 지원하는 활동을 펼치고 있다. 특히 '에토스' 재단은 러시아 출신 활동가들이 2022년 초에 설립한 단체로, 처음에는 우크라이나 난민 지원을 위한 소규모 인도주의적 지원 활동으로 시작했으나, 현재는 아르메니아에서 가장 체계적이고 투명한 구호단체 중 하나로 성장했다. 이 재단은 매월 약 400개의 우크라이나 가정과 수천 개의 나고르노-카라바흐 난민 가정에 인도주의적 지원을 제공하고 있다. 주목할 만한 점은 이 단체가 정치적 중립성을 유지하면서, 도움이 필요한 모든 이에게 지원을 제공한다는 원칙을 고수하고 있다는 것이다. 재단의 운영은 주로 개인 기부금으로 이루어지며, 매월 웹사이트를 통해 상세한 재정 보고서를 공개함으로써 높은 수준의 투명성을 유지하고 있다. 약 50명의 상근 자원봉사자와 300여 명의 비정기 자원봉사자가 활동하고 있으며, 이들 중 다수가 러시아 렐로칸트다. 이는 러시아 이주민들이 현지 시민사회 발전에 적극적으로 기여하고 있음을 보여주는 대표적인 사례다.[40]

이러한 다양한 시민사회 활동은 러시아 이주민의 사회 통합에 있어 매우 중요한 역할을 하고 있다. 이들의 자발적인 참여는 단순히 현지 사회에 대한 기여를 넘어, 아르메니아 시민과의 자연스러운 교류와 상호 이해를 촉진하고 있다. 특히 환경 보호와 인도주의적 지원이라는 보편적 가치를 중심으로 한 활동은 문화적, 언어적 차이를 극복하고 지역사회와의 유대를 강화하는 효과적인 통로로 작용하고 있다.

---

38 N6 인터뷰, 2024. 2. 21. 예레반.

39 N5 인터뷰, 2024. 2. 21. 예레반. 도포모가 재단은 우크라이나 출신 활동가들이 자국 난민 지원을 위해 설립한 비영리단체로, 주목할 만한 점은 다수의 러시아 렐로칸트들이 이 단체에서 자원봉사자로 활동하고 있다는 것이다.

40 N6 인터뷰, 2024. 2. 21. 예레반.

V. 맺음말

이 글은 우크라이나 전쟁 이후 러시아인의 아르메니아 이주 현상을 두 가지 측면에서 분석했다. 첫째는 이주 결정요인 분석으로, 배출·흡입 요인 모델을 적용하여 아르메니아가 주요 정착지로 선택되는 원인을 규명했다. 둘째는 러시아 이주민의 현지 적응 방식을 경제적 적응과 사회적 통합의 측면에서 체계적으로 분석했다.

배출·흡입 요인 모델을 적용한 분석 결과, 아르메니아는 러시아 이주민을 수용하는 다른 국가들과 마찬가지로 여러 흡입 요인을 지니고 있으며, 이는 필요조건과 충분조건의 원리에 따라 분류할 수 있다. 필요조건은 수용국에서의 장기 체류를 가능하게 하는 기본적 요인들을 의미하는데, 이는 러시아 이주민을 가장 많이 수용한 조지아, 카자흐스탄, 키르기스스탄 등 비교 대상국 모두에서 관찰된다. 반면 충분조건은 필요조건을 충족하는 국가들 중에서 특정 국가의 매력도를 높이는 추가적 요인들로, 국가별로 상당한 차이를 보인다.

필요조건과 충분조건의 구체적 내용을 살펴보면, 필요조건으로는 비자런을 통한 무제한 체류 연장이 가능한 무비자 제도, 거주지 등록 제도, 이민법 위반에 대한 관대한 행정 집행이 확인되었다. 충분조건으로는 기후적 이점, 생활비 우위, 입국 절차의 용이성, 개방적 노동시장 정책, 친서방 외교 노선, 문화적 친밀성과 네트워크 효과, 그리고 러시아어 통용과 현지인들의 환대라는 사회언어학적 요인이 파악되었다.

구소련 지역의 다른 주요 수용국들과 비교할 때 아르메니아만의 독특성이 특히 주목된다. 필요조건 측면에서 아르메니아는 비자런을 통한 무제한 체류 연장과 거주지 등록을 통한 장기 체류라는 두 가지 옵션을 동시에 제공하는데, 이는 다른 비교 대상국들이 거주지 등록만을 허용하고 비자런은 금지하는 것과 대조적이다. 충분조건 측면에서는 친서방 외교 노선이 러시아 국민의 강제송환 위험과 권리 제한 가능성을 크게 낮추는 독특한 정치적 맥락을 형성한다는 점이 특징적이다. 여기에 더해 전체 이주민의 60~70%가 아르메니아게 러시아인이라는 민족인구학적 특성은 이들의 통합과 적응을 더욱 용이하게 하는 요인이다.

한편, 러시아 이주민의 현지 적응 양상은 경제적 적응과 사회적 통합이라는 두 가지 차원에서 주목할 만한 특징을 보여준다. 경제적 적응의 측면에서는 세 가지 주요 패턴이 확인되었다. 첫째는 러시아 기업을 위한 원격근무를 통한 적응으로, 이는 특히 IT 분야 전문가들 사이에서 보편적이다. 둘째는 현지 창업을 통한 적응으로, IT 서비스, 전문서비스, 외식업 등 다양한 분야에서 혁신적인 비즈니스 모델을 도입하며 성공적으로 정착했다. 셋째는 현지 기업 취업을 통한 적응으로, EAEU 회원국 국민으로서의 특권을 활용한 안정적 고용이 특징이다. 다만 주목할 점은 이러한 성공적인 경제적 적응이 IT 전문가나 사업 자본을 보유한 일부 계층에 한정되어 있으며, 이주민 대다수는 여전히 경제적 어려움을 겪고 있다는 것이다.

사회적 통합의 측면에서는 시민사회 활동을 통한 통합이 가장 두드러진다. 특히 환경보호 운동과 인도주의적 지원활동은 러시아 이주민들의 시민사회 참여 의지를 잘 보여주는 사례다. 이는 이들 중 상당수가 러시아에서 시민운동가로 활동한 경험이 있다는 배경과 밀접한 관련이 있다. 이들의 활동은 '수보트니크'와 같은 환경정화 활동이나 난민 지원을 위한 '에토스' 재단 운영 등을 통해 아르메니아 시민사회의 발전에 실질적으로 기여하고 있다.

아르메니아가 러시아 이주민의 주요 정착지로 부상하게 된 요인과 이들의 현지 적응 양상은 밀접하게 연관되어 있다. 본 연구에서 확인된 아르메니아는 러시아 이주민의 성공적인 경제적 적응과 사회적 통합을 위한 기반을 제공하고 있다. 예를 들어, 개방적 노동시장 정책은 이들의 다양한 경제활동을 가능하게 했으며, 러시아어의 광범위한 통용과 현지인들의 환대는 시민사회 활동 참여를 촉진했다. 반면, 일부 이주민이 겪고 있는 경제적 어려움은 이주민 수용을 넘어선 체계적인 정착 지원 정책의 필요성을 보여준다. 향후 연구에서는 이주 결정요인과 적응 방식 간의 상관관계를 보다 체계적으로 분석하고, 이를 바탕으로 실효성 있는 이주민 통합 정책 방안을 모색할 필요가 있다.

참고문헌

1차 자료

Министерство иностранных дел Республики Армения. n. d. https://www.mfa.am/ru/visa/ (검색일: 2024. 9. 12).

Министерство иностранных дел Республики Кыргызстан. n. d. https://kyrgyz.mid.ru/ru/embassy/news/o_novom_poryadke_prebyvaniya_grazhdan_rossii_v_kyrgyzstane/ (검색일: 2024. 9. 29).

Эталонный контрольный банк нормативных правовых актов Республики Казахстан. n. d. http://zan.gov.kz/client/#!/doc/177676/rus (검색일: 2024. 9. 29).

인터뷰

N1 인터뷰, 2024. 2. 19. 예레반.

N2 인터뷰, 2024. 2. 20. 예레반.

N3 인터뷰, 2024. 2. 20. 예레반.

N4 인터뷰, 2024. 2. 20. 예레반.

N5 인터뷰, 2024. 2. 21. 예레반.

N6 인터뷰, 2024. 2. 21. 예레반.

N7 인터뷰, 2024. 2. 21. 예레반.

N8 인터뷰, 2024. 2. 22. 예레반.

N9 인터뷰, 2024. 2. 23. 트빌리시.

N10 인터뷰, 2024. 2. 23. 예레반.

2차 연구자료

Krawatzek, F. and Sasse, G. 2024. "The Political Diversity of the New Migration from Russia since February 2022." *ZOiS Report*. https://www.

zois-berlin.de/en/publications/zois-report/the-political-diversity-of-the-new-migration-from-russia-since-february-2022 (검색일: 2024. 9. 26).

Lee, E. 1966. "A theory of migration." *Demography* 3(1): 47-57.

Massey, D. S. and García-España, F. 2023. "The social process of international migration." *Science* 237(4816): 733-738.

McAuliffe, M. 2017, "Seeking the Views of Irregular Migrants: Decision-Making, Drivers and Migration Journeys." in M. McAuliffe, and K. Koser ed. *A Long Way to Go: Irregular Migration Patterns, Processes, Drivers and Decision-Making*, 103-140. Canberra: The Australian National University Press.

Melkumyan, Y. and Melkonyan, N. 2023. "Immigration of Russian citizens to Armenia during the Russian-Ukrainian war that began in 2022: pull-push factors." *Journal of Political Science: Bulletin of Yerevan University* 2(1): 137-147.

Parkins, N. C. 2010-12. "Push and Pull Factors of Migration." *American Review of Political Economy* 8(2): 6-24.

Ravenstein, E. G. 1889. "The Laws of Migration." *Journal of the Royal Statistical Society* 52(2): 241-305.

Slepchenko, V. 2024. "Why Don't Russian 'Relokants' (War Immigrants) Choose South Korea as their Place of Permanent Residence?" *International Institute for Asian Studies* (Summer 2024), https://www.iias.asia/the-newsletter/article/why-dont-russian-relokants-war-immigrants-choose-south-korea-their-place (검색일: 2024. 9. 16).

Атанесян, А. В. 2023. "Русские релоканты в восприятии молодежи Армении." *Социологические исследования* 6: 112-122.

Бредихин, А. В. 2024. "Миграция россиян в Монголию: исторический и социологический аспект." *Народонаселение* 27(1): 153-165.

Даниэлян, М. Г. 2023. "Общественные функции русского языка в Армении на современном этапе." *Современное педагогическое языкознание* 7:

357-364.

Евстратов, А. Г. 2022. "Релокация россиян в Армению в свете спецоперации РФ на Украине." *Архонт* 3, 85-90.

Казанцева, Н. В. и В. А. Остапенко. 2023. "Релокация специалистов из России: масштабы и экономические последствия." *Управление персоналом и интеллектуальными ресурсами в России* 2: 124-29.

Хоперская, Л. Л. 2023. "Феномен релокации (≪трусливой миграции≫) из России в условиях специальной военной операции как индикатор отсутствия ценностей патриотизма у части российских граждан." Научно-практическая конференция с международным участием ≪Патриотизм в современной России в условиях роста угроз национальной безопасности.≫ Ростов-на-Дону. Февраль, 141-148, Издательство ЮРИУФ РАНХиГС.

기타 (미디어 및 기타 인터넷 자료)

Modex. 2022. "Involvement of employees relocated from Russia in the IT sector of Armenia." https://modex.am/en/involvement-of-employees-relocated-from-russia-in-the-it-sector-of-armenia/ (검색일: 2025. 1. 23).

BBC Russian. 2023. "Новые российские эмигранты. Кто они, сколько их и куда уехали?" https://www.bbc.com/russian/features-65686712 (검색일: 2024. 9. 10).

Novaya gazeta. 2022. "Over 2,000 citizens charged for 'discrediting' Russian army, human rights group reports." https://novayagazeta.eu/articles/2022/05/22/over-2000-citizens-charged-for-discrediting-russian-army-human-rights-group-reports-news (검색일: 2024. 9. 10).

RTVI. 2022. "Армения приняла свыше 50 тысяч IT-специалистов из России." https://rtvi.com/news/armeniya-prinyala-svyshe-50-tysyach-it-speczialistov-iz-rossii/ (검색일: 2024. 9. 10).

RTVI. 2024. "Сложить всю жизнь в один чемодан. Чем релоканты из России занимаются в Армении." https://rtvi.com/stories/slozhit-vsyu-zhizn-v-odin-chemodan-chem-relokanty-iz-rossii-zanimayutsya-v-armenii/?t (검색일: 2025. 1. 23).

Ведомости. 2023. "Около 40% уехавших из России в 2022 году вернулись обратно." https://www.vedomosti.ru/society/news/2023/12/05/1009358-okolo-40-relokantov (검색일: 2024. 9. 10).

Интерфакс. 2023. "В Армении остались жить около 110 тысяч релокантов из России." https://www.interfax.ru/russia/891304 (검색일: 2024. 9. 14).

Лава медиа. 2024. "Еще чуть-чуть на вечном подъеме: обзор IT-индустрии Армении." https://www.lavamedia.am/2024/08/29/76515/?t (검색일: 2025. 1. 23).

Новая газета. 2023. "Давай, Володя, жми! Пускай приезжают." https://novayagazeta.eu/amp/articles/2023/10/06/davai-volodia-zhmi-puskai-priezzhaiut (검색일: 2024. 03. 23).

Платформа услуг по миграции и гражданству. n. d. https://migration.e-gov.am/ru/service/provision_of_ssn/info (검색일: 2024. 9. 17).

Правовой портал ЕАЭС. 2014. "Договор о Евразийском экономическом союзе." https://docs.eaeunion.org/docs/ru-ru/0003610/itia_05062014 (검색일: 2024. 9. 17).

Спутник Армения. 2024. "Релокантов в Армении стало меньше: с чем связан отток и как правительство упустило шанс?" https://am.sputniknews.ru/20240203/relokantov-v-armenii-stalo-menshe-s-chem-svyazan-ottok-i-kak-pravitelstvo-upustilo-shans-71690754.html?t (검색일: 2025. 1. 23).

Т-Ж. 2025. "Правила пребывания в Казахстане для россиян." https://journal.tinkoff.ru/news/no-border-run-kazakhstan/ (검색일: 2024. 9. 29).

• • • •

제9장

한국으로 온 우크라이나 전쟁 난민 고려인의 정착과 재이동*

고가영

I. 머리말

세계 각지에서 장기화되고 있는 분쟁으로 집을 잃고 피난길을 나서는 실향민들이 급증하고 있다. 2024년 8월 16일 유엔난민기구(UNHCR) 보도자료에 의하면 이러한 실향민이 1억 2천 320만 명에 이른다(UNHCR, 2024a). 이처럼 실향민이 대규모로 발생하게 된 원인 중 하나는 시리아와 아프가니스탄 내전과 더불어 2022년 2월 24일 발발한 우크라이나-러시아 전쟁(이후, 우크라이나 전쟁으로 표기)이었다. 국내외 대부분의 전문가들은 이 전쟁은 일어나지 않을 것이라고 예견했었고, 전쟁 발생 직후에는 단기간에 종식될 전쟁이라고 전망했다. 그러나 전쟁은 발발했고, 거의 4년에 이르는 장기전이 되었다. 지금까지 우크라이나 전쟁에 대한 수많은 보도가 국내외를 막론하고 쏟아져 나왔으며, 우크라이나 전쟁의 원인, 전개 과정, 경제적인 파급효과를 비롯한 전쟁의 영향에 대해 다양한 관점에서 분석되고 있다.

---

* 이 글은 『호모미그란스』 28 (2023)과 2025년 12월에 *Asian Journal of Political Science*(*A-JPS*)에 게재된 논문을 본서의 편집 취지에 맞도록 수정 · 보완한 것입니다.

이 글에서는 우크라이나 전쟁의 다양한 측면들 중, 전쟁으로 인해 발생한 난민들을 다루고자 한다.[1] 우크라이나 전쟁은 2차 세계대전 이후 유럽 지역에서 최대 규모의 난민을 발생시켰다. UNHCR의 최고대표보인 질리언 트릭스(Gillian Triggs)에 의하면, 전쟁이 발발하자 UNHCR에서는 내부적으로 난민 대책을 수립했고, 이 대책은 플랜 A,B,C,D로 준비되었다. 담당자들의 다수는 대체로 플랜 A를 예상했다. 플랜 A는 국외로 넘어오는 난민이 발생하지 않는 것이다. 플랜 B는 수십만 명 정도로 난민이 발생하는 경우의 대책이었으며, 플랜 D가 400만 명 정도의 난민 발생에 대한 대응책이었다. 그러나 우크라이나 전쟁 난민의 수는 예상을 훨씬 능가했다(질리언 트릭스, 2023). 이처럼 우크라이나 전쟁은 단시간에 대규모 난민을 발생시켰다.

이 글에서는 우크라이나 전쟁 난민 중, 한국으로 들어온 우크라이나 난민들, 특히 광주광역시로 유입된 우크라이나 고려인 난민들의 모빌리티에 주목하고자 한다. 구체적으로는 이들의 모빌리티의 동인이 된 전쟁 상황, 난민 발생 상황, 이들이 한국을 선택하게 된 원인과 정착 과정에서의 광주 〈고려인마을〉 공동체와의 관계, 그리고 또 다시 이동을 선택하게 된 요인과 양상들을 살펴보고자 한다.

한국, 특히 광주 고려인마을로 유입된 우크라이나 난민들의 상황을 살펴보기 위해 광주 월곡동의 고려인 밀집거주지의 거주민과 우크라이나 난민 고려인들과 인터뷰를 수행했다. 광주 고려인마을에서의 현지 조사는 총 18회에 걸쳐 진행했다.[2] 우크라이나 전쟁 발발 이전에 수행한 5번의 현지조사는 우크

1 1951년 난민협약과 1967년의 난민의정서에는 난민의 범주에 전쟁으로 인한 난민은 포함되지 않지만, 이 글에서는 전쟁 난민을 서장에서 제시된 것처럼 확장된 난민의 범주에 포함시켜 서술한다.

2 현지조사는 1차: 2021년 6월 24일~25일, 2차: 2021년 7월 13일, 3차: 2021년 8월 20일~22일, 4차: 2021년 10월 8일~10일, 5차: 2021년 12월 10~11일, 6차: 2022년 7월 23일~26일, 7차: 2022년 8월 13일~16일, 8차: 2023년 10월 15일~16일, 9차: 2023년 2월 20~21일, 10차: 2023년 4월 6일~8일, 11차: 2023년 5월 18일~21일; 12차: 2023년 11월 3일. 13차: 2024년 2월 5일~6일, 14차: 2024년 3월 11~13일; 15차: 2024년 6월 13일~15일; 16차: 2024년 9월 6~8일; 17차: 2025

라이나 난민 고려인들의 유입 인프라를 제공하게 된 〈고려인마을〉의 형성과 발전에 초점을 맞추었다. 전쟁 이후 진행된 13번의 현지 조사는 우크라이나 전쟁 난민들과 이들을 돕는 이들을 중심으로 진행되었다. 심층 인터뷰는 고려인 지원센터 공동 대표 2인(고려인 1인, 선주민 1인), 우크라이나 난민 고려인과 그 가족 20명, 이들을 지원하는 우크라이나 이주민 고려인 1인(올드커머), 러시아와 우즈베키스탄에서 이주해 온 〈고려인마을〉 거주민인 고려인 4명, 광산구청 외국인 주민과 공무원 2인, 외사과 경찰관 3인, 〈고려인마을〉 핵심 활동가인 북한 이탈 주민 1인과 선주민 5인, SBS 기자 2인과 진행했는데, 이들 중 다수와는 반복적인 인터뷰를 진행했다. 이외에도 국내외 언론 기사, 관련 기관인 법무부 및 지방자치단체 발간 통계자료들과, 사단법인 〈고려인마을〉에서 운영하고 있는 홈페이지의 자료들도 활용하였다.

II. 우크라이나 난민 고려인의 한국 유입 배경

1. 우크라이나 전쟁 난민 발생 배경과 현황

우크라이나 난민 고려인들을 이동하게 한 가장 큰 요인은 당연히 전쟁이었다. 2022년 2월 24일에 발발한 전쟁 첫날부터 수도 키이우, 서부 르비우, 동부 하르키우, 남부 오데사 등 우크라이나 전역의 대도시에 러시아군에 의한 폭격이 행해졌다. 이로 인해 전쟁 초기부터 대규모 난민이 발생하기 시작했다. 러시아는 이 명백한 침략전쟁을 초기부터 '특별 군사 작전'이라고 명명했다. 러시아가 전쟁 명분으로 내세운 것은 2014년부터 우크라이나로부터 분리 독립을 요구해 온, 동부 돈바스 지역에서 중앙정부로부터 물리적 위협을 받아온 러시아인들을 보호하는 것이었으며, 이를 위한 특별 군사 작전을 펼친 것이라고 주장했다.

이러한 러시아의 명분을 잘 보여주는 것이 2022년 봄부터 러시아 전역

년 5월 24~25일; 18차: 2025년 10월 18~19일에 진행했다.

에서 개최되었던 사진전 "언제나 엄마가 있기를, 언제나 내가 있기를 (Пусть всегда будет мама, Пусть всегда буду я!)"이었다. 모스크바, 상트페테르부르크, 예카테린부르크, 이르쿠츠크 등 대도시의 도심 거리에서 개최된 이 사진전에 게시된 사진은 2017년 돈바스 지역에 수개월 동안 체류했던 종군 기자 이리나 라쉬케비치(Ирина Лашкевич)와 다니일 보그단(Даниил Богдан)이 동부지역의 참상을 알리기 위해 촬영한 것이었다. 구체적으로는 우크라이나 정부군의 폭격에 의해 부숴진 유치원과 건물의 잔해 속에 나뒹구는 인형, 공포 속에서 공허해진 눈빛을 가진 아이들을 클로즈업한 사진들로 구성되어 있었다. 이를 통해 2022년 러시아 정부가 벌인 전쟁의 당위성을 러시아 국민들에게 납득시키고자 하는 의도를 드러내고 있다.(Сталина, 2022)

그러나 '특별 군사 작전'이라는 러시아 정부의 일방적인 주장도 2022년 9월 21일에 러시아 정부가 30만 명을 징집하는 부분 동원령을 내림으로써 깨어졌다. '특별 군사 작전'에 동원령을 내릴 수는 없기 때문이다. 이때부터 명분상으로도 더 이상 부정할 수 없는 사실상 전쟁의 단계로 접어든 이래, 거의 4년이나 지속된 장기 전쟁이 되었다.[3]

전쟁의 원인이 독일 통일 당시 고르바초프에게 나토는 1인치도 동진하지 않겠다고 한 약속을 어긴 것 때문이든,[4] 미국 중심의 국제질서를 재편하고자 한 러시아의 열망이었든, 우크라이나 내부의 동·서 갈등이든, 전쟁으로 고통받는 것은 미국과 러시아의 통치자들이 아니라 우크라이나에 거주하는 사람들이다. 유엔 인권 고등판무관 사무소(Office of the UN High Commissioner for Human Rights (OHCHR))의 2025년 10월 발표에 의하면, 이때까지 민간인 사상자는 53,006(사망자 14,534, 부상자 38,472)명에 달한다(Ohchr, 2025).

---

3 2024년 3월 22일, 드미트리 페스코프 크레믈 대변인은 신문 인터뷰에서 "특별군사작전"으로 시작되었지만, 서방 집단이 우크라이나 편에 참여하게 되자, 러시아에 있어 전쟁이 되었다. 라고 공식적으로 전쟁임을 밝혔다(유세진, 2024).

4 푸틴 자신은 이 '특별군사작전'의 주요한 원인 중 하나로 이를 들고 있다(Обращение Президента Российской Федерации, 2022).

전쟁의 참상 속에서 수많은 우크라이나인들이 전쟁 난민이 되어 국경을 넘고 있으며, 초기부터 대규모로 발생했던 난민의 숫자는 시간이 흐르면서 기하급수적으로 증가했다. 구체적으로는 2022년 3월 8일에 약 200만 명이었던 난민이, 3월 12일에 약 250만 명, 3월 15일에 300만 명으로 증가했다. 6월 1일 기준으로 폴란드에 도착한 전쟁 난민들도 약 370만 명에 이르렀다(Zawadzka-Paluektau, 2023: 97). 2022년 8월 무렵에 국경을 넘는 사람들의 수가 절정에 이르렀고 국외로 이동한 난민의 수가 천만 명을 상회했으나, 2022년 하반기가 되면서 그 수가 감소되었다. UNHCR의 2023년 4월 20일자 자료에 의하면, 유럽 내 우크라이나 난민은 8,172,189명이며, 우크라이나 내 실향민은 5,352,000명으로 집계되었다(UNHCR, 2023b). 우크라이나 전쟁 발발 이후 2년이 지난 시점인, UNHCR의 2024년 3월 14일자 자료에 의하면, 국외 난민은 6,486,000명(유럽 내 5,982,900명, 유럽 외 503,100명)이며, 우크라이나 내 실향민은 3,689,000명으로 집계되고 있다(UNHCR, 2024b). 최근 통계 자료인 2025년 9월 2일 발표에는 5,698,470명(유럽 내 5,137,910명, 유럽 외 560,200명)으로 집계되고 있다(UNHCR, 2025).

그런데 기존의 시리아, 아프가니스탄 난민들과 비교할 때 우크라이나 난민들을 수용하는 인근 국가들의 수용 태도는 차이를 보인다. 그 대표적인 사례가 폴란드이다. 시리아 난민 수용을 거부한 바 있는 폴란드는 한때 가장 많은 우크라이나 난민을 수용하고 있는 나라이기도 했다. 그 원인으로 거론되는 것은 OECD 대표부의 2022년 5월 9일 보고시에 기록된 것처럼, 우크라이나 난민들 중 성인의 80-90%가 여성이며, 그중 절반 정도는 미성년자들이기 때문에 주로 여성, 아이들로 구성된 난민들에게 우호적이라는 것이다. 이는 우크라이나 정부가 18세-60세의 전투 가능한 남성들의 출국을 막고 있기 때문이기도 하다(OECD, 2022: 7-8).

그러나 2025년 1월에 발표된 UNHCR의 자료에는 여성이 63%, 남성이 37%이며, 장애인이 6% 정도가 포함되어 있다. 연령대별 상세한 비율은 아래 표와 같다.

표 1 연령대별 성비 및 전체 비율

연령대	남성(%)	여성(%)	전체 비율(%)
60+	4	9	
35 – 59	9	25	
18 – 34	7	14	
12 – 17	6	6	
5 – 11	8	7	
0 – 4	3	3	
여성 및 소녀	—	—	63
남성 및 소년	—	—	37
장애인	—	—	6

출처: UNHCR. 2025. Ukraine Situation: Regional Refugee Response Plan 2025-2026를 기반으로 재구성

이러한 인구 비율의 변화, EU 국가들의 재정적 부담 등 다양한 이유들로 인해 인근 국가들에서 전쟁이 장기화되면서 초기의 적극적인 환대의 분위기와는 달리 피로감을 드러내고 있지만, 우크라이나 난민에 대한 거부감은 시리아, 아프가니스탄 난민들과 비교할 때 상대적으로 낮은 편이다. 전면에 드러내 놓고 거론하지는 않지만, 그 이면에는 종교를 포함한 문화적 친연성과 우크라이나 난민들이 주로 백인이라는 인종적인 측면도 있다고 평가되고 있다(Zawadzka-Paluektau, 2023: 96-111).

그런데 우크라이나 전쟁으로 이처럼 대규모 난민이 발생한 이유 중 하나는 2014년 크림사태와 돈바스 내전 발발 이후 많은 우크라이나인들이 이주 노동자로서, 인근 유럽 국가들로 떠난 것과 관련이 있다. 2014년에 러시아가 크림을 병합한 이후 미국을 비롯한 서구 국가들의 대 러시아 경제 제재가 시행되었고, 이는 러시아 경제에만 타격을 준 것이 아니라, 역설적으로 우크라이나 경제에도 커다란 타격을 주었다. 우크라이나의 노동 가능 연령의 남성들이 대거 폴란드, 체코, 독일을 비롯한 유럽으로 노동이주를 떠났다. 전쟁 직전인 2022년 2월 21일 대국민 TV 연설문에서 푸틴은 2019년의 국제기구의 발표를 인용하여, 전체 인구의 15%에 달하는 약 600만 명의 우크라이나인

들이 일자리를 찾아 해외로 나갔다는 사실을 강조했다(Обращение Президента Российской Федерации, 2022). 이처럼 2022년 2월 전쟁 발발 이전에 우크라이나 국민들의 상당수가 국외로 노동이주를 감행했다. 우크라이나에 거주하던 고려인들 중에서도 대도시의 주류 사회로의 진입에 성공했던 이들은 전쟁 이전에도 다수가 우크라이나인들의 이주의 흐름 속에서 유럽으로 노동이주를 감행했고, 농촌 지역에서 농사짓던 젊은이들의 다수가 한국으로 들어왔다.[5] 전쟁이 발발하자 우크라이나에 남아 있던 이들의 가족들이 국경을 넘어 이들과 합류하는 경우가 많았다.[6] 이러한 점도 대규모 난민 발생의 중요한 원인이 되었다.[7] 이러한 전반적인 우크라이나 난민 이동의 흐름에서 고려인들도 예외는 아니다. 우크라이나 전쟁 발발 이전, 한국에 노동 이주자의 성격으로 들어와 있던 우크라이나 고려인들의 가족들이 전쟁이후 한국으로 들어와 합류하는 사례들이 많이 있었다.

2. 한국의 난민 정책

이처럼 우크라이나 전쟁으로 대규모 난민이 발생하는 상황 속에서, 우크라이나에 거주하고 있던 고려인들의 일부가 전쟁 난민이 되어 국내로 들어왔다. 2023년 3월 26일에 배포된 법무부 보도자료에 따르면, 전쟁 이후 한국으로 유입된 우크라이나 고려인의 수는 약 1,200명으로 추산되고 있다(법무부 보도

5 이에 대해 자세한 사항은 (고가영, 2019)를 참조할 것

6 2024년 2월에 폴란드 시정부가 운영하는 난민 캠프인 '가족지원센터'의 스텝으로 일하고 있는 마리나의 경우도 전쟁 전 바르샤바에서 남편이 이주노동자로 일하고 있었고, 전쟁이 발발하자 자뽀로지예에서 기차를 타고 바르샤바로 아이들을 데리고 남편에게 합류하였다. 마리나 인터뷰, 2024. 2. 24. 폴란드 바르샤바 난민 캠프 '가족지원센터' 사무실.

7 그런데 난민들 중 타지에 가족이나 지인들이 있는 경우 그곳을 목적지로 정하지만, 타국에 연고가 없는 경우 많은 사람들이 인근 국가들의 난민수용소에 체류하고 있다. 주로 러시아에서 발간되는 인터넷 저널들에는 우크라이나 난민들이 불가리아, 독일 등지에서 얼마나 열악한 환경에 노출되어 있는가를 조명하고 있다(Умрихина, 2022; Каранская, 2022; Рохманов, 2022; Гудов, 2022).

자료, 2023/03/26). 안산 고려인 지원 센터 '너머'에서는 약 1,500명으로 추산하기도 한다. 이중 안산 지역에 약 200명, 인천 지역에 약 200명 정도가 거주하는 것으로 알려져 있다(이상서, 2022).

한국에서 난민 문제를 체계적으로 다루기 시작한 것은 한국이 '난민지위에 관한 협약(The 1951 Convention relating to the Status of Refugee, 난민협약)'과 '난민지위에 관한 의정서(The 1967 Protocol relating to the Status of Refugees, 난민의정서)에 가입한 1992년부터였다. 이후 1993년 출입국관리법과 1994년 출입국관리법 시행령에 난민인정조항을 신설하여 난민 인정 규정이 마련되었다(조영관, 2023: 4-5).

그러나 난민 규정이 마련되었다 하더라도 난민 인정에 대해 소극적이었기 때문에 2000년도까지 한국에서는 난민을 인정하지 않았다. 최초로 난민을 인정한 것은 2001년이었으며, 26세의 에티오피아 출신의 전도사 한 명을 난민으로 인정했다(이재호, 2020). 이후 2002년에 1명, 2003년에 12명, 2004년에는 18명을 난민으로 인정했다. 또한 한국 정부가 2012년 난민법을 제정함으로써, 아시아 최초로 난민법을 제정한 나라가 되었다. 이후 난민 신청은 점차 늘어났으나, 2015년까지 한국의 난민 인정률은 2%에 불과했고, 이는 세계 난민협약국 평균인 38%보다 현저하게 낮은 비율이었다(옥영혜, 2015: 191-192). 2015년 유엔난민기구가 발표한 글로벌 동향에 따르면 한국의 1인당 국내 총생산 대비 난민보호 수용력은 189개 국가 중 119위이다. 현행 난민법(제2조 1항)에서 규정하고 있는 난민의 정의는 "인종, 종교, 국적, 특정 사회집단의 구성원인 신분 또는 정치적 견해를 이유로 박해를 받을 수 있다고 인정할 충분한 근거가 있는 공포로 인하여 국적국의 보호를 받을 수 없거나, 보호받기를 원하지 아니하는 외국인 또는 그러한 공포로 인하여 대한민국에 입국하기 전에 거주한 국가로 돌아갈 수 없거나 돌아가기를 원하지 아니하는 무국적자인 외국인을 말한다"이다.[8]

---

8 "난민법." (시행 2016. 12. 20)

2025년 3월호 법무부의 『출입국외국인 정책 통계월보』 통계에 의하면 1994년 이후 2025년 3월까지 한국 내 난민신청자는 125,332명이며, 심사완료자는 58,499명인데, 이 중 1,580명이 난민인정을 받았고, 2,704명이 인도적 체류허가를 받아 총 4,284명이 난민인정(보호)를 받고 있다(법무부, 2025).

난민 문제를 사회적으로 부각시킨 2018년 제주도로 입도한 예멘 난민의 경우, 난민 인정을 신청한 549명 중 난민 인정을 받은 사람은 단 2명에 불과하다(최유, 2022: 22). 예멘 난민의 유입으로 한국 사회에 첨예한 사회 갈등이 발생했기 때문에, 2021년 8월에 아프가니스탄 난민 391명을 국내로 데려올 때에 한국정부는 이들을 '특별기여자'라고 부름으로써 사회적 거부감을 완화시키고자 했다.

이런 상황 하에 2022년 봄부터 우크라이나 전쟁으로 인한 난민들이 한국으로 들어오고 있는데, 이들의 대부분은 고려인들과 그 가족들인 우크라이나인들이다. 2014년 크림 병합 이전에는 우크라이나에 약 3만 명의 고려인이 거주한 것으로 알려져 있다(장세정, 2001). 19세기 후반 한반도를 떠나 연해주로, 연해주에서 중앙아시아로, 중앙아시아에서 우크라이나로 이주했던 고려인들이 이제 전쟁 난민이 되어 다시 한반도로 귀환하고 있다.

우크라이나로부터 유입된 고려인들은 명백한 전쟁 난민이다. 전선에서 사위가 전사하기도 하고, 러시아군의 폭격으로 일생을 일군 집과 삶의 터전이 송두리째 파괴된 비극적 현실에 처해 있는 전쟁 난민이다. 그러나 이들 중 대부분은 1/4 고려인임을 증명하여 재외동포로서 입국했다. 이들 우크라이나 전쟁 난민들은 이제 '동포'의 이름으로 한국 사회에 유입되고 있다. 한국에 도착한 이후에도 이들은 전쟁 난민으로서 한국 정부의 지원을 받는 것이 아니라,

---

https://www.law.go.kr/%EB%B2%95%EB%A0%B9/%EB%82%9C%EB%AF%BC%EB%B2%95 국제적으로 난민협약(Convention Relating to the Status of Refugees)이 만들어진 것은 1951년이었으나, 시간적 지리적 한계가 있어서 보호받을 수 있는 난민의 범주에 제약이 있었기 때문에 1967년 UN 총회 결의 2189호에서 '난민의 지위에 관한 의정서(Protocol Relating to the Status of Refugees)가 채택되었다(바쓰타우바예바(BASTAUBAYEVA), 2016: 6-9).

'우크라이나 탈출 동포'로서 한국 사회 속에 받아들여지고 있다.

III. 고려인 난민 유입과 광주 〈고려인마을〉 공동체의 환대

1. 광주 〈고려인마을〉로 유입된 우크라이나 고려인 난민들

안산, 인천 등의 고려인 밀집거주지들도 우크라이나 고려인 난민들을 돕고 있지만, 우크라이나 전쟁 난민 고려인들이 한국으로 유입되는데, 적극적으로 관여한 공동체는 광주 〈고려인마을〉이었다.[9] 무엇보다 〈고려인마을〉은 우크라이나 인근 국가들에 피신해 있던 고려인들에게 항공권을 구매하여 보냄으로써, 이들이 한국으로 입국할 수 있도록 도움을 제공했다. 지금까지 〈고려인마을〉 지원센터의 항공권 지원으로 국내로 입국한 고려인은 876명이다(사단법인 〈고려인마을〉 홈페이지).

광주 〈고려인마을〉이 우크라이나 난민 고려인들에게 항공권을 보내게 된 계기는 2022년 우크라이나 전쟁 이전에 돈을 벌기 위해 이주 노동자로 입국하여 월곡동에 거주하고 있는 우크라이나 고려인들의 안타까운 사정을 접하게 되면서부터였다. 가족들이 우크라이나 인근 국가들의 난민 캠프에 체류 중이지만, 비행기 값이 없어서 한국으로 오지 못하고 있다는 소식을 들은 〈고려인마을〉 주민들은 〈고려인마을〉 지원센터를 찾아와 도움을 호소했다. 이러한 사정을 들은 지원센터 운영진은 항공권 비용을 모금하여 폴란드 등으로 보냈다. 이처럼 항공권을 지원받아 들어온 첫 사례로 2022년 3월 21일에 월곡동 고려인 밀집거주지에 거주하던 거주민의 손녀인 아니타가 입국했다(K-COOP

9 현재 한국의 다양한 지역들에는 고려인 밀집거주지들이 형성되어 있다. 고려인 밀집거주지는 안산, 인천, 김해 등과 같이 자연발생적으로 생겨난 곳들과 제천과 같이 관주도로 형성된 곳, 광주와 같이 민간 주도로 형성된 곳들이 있다. 과거 구소련 지역에 약 53만 명 정도의 고려인들이 거주하는 것으로 파악되었으나(2007년 외교부 자료), 2025년 현재 약 111,306명이 한국 내에 거주하는 것으로 파악되고 있다(출입국외국인 정책 통계월보, 2025/04: 47).

한국협동조합 방송, 2022/03/22).

당시 고려인 마을에 거주하고 있던 우크라이나 고려인들은 약 250명 정도였다(박 빅토리아, 2022b). 항공권 구입을 위한 자금은 월곡동에 위치한 식당 '고려인 가족 카페'의 주인인 텐 올가가 기부한 1000만 원이 마중물이 되었다. 이를 계기로 우크라이나 난민 고려인들에게 항공권을 보내는 일이 시작되었다. 이후 광산구청, 기업체, 개인들이 기부금을 〈고려인마을〉에 제공했고, 이를 통해 〈고려인마을〉 공동체는 우크라이나 난민 고려인들의 국내 입국을 도왔으며, 입국 이후 정착을 위해 적극적인 활동을 펼치게 되었다. 이 모든 비용은 모금을 통한 후원금으로 충당했다.[10] 이 외에도 광주 시민들은 우크라이나 난민들을 돕기 위해 쌀, 라면, 이불 등 생필품들을 〈고려인마을〉로 보내왔다. 이에 대해 광주 월곡동에 이미 거주하고 있던 중앙아시아에서 온 고려인들과 바르샤바의 우크라이나 난민들 중 몇 사람은 한국인들이 대단하다고 평가했다.[11] 그런데 이처럼 우크라이나 난민 고려인의 한국 유입은 중앙정부나 지자체와는 별도로 순수하게 민간차원에서 진행되었다.

이렇게 〈고려인마을〉의 항공권 지원으로 입국한 876명 중, 인적 사항을 제대로 파악하지 못한 초기 입국자 3인을 제외한 873명의 구성은 다음과 같다. 873명의 명단은 입국 날짜를 기준으로 정리한 표를 광주 〈고려인마을〉 홈페이지에 제공하고 있다(사단법인 〈고려인마을〉 홈페이지). 아래의 표들은 이를 기준으로 필자가 주제별로 분류해 본 것이다.

항공료 지원으로 입국한 사람들 중 여성은 541명이며, 남성은 332명이다. 이중 미성년자들은 33.7%이며, 20대~50대가 53%이며, 60대 이상이 13.2%이다. 미성년자들의 경우 남, 녀 성비가 비슷하지만, 성년의 경우는 여성들의 수가 더 많다(표 2).

---

10 이천영, 신조야, 박 빅토리야 인터뷰, 2022. 7. 23, 24, 25, 26일, 2022. 8. 14, 16. 2024. 9. 18. 광주 〈고려인마을〉 지원센터.

11 나탈리야 샤고바 인터뷰, 2024. 2. 25. 폴란드 바르샤바 '우크라이나 난민 교회'.

표 2　연령별, 성별 분류

연령	10대 이하	10대	20대	30대	40대	50대	60대	70대	80대	정보없음	합계
수/비율	108/12.4	186/21.3	116/13.3	138/15.8	132/15.1	77/8.8	84/9.6	24/2.7	5/0.6	3/0.3	873(명)/100%
여성/남성	56/52	91/95	80/36	93/45	83/49	59/18	54/30	17/7	5/0	3/0	541/332

이들의 국적 분포를 살펴보면 우크라이나 국적자가 83.7%로 가장 많고, 다음은 우즈베키스탄 국적자(12.6%)이며, 러시아 국적자도 14명이 있으며, 무국적자도 13명이 포함되어 있다(표 3).

표 3　국적별, 성별 분류

국적	우크라이나	우즈베키스탄	러시아	카자흐스탄	키르기스스탄	무국적자	기타	합계
수/비율	731/83.7	110/12.6	14/1.6	2/0.2	2/0.2	13/1.5	1/0.1	873(명)/100(%)
여성/남성	460/271	61/49	11/3	1/1	1/1	7/6	0/1	541/332

전쟁을 피해 우크라이나에서 한국으로 들어온 고려인들은 미콜라이우, 헤르손, 오데사 등에서 농사를 짓던 사람들이 대부분이었다. 이들은 전쟁이 발발한 이후 대체로 2개월 정도 집 지하실에서 거주하다가 적십자 등의 도움을 받아 국외로 피난을 했다. 이는 고려인만이 아니라 우크라이나 전쟁 난민들의 일반적인 현상이기도 하다. 고려인들이 비자를 수령하여 비행기 표를 구매하여 출발한 장소는 폴란드가 전체의 절반 정도를 차지한다. 그외에 접경 국가들(루마니아, 몰도바, 헝가리)과 구소련 국가들(우즈베키스탄, 조지아, 아르메니아, 카자흐스탄)과 독일, 영국, 네덜란드와 같은 서유럽 국가들과 터키와 러시아도 있다(표 4).

표 4　한국 입국 전 출발지

출발지	폴란드	루마니아	몰도바	러시아	독일	터키	우즈베키스탄	조지아	영국	체코	헝가리	아르메니아	불가리아	카자흐스탄	네덜란드	합계
수	428	308	43	33	23	8	7	7	6	3	2	2	1	1	1	872명
비율	49.03	35.28	4.93	3.78	2.63	0.92	0.8	0.8	0.69	0.34	0.23	0.23	0.11	0.11	0.11	99.88%

다음으로 우크라이나 난민 고려인들의 광주로의 입국 시기를 살펴보자면, 2022년 9월까지는 상당수의 고려인들이 입국했지만, 10월 이후로는 그 수가 감소되었다. 이는 전체 우크라이나 난민들의 상황과도 유사하다. 2022년 8월까지 천만 명을 상회하던 국경을 넘는 난민들의 수가 하반기부터 감소하기 시작했다(표 5).

표 5 입국 시기별 인원

연도	월	입국자 수(명)
2022	3	31
	4	160
	5	136
	6	49
	7	97
	8	127
	9	101
	10	63
	11	49
	12	45
2023	1	11
	2	2
	4	1
	7	1
합계		873

2. 우크라이나 난민 고려인의 유입과 〈고려인마을〉의 인프라

〈고려인마을〉에는 우크라이나 전쟁 발발 이전에도 우크라이나 난민들을 수용하기에 적합한 인프라가 이미 갖추어져 있었다. 〈고려인마을〉의 인프라는 지원센터의 공동대표인 이천영 대표와 신조야 대표에 의해 만들어졌다. 체불임금을 받지 못한 이주 노동자의 신분과 체불임금을 받아주는 온정을 베풀던 선주민으로 2002년에 이루어졌던 두 사람의 만남은 광주 월곡동에 고려인 공동체가 형성되는 계기가 되었다. 광주 월곡동에는 〈고려인마을〉 지원센터를 구심점으로 고려인들의 한국 정착을 돕는 다양한 기구들이 만들어졌다. 그 기구들은 첫째는 생활지원 시설, 둘째는 미디어를 통한 홍보시설, 셋째는 교육시설, 넷째는 문화시설 등으로 구분할 수 있다. 우크라이나 전쟁 이전에 이미 갖추어져 있었던 이러한 고려인 지원 인프라들은 전쟁 이후 우크라이나 난민들을 지원하는 데 활용되었다. 더 나아가 우크라이나 난민들이 유입됨으로써 오히려 〈고려인마을〉은 더욱 확장되어 양계장, 협동조합 등 새로운 기구들이 신설되기도 했다.

1) 〈고려인마을〉 지원센터의 난민 고려인 정착지원

먼저 생활 지원 부분에서는 전쟁이전에도 〈고려인마을〉 지원센터는 가방 하나만 들고 월곡동 지원센터로 찾아온 고려인들에게 무료로 숙식을 제공하고 일자리를 구해 주었다. 이 일은 지원센터 개관 초기부터 현재까지도 계속되고 있다.[12]

이처럼 〈고려인마을〉 공동체는 그동안의 고려인들을 도운 경험을 바탕으로 우크라이나 전쟁 난민 고려인들이 단시간에 많은 인원들이 마을로 들어왔지만, 커다란 무리 없이 초기 정착금 지원, 거주 공간 마련, 생필품 제공 등을 지원할 수 있었다(사단법인 〈고려인마을〉 홈페이지).

또한 〈고려인마을〉 지원센터는 이주노동자들의 정착에 매우 시급한 문제인 의료지원 인프라를 갖추고 있다. 광주지역 의료진들과의 협업 속에서 지원센터는 매주 화요일에 정기적으로 의료지원을 시행하고 있다. 〈고려인마을〉 지원센터는 월곡동 거주민에 한해 국적, 병명, 액수 불문하고 도움을 요청하는 이들의 병원비를 전액 지원해 왔다. 병원비는 월곡동에서 자리를 잡은 고려인 상인들만이 아니라 선주민 개인이나 단체들도 참여한 모금활동을 통해

12 이천영, 신조야 인터뷰, 2021. 8. 21. 22, 2024. 9. 7. 광주 〈고려인마을〉 지원센터.

충당되고 있다.[13]

우크라이나에서 광주 〈고려인마을〉로 들어온 난민들의 경우도 시급한 수술을 포함한 긴급한 의료 처치를 필요로 하는 경우들이 적지 않게 발생했다. 도착과 동시에 허리디스크 수술을 받은 안 엘레나의 어머니인 안 예프로시냐의 경우 22년 동안 허리가 아파서 고생했다. 협동농장 일을 처음으로 착수했던 김씨의 경우도 입국 당시 심각한 치질 상태여서 도착 즉시 수술을 받았다. 폭격으로 원래 약했던 청력이 더 손상된 안 엘레나의 딸의 경우는 고성능의 보청기를 〈고려인마을〉로부터 제공받기도 했다. 〈고려인마을〉은 우크라이나 난민들에게 약 160건의 의료지원을 시행했다.[14]

2) 미디어 인프라와 우크라이나 난민 청년들

광주 〈고려인마을〉 공동체의 중요한 기관 중 하나는 미디어 시설이다. 미디어 시설은 인터넷 신문 '나눔 방송'과 라디오 방송국 'GBS FM고려방송'이 있다. 라디오 방송국은 2016년 인터넷 마을 방송으로 개국하여 소규모로 운영되다가, 2021년 7월 정식 주파수를 가진 지상파 방송으로 허가를 받았다. 2022년 3월 1일 고려방송(FM93.5Mhz) 개국식을 갖고 러시아어 70%, 한국어 30%로 24시간 방송되는 정규방송이 되었다. 현재 가청지역은 광주시와 전남 일부이다.

'GBS FM고려방송'은 우크라이나 난민 고려인 동포 자녀를 위한 방송 교육을 시행하였다. 이 교육은 2022년 8월부터 5주간에 걸쳐 진행되었으며, 3명의 방송 진행자를 배출했다. 이 중 최 빅토리아(20세)와 이 다리아(22세)는 고려방송 프로그램 중 '타임 오브 드림스'를 진행하고 있다. 이 프로그램은 2022년 10월 6일 오후 4시에 첫 방송을 시작했다. 방송 진행자인 최 빅토리아

---

13 이천영 인터뷰, 2021. 8. 22, 2024. 9. 7. 광주 〈고려인마을〉 지원센터.

14 박 빅토리아, 안 엘레나, 이천영 인터뷰, 2022. 7. 24, 2023. 4. 7, 2024. 9. 7. 광주 〈고려인마을〉 지원센터.

는 "지난 4월 전쟁의 참화를 피해 폴란드로 피신한 후 난민센터에 머물며 고통스런 나날을 보냈으나 고려인마을이 지원하는 항공권을 받아 가족과 함께 국내에 입국했으며, 광주에 정착할 수 있게 됐다"며 "광주 정착 후 고려방송이 전하는 방송을 들으며 많은 위로와 희망을 갖게 됐기에 방송 진행자로 활동하며 국내외 거주 고려인 청소년들에게 꿈과 희망을 심어주고 싶다"고 심경을 밝히기도 했다(박 빅토리아, 2022b). 2025년 5월 현재 '타임 오브 드림스' 방송의 진행자는 이 마리야와 이 아르쫌으로 교체되었으나, 프로그램명과 형식은 그대로 유지되고 있다. 이 다리아는 '클로우즈 인 온'이라는 프로그램을 독자적으로 진행하고 있다.[15] 이처럼 〈고려인마을〉의 기존의 방송 인프라들도 우크라이나 전쟁 난민 고려인 청년들의 초기 정착과정에 크게 기여했다.

3) 교육 인프라와 우크라이나 고려인 난민 아동, 청소년들

고려인들이 한국 사회에 정착하는 데 있어서 매우 중요한 요소 중 하나는 자녀들을 위한 교육 문제이다. 광주 〈고려인마을〉에는 중도입국자녀를 위한 국내 유일의 학력 인가 중고등학교인 '새날학교'가 있다. 새날학교는 2007년에 이천영 대표가 이주 노동자의 자녀 2명을 돌보면서 시작되었다. 당시 광주광역시 광산구 평동 동사무소 내 광산외국인 근로자 문화센터 교실 2칸에서 시작한 새날 학교는 2009년에 폐교된 삼도남초등학교 장소로 이전하여 개교식을 가졌다(윤종채, 2023b).

2011년 6월에는 학력이 인정되는 초·중·고 과정 위탁형 다문화대안학교로 인가되었으며, 고려인마을 자녀는 물론 국제결혼을 통해 입양된 중도입국 다문화 청소년을 교육하는 교육기관으로 발전했다(새날학교 홈페이지). 새날학교는 우크라이나 난민 고려인 청소년들을 수용하여 교육을 담당하고 있는데, 2023년 당시 난민 학생들은 20명이었다.[16] 새날학교 학생들은 다양한 활

15 이믿음 전화 인터뷰, 2025. 5. 12.

16 이천영 인터뷰, 2023. 4. 7. 새날학교 교장실.

동을 진행하고 있다. 그 일례로 한국인 예술가 7명이 난민 학생들과 함께 학교 식당 건물 벽화 그리기 등을 통해 학생들의 정서적 안정을 도모하기도 했다. 벽화의 주제는 인종의 다양성이며, 예술가들이 기본 도안을 그려 넣은 후, 학생들이 각자 좋아하는 색을 채워 벽화를 완성했다(김용희, 2022).

이외의 교육시설로는 2013년 7월에 개원한 〈고려인마을〉 지역아동센터가 있다. 광산구 외국인 지원과의 관할 하에 운영되고 있는 지역아동센터는 초, 중, 고 학생들을 대상으로 방과 후에 한글, 영어, 수학 등의 학습을 지도하고 있다. 또한 2017년에 〈고려인마을〉은 고려인 청소년문화센터를 개소했다. 이러한 〈고려인마을〉의 방과후 학습 기관으로 우크라이나 난민 고려인 아동, 청소년들이 편입될 수 있었으며, 이들 난민 아동, 청소년을 위한 미술 수업 등이 진행되어, 이들의 정서적 안정을 돕기도 했다. 또한 2022년에는 청년들을 위한 〈버들시내〉 센터를 개소하였는데, 2022년 8월에 필자가 이곳을 방문했을 때, 올드커머로 전쟁 이전 한국에 들어왔던 우크라이나 출신 대학생이 이제 막 전장을 빠져나온 난민 청소년들과 대화를 나누며, 간식으로 만두를 챙겨주는 모습을 목격하기도 했다.

이처럼 정부의 인가를 받은 대안학교인 새날학교부터 광산구 지자체의 지원을 받는 지역아동센터, 그리고 〈고려인마을〉의 청소년 문화센터, 〈버들시내〉 청년 센터에 이르기까지 촘촘하게 구성된 교육 인프라는 난민 지원이 정부, 민간의 복합적인 형태로 이루어지는 것이 가장 바람직하다고 주장하는 난민 전문가들의 주장에 부합하는 성공적인 사례라고도 할 수 있다.

4) 문화시설과 난민 고려인의 정체성 확립

우크라이나 난민 고려인들과 그 이전에 구소련 지역에서 한국으로 입국한 고려인들에게 가장 시급한 문제는 취업, 거주지 확보 등의 경제적인 문제이지만, 장기 정착을 위해서는 경제외적인 부문도 중요하다. 따라서 이들의 안정적 정착을 위해 〈고려인마을〉 공동체에서는 문화적인 측면을 중시하고 있다. 이는 〈고려인마을〉 어린이 합창단, 〈고려인마을〉 극단, 박물관, 미술관 등을 운영하는 것으로 연결되고 있다. 이 중 가장 구심점이 되고 있는 것이 고려인 박물관 〈월곡 고려인 문화관 '결'〉이다. 박물관의 김병학 관장은 카자흐스탄에서 체류한 24년 동안 고려인 역사와 문화에 관심을 가지고 관련된 귀중한 유물들을 수집하여 〈고려인마을〉에 박물관을 개관했다. 이 박물관은 지속적으로 고려인 역사와 문화를 전시하고 있고, 다양한 학술 행사를 거행하고 있다.[17] 그리고 2024년 3월 1일에는 〈문 빅토르 미술관〉이 개관되었다. 문 빅토르는 1951년 카자흐스탄의 우슈토베에서 출생했으며, 그의 작품은 카자흐스탄 대통령궁과 카자흐스탄 국립미술관을 비롯하여 미국, 독일, 영국, 프랑스, 이집트, 일본, 러시아 등의 미술관에 소장되어 있다. 그는 2024년 1월 〈고려인마을〉로 영구 귀환했다. 2025년 5월에 〈문빅토르 미술관〉에는 우크라이나 난민 청소년인 여고생 크리스티나 황이 문 빅토르 화백의 문화생으로 그림을 배우며, 화가의 꿈을 키우고 있었다. 이처럼 고려인 박물관과 미술관은 고려인마을 거주민인 고려인들과, 우크라이나 난민 고려인들의 정신적인 구심점 역할을 하고 있다.

5) 난민 유입으로 신설된 기구들

(1) 협동 농장

우크라이나 난민으로 들어온 노년층들은 공장, 식당 등에서 힘든 노동을 하기 어려운 상황이었다. 이에 대한 대책으로 〈고려인마을〉은 2023년 2월 광산구 새마을회 소유의 농지를 임대해 고려인 협동농장을 출범했다. 지역사회 후원금과 마을 주민들의 지원을 통해 마련된 농사자금을 기반으로 기본 자재를 구입하여 본격적인 농사를 시작했다. 월곡동 고려인마을 내 35개 식당들과 계약재배를 통한 생산과 소비를 연결하는 판매망을 구축했다. 현재 고려인마을 협동농장은 우크라이나에서 농업에 종사한 경험이 풍부한 난민들을 중심

17 김병학 인터뷰, 2021. 7. 13, 8. 21, 2022. 8. 15, 2024. 3. 13, 2025. 5. 25, 2025. 10. 18. 월곡 고려인 문화관 '결'.

으로 시범적으로 운영되고 있다(윤종채, 2023a).

그런데 협동농장 건립 당시 최초로 농업을 담당했던 우크라이나 난민 고려인 김씨와 토지를 대여해 주는 광산구 새마을회 지도부 사이에 농법의 차이로 인한 이견도 발생했다. 어린 시절부터 부모를 따라 우즈베키스탄에서 우크라이나 남부로 고본지를 다니면서 농사일을 시작한 이래로 일생을 농업에 종사해 온 김씨는 자신만의 농법으로 농사를 짓기를 원했다. 그러나 광활한 대지에서 대규모 농사를 지어온 이들의 농법을 인정하지 않는 토지 주인인 새마을회 지도부 사이의 이견으로 결국 김씨는 협동농장 업무를 더 이상 이어갈 수 없게 되었다.[18] 2025년 현재 김씨는 우크라이나 미콜라이우로 돌아갔고, 협동농장 내 농업은 다른 우크라이나 난민 고려인들에게로 넘어갔다. 여러 현실적인 어려움들을 극복하고 협동 농장을 통한 농업의 성공적인 안착으로 우크라이나 난민 고려인들의 생계를 위한 터전 마련에 더 많은 선택지가 생길 수 있을 것인가는 조금 더 시간을 두고 지켜보아야 할 과제로 남아 있다.

(2) 양계장

〈고려인마을〉의 양계장은 우크라이나에서 양계장을 운영해 온 박 에릭이 〈고려인마을〉의 지원을 받아 입국하여 〈고려인마을〉 쉼터에 거주하게 되면서 형성되었다. 우크라이나에서 양계장을 운영한 경험을 바탕으로 광산구 새마을회 소유 임야의 일부를 대여하여 양계장을 시작하였다. 낡은 가정용 냉장고를 부화기로 활용하여 2023년 4월에는 하루에 250-300마리의 닭들을 부화시켰다. 자연 방목으로 관리되는 이곳에서 생산되는 계란과, 닭들은 고려인마을 식당들에 납품되기도 하고, 별도의 판매 루트를 통해 판매되고 있다. 양계장에서 발생하는 모든 수익은 박 에릭이 소유하는 조건으로 양계장이 운영되었다. 박 에릭은 필자와의 인터뷰에서 전쟁이 끝나도 우크라이나로 돌아가고

18 김씨 인터뷰, 2023. 4. 8. 광주 〈고려인마을〉 쉼터, 신안 튤립축제 현장.

싶지 않다는 견해를 보였다.[19] 이처럼 〈고려인마을〉 인프라를 난민들이 활용함과 동시에 난민들의 유입으로 공동체가 확장되었다. 그 결과 2025년 3월 법무부 자료에 의하면, 현재 외국국적 동포 중 광주지역에 거소신고를 한 인원은 6,139명으로 파악되고 있다(법무부, 2025: 7). 일반적으로 2025년 현재 광주 월곡동에 약 7,000명 정도의 고려인이 거주하고 있는 것으로 여겨지고 있다.

3. 광주 〈고려인마을〉에 정착하는 우크라이나 난민 고려인들

1) 가족 전부

〈고려인마을〉의 지원으로 입국한 난민들 중 일가족 전부가 광주로 들어온 사례들이 있다. 그 대표적인 사례가 안 엘레나의 가족이다. 1979년생인 엘레나는 광주의 공장에서 6년 동안 일하면서, 힘겹게 번 돈을 우크라이나 남부 지역인 미콜라이우에 살고 있는 부모님과 청각장애인인 딸에게 송금해왔다. 엘레나는 지난 2022년 1월 가족들을 만나러 우크라이나로 입국했다. 이때 우크라이나 전쟁이 발발했다. 그녀가 송금한 돈으로 마련한 미콜라이우의 예쁜 집은 폭격으로 폐허가 되었다. 그녀와 그녀의 가족은 적십자의 도움으로 버스를 타고 몰도바-루마니아-헝가리-슬로바키아를 거쳐 폴란드 난민수용소에 도착했다. 이들이 도착한 난민 수용소는 '글로벌 엑스포'로서 폴란드에서 개인이 운영하는 수용소였다. '글로벌 엑스포'에는 한때 4,000명의 수감자들이 있었으나, 2023년 말부터 난민수용소가 유료로 운영되면서 많은 사람들이 수용소를 떠나 2024년 2월에는 약 400명 정도가 거주하고 있었다.

난민수용소의 상황은 창문도 없고, 체육관과 같은 큰 홀에서 함께 지내야 하는 등 여러 가지 부분에서 부족함이 많았으며, 음식도 충분하지 않았다. 안 엘레나는 폴란드 난민수용소 취재를 위해 나와 있었던 한국 기자들에게 한식을 요청하여 가족들이 함께 먹기도 했다고 전하고 있다. 또한 폴란드에서 20여년을 거주하며 '바르샤바 임마누엘 한인교회'를 운영하던 심미순 선교사

---

19 박 에릭 인터뷰, 2023. 4. 7. 광주 〈고려인마을〉 양계장.

가 이곳으로 먹을 것을 가져다 주기도 했다고 회고했다.[20] 엘레나의 가족은 폴란드 난민 캠프에 거하면서, 〈고려인마을〉에서 보내준 항공권으로 함께 입국했다. 청각 장애가 있는 딸의 경우 전쟁 이전 우크라이나에서는 장애인 무용수로서 경연대회에서 우승을 하기도 하는 등, 자신의 꿈을 펼칠 수 있었다. 초기에는 딸, 스베틀라나의 미래에 대한 염려를 갖고 있었으나, 3년이 지난 지금 세탁기 부품 공장에 취업도 했으며, 거리공연도 하고 있다. 2025년 현재는 인천에 거주하던 우즈베키스탄 출신의 고려인 청년과 결혼하여 광주 〈고려인마을〉에 정착하여 살고 있다. 엘레나는 딸의 입국 초기에는 딸의 불안정한 미래로 인해 눈물지었지만, 지금은 딸의 웃는 모습을 볼 수 있어서 매우 행복하다고 이야기하고 있다.[21]

이처럼 전쟁을 계기로 가족 전부가 한국으로 들어오게 된 경우, 이들은 전후에도 우크라이나로 돌아가기를 원하지 않았다. 엘레나의 부모님은 둘 다 우크라이나 국적을 취득했으며, 엘레나는 2007년에 러시아 국적을 취득하여, 딸도 러시아 국적자이다. 당시 러시아 정부에서 구소련 지역민들에게 국적 부여를 간소화했는데, 이때 엘레나는 러시아 국적을 취득했다. 우크라이나를 벗어날 때, 러시아 국적을 소지하고 있으니, 러시아로 가야 한다는 우크라이나 당국의 통보에 우크라이나 영주권을 갖고 있음을 항변하여 어렵사리 부모와 딸과 함께 폴란드로 갈 수 있었음을 증언하기도 했다.[22] 이처럼 우크라이나 난민 고려인들은 러시아 국적, 우크라이나 국적, 우즈베키스탄 국적 등 여러 종류의 국적을 갖고 있으며, 이에 더해 무국적자들까지 존재한다. 이러한 상황들은 고려인들의 복잡한 현대사를 상징적으로 보여주고 있다.

20 심미순 인터뷰, 2024. 2. 22. 폴란드 바르샤바 한국식당 '아리랑'; 안 엘레나 인터뷰, 2024. 3. 12. 광주 〈고려인마을〉 지원센터.

21 안 엘레나 인터뷰, 2024. 3. 13, 2025. 5. 25. 광주 〈고려인마을〉 지원센터.

22 안 엘레나 인터뷰, 2022. 7. 24. 광주 〈고려인마을〉 지원센터.

2) 여성과 아이들

초기 우크라이나 난민의 대다수는 여성과 아이들이다(UNHCR, 2023a: 7). 김 옥사나 역시 세 딸을 데리고 2022년 7월에 한국으로 들어왔다. 우즈베키스탄 타슈켄트 주에서 출생한 김 옥사나도 우크라이나로 이주하여 농사를 지었고, 남편과는 전쟁 전에 사별했다. 옥사나는 징집 대상이라 출국 허가를 받을 수 없었던 두 아들과 결혼한 두 딸을 우크라이나에 남겨놓고, 나머지 딸 셋을 데리고 한국으로 들어왔다. 옥사나는 전쟁 발발 이전까지 한국으로 오겠다는 생각조차 해 본 적이 없었다고 말했다. 미콜라이우(러시아어: 니콜라예프)에서 함께 교회에 다니던 친구로부터 정보를 얻어서 〈고려인마을〉 지원센터로부터 세 딸과 자신의 항공료를 지원받아 광주로 들어왔다. 〈고려인마을〉 쉼터에서 세 딸과 함께 3주 정도를 지내다가, 지원센터의 도움으로 2022년 7월 25일에 월곡동에 위치한 월세방으로 이사를 나왔다. 이들 역시 초기 정착금과 두 달 동안의 월세를 지원받았으며, 당장 생활에 필요한 이불, 쌀, 그릇 등을 지원받았다. 매우 더운 날이었던 이 날 필자는 이불과 쌀 등을 함께 나르며, 우크라이나에서 단 한 번도 겪어보지 못한 더위라며 온 가족이 고통스러워 하는 것을 지켜보았다. 그래도 쉼터가 아니라 자신들만의 공간이 생긴 것에 대해 가족 모두가 매우 기뻐했다.

2007년생인 딸 박 알렉산드리아와 2010년생인 딸 릴리야는 〈고려인마을〉이 건립한 새날학교로 전학을 했다. 난민들의 정착 과정에서 자녀들의 교육문제가 매우 중요한 역할을 하는 것을 알 수 있다. 아이들이 새날학교에 취학하고, 어머니인 옥사나는 식당 주방 보조원으로 취업을 했으나, 알러지로 인해 크게 고통을 받다가, 이후 공장에 일자리를 얻어서 일하면서 생활이 안정되어 가고 있다. 가족 중 여성과 아이들만 국경을 넘어왔기에, 종전이 되면 이들은 가족들이 있는 우크라이나로 돌아가기를 희망하기도 했으나, 비교적 고려인 마을에 잘 정착하고 있다.[23]

23 김 옥사나, 박 율리야, 박 알렉산드라, 박 릴리야 인터뷰, 2023. 7. 25. 광주 〈고려인마을〉 지

Ⅳ. 재이동하는 우크라이나 난민 고려인들

〈고려인마을〉의 항공권 지원으로 광주로 들어온 고려인들 약 900명 중, 2024년 3월 현재 광주에 남아 있는 고려인들은 약 5백 명 정도이다. 다양한 이유들로 우크라이나 난민 고려인들은 광주를 떠나고 있다. 이들은 광주를 경유지로 삼아 한국의 수도권, 미국과 같은 제3국으로 이동하고 있으며, 일부는 우크라이나로 귀환하기도 했다. 또한 떠났던 발걸음을 되돌려 다시 광주로 돌아오기도 한다.

다시 길을 나서는 고려인 난민들은 첫째로 수도권으로 이동하고 있다. 이 경우는 대체로 광주의 일자리 부족으로 인해 이동하고 있다. 특히 겨울철 일자리가 부족하다고 이천영 대표는 안타까워하고 있다. 현재 〈고려인마을〉의 경제 인프라로는 7천 명 이상의 고려인을 수용하기는 어려운 것으로 보이며, 이러한 한계를 극복하기 위해 〈고려인마을〉에 문화적인 부분을 보강하여, 관광객을 유치하기를 원하고 있다. 이러한 계획하에 고려인마을의 박물관 〈월곡 고려인 문화관 '결'〉의 특별전시들에 노력을 기울이고 있다.[24] 또한 문 빅토르 미술관 개관도 이러한 맥락에서 추진되었다. 그러나 이러한 문화적인 영역의 확대가 아직까지 일자리를 충분히 창출하는 단계에까지 이르지 못해서, 고려인들이 수도권으로 이동하고 있다.

이러한 현상은 인천의 고려인 대상의 〈위로교회〉의 남 에드와르드 목사를 통해 확인할 수 있었다. 남 에드와르드는 정확하지는 않지만 인천 지역에 우크라이나 난민들이 대략 200명 정도 거주하고 있으며, 이들의 초기 정착 과정에서 〈위로교회〉에서도 현금과 생필품을 제공하는 등 도움을 주었다고 이야기한다. 교인들 중 〈위로교회〉에 나오는 우크라이나 난민 고려인은 10명 정도

원센터.

24 2023년에는 '고려일보' 창간 백주년을 맞이하여 고려인 박물관은 특별전을 개최했으며, 2024년은 고려인 이주 160주년이 되는 해여서 '고려인 이주 160주년' 특별전을 진행했다.

이며, 이중 5명이 광주 〈고려인마을〉의 항공권 지원으로 한국으로 입국한 이후 인천으로 재이주한 사람들이라고 밝히고 있다.[25]

둘째로 한국을 떠나 제3국으로 이동하는 경우를 들 수 있다. 우크라이나 난민 고려인들 중에는 기존의 고려인들과 마찬가지로 한국을 경유지로 삼아 제3국으로 가는 경우들이 있다. 우크라이나 난민 고려인의 대부분은 소연방 시기와 소연방 해체기에 더 나은 삶의 조건들을 찾아 우즈베키스탄에서 우크라이나로 건너간 사람들이다. 전쟁 난민이 된 우크라이나 고려인들 중에는 더 나은 삶을 위해 미국을 비롯한 선진국으로 이주를 원하는 사람들도 있었다. 그런데 전쟁 상황은 오히려 그 이전보다 이들의 이동을 용이하게 만드는 기회가 되기도 했다. 예를 들어, 고려인방송의 프로그램을 진행하던 최 빅토리아는 2023년 8월에 가족들과 함께 미국으로 재이주를 했다.[26] 이처럼 전쟁이 장기화되면서 한국을 경유지로 삼아 제3국으로 재이주를 선택하는 우크라이나 난민 고려인들의 수도 늘어나고 있다. 이들은 전쟁이라는 이 위기 상황을 하나의 새로운 이동의 기회로 전환시키고 있기도 하다.

셋째로는 전쟁 당사국인 러시아로 가는 사례이다. 2024년 3월 13일에 한 라리사(52세) 부부가 광주를 떠났다. 이들은 모스크바에 거주하는 딸에게로 간다고 길을 나섰다. 모스크바 근교에 거주하고 있는 딸의 아파트에 거주하며 자카프카즈 지역의 스타브로폴스키 크라이로 고본질[27]을 다닐 계획임을 밝혔다. 이들은 재이주의 이유로 기후를 들고 있다. 63세인 남편의 귀에 염

---

25 남 에드와르드 전화 인터뷰, 2024. 3. 25.

26 이천영 인터뷰, 2023. 11. 3. 고려인 지원센터. 또한 한국으로 들어온 약 60여 명의 무국적 우크라이나 난민 고려인들도 거주지역을 전혀 벗어날 수 없던 상황 속에서 전쟁으로 인해 우크라이나를 떠날 수 있었고, 한국으로 입국도 가능했다. 그들에게 전쟁은 이동을 가능하게 한 기회이기도 했다.

27 계절 농업에 해당되는 고본질은 10-20명 정도로 구성되며, 대표(브리가질)가 먼저 경작할 토지를 물색하여 계약을 한다(권희영, 2004: 39; 이봄철, 2007: 50; Герон Н. Ли, 2000). 주로 우즈베키스탄 고려인들은 고본질이라고 표현하고, 카자흐스탄 고려인들은 고본지로 표현한다.

증이 생겼는데, 한국의 기후가 맞지 않아 염증이 낫지를 않기 때문이라고 이야기했다. 그러나 2025년 현재 이들 부부는 다시 광주로 돌아와 거주하고 있다.[28]

넷째로는 우크라이나로 귀환하는 경우이다. 대표적인 사례로는 위에서 언급한 바 있는 양계장을 운영하던 박 에릭과 니 엘자 부부가 있다. 박 에릭은 1954년에 우즈베키스탄의 타슈켄트 주의 레닌 콜호즈에서 태어났으며, 니 엘자는 우즈베키스탄 타슈켄트 주의 아꾸르간에서 태어났다. 레닌 콜호즈에서 지인을 통해 만나서 1983년에 결혼한 이들은 딸 둘과 아들 1명이 있다. 이들은 1983년부터 우크라이나 남부 미콜라이우로 고본지를 다녔고, 1995년에 미콜라이우로 완전히 이주했다. 이들은 열심히 농사를 지어서, 좋은 집과 자동차 3대를 소유했고, 이 차량들을 위한 커다란 주차장 겸 창고를 건축했다. 그러나 이들이 일생동안 농사를 지으며 이룩한 이 모든 것들이 폭격으로 인해 무너졌다. 이들은 자신들의 집과 차고가 집중적으로 폭격을 당한 이유가 차고가 커다란 규모였기 때문에, 그곳에 무기를 쌓아두었을 것이라고 러시아군이 잘못 판단했기 때문일 것이라고 짐작했다. 이들은 2022년 6월에 우크라이나를 떠났다. 우선 독일에 거주하고 있는 장녀인 사미라의 집으로 갔다. 사미라는 우즈베키스탄에서 항공사에 근무했고, 그곳에서 만난 독일 사람과 결혼하여 독일에 거주하고 있다.

독일에서 거주할 수 없다고 판단한 박 에릭과 그의 아내 니엘자는 광주 〈고려인마을〉의 항공권 지원을 통해 한국으로 입국했다. 광주 〈고려인마을〉에는 전쟁 이전에 둘째 딸이 들어와서 살고 있었다. 우크라이나에서 양계장을 운영했던 박 에릭은 광주에 와서 자신의 기술을 활용하여 양계장을 만들었다. 그의 아들은 2023년 4월 당시 미콜라이우에서 지역 방위군으로 자원하여 근무하고 있었다. 이들은 입국 초기에는 전후에도 한국에서 계속 거주하기를 희망한다고 이야기 했다. 이들 부부는 젊은 날에 고된 노동으로 마련했던 모든

28 한 라리사 인터뷰, 2024. 3. 13, 2025. 5. 25. 광주 〈고려인마을〉 노인복지센터.

보금자리가 한순간에 파괴된 것과 더불어, 종전이 되더라도 우크라이나의 연금 체계가 다 무너져 버린 것이 회복되지 않을 것이라고 안타까워했다. 일생을 근면하게 살아왔으나, 말년에 불쌍한 전쟁 난민으로 전락했다며 니 엘자는 한탄했다. 만약 젊은 시절이라면, 난민이 되었더라도 그 폐허 위에 삶을 다시 세울 수 있지만, 노년이 되어 전쟁 난민이 되어 고된 노동을 하기 어렵고, 새롭게 풍요로운 삶을 만들어 가기도 어렵다며 한탄했다.[29]

박 에릭은 양계장을 운영하는 한국에서의 삶에 만족했으나, 그의 아내인 니 엘자는 우크라이나의 자신들의 집으로 돌아가기를 원했고, 먼저 한국을 떠나 버렸다. 어쩔 수 없이 박 에릭 역시 아내를 따라 한국을 떠나, 큰 딸이 거주하는 독일을 거쳐 미콜라이우로 2023년 11월 13일에 귀환했다. 그가 만든 양계장은 현재 다른 사람들이 물려받아 운영하고 있다. 2024년 3월 12일에 니 엘자는 비록 간간히 폭발음이 들리지만, 넓은 집과 일거리도 많아서 좋다고, 집수리가 끝나는 데로 사진을 보내주겠다고 미콜라이우에서 필자에게 연락해 왔다.

또한 초기에 협동 농장을 맡았던 김씨(본인 스스로 익명을 요청)의 경우, 그는 1955년에 우즈베키스탄 사마르칸트 주에서 태어났다. 1971년부터 어머니와 외삼촌과 함께 우크라이나로 고본질을 다녔으며, 1984년부터 우크라이나에 정착했다. 일생을 농부로 살아온 그는 우크라이나에서 수박, 오이, 토마토 등의 농사를 지었다. 그의 사위는 이 전쟁에서 전사했으며, 폭격 당시 지하실에 피해 있던 그와 그의 가족은 몰도바-루마니아-헝가리를 거쳐 폴란드에 도착했다. 그는 두 딸과 아내와 함께 폴란드 난민 캠프에서 체류했다. 폴란드에서 그는 단신으로 그의 누이가 거주하는 이탈리아로 갔다. 그의 누이는 이탈리아 사람과 결혼하여, 이탈리아 농촌에서 축산업을 하고 있었다. 그는 이탈리아에서 살 수 없다는 판단하에 폴란드로 돌아왔고, 폴란드 난민 캠프에서 우연히 만난 한국인 목사 손 벤야민의 도움으로 광주 〈고려인마을〉의 항공권 지원을 받고 2022년 8월 1일에 한국으로 입국했다. 그는 헝가리, 폴란

29 니 엘자 인터뷰, 2023. 4. 7. 광주 〈고려인마을〉 양계장.

드 등 그동안 여정에서 만났던 많은 사람들이 친절을 베풀어 주었다고 이야기 했다.[30] 이를 통해 전쟁 초기 환대받았던 우크라이나 난민들의 실상을 확인할 수 있었다. 그는 2023년 여름에 우크라이나로 다시 떠났다. 세르게이 김과 스베틀라나 김도 2023년에 오데사 주의 오비지오폴로 귀환했다. 넓은 자신들의 땅에서 포도농사를 지어 그 수확물과 함께 찍은 사진과 동영상을 광주 〈고려인마을〉의 지인들과 공유했다.

고려인 이동의 네 번째 형태는 광주 고려인마을에서 볼 수 있는 매우 흥미로운 사례로서 '신고본질'이라고 할 수 있다. 이는 황 엘레나의 남편과 그의 형제의 사례이다. 전쟁을 피해 한국으로 들어온 이들 형제는 2023년 봄부터 가족들을 광주에 남겨놓고, 우크라이나로 고본질을 떠난다. 이들은 2025년까지 3년 동안 우크라이나에서 고본질을 행하고 있다. 두 형제는 우크라이나에서 주로 튜울립과 같은 환금작물을 비롯한 농작물을 재배한다. 봄에 씨를 뿌리고 농사를 지어, 가을에 수확한 이후 광주의 가족에게 돌아와 겨울을 보낸다. 한국의 공장에서 돈을 버는 것보다 훨씬 많은 돈을 벌 수 있기 때문이라고 설명한다. 1960년대부터 시작되었던 고려인들의 고본질의 새로운 형태가 시작되었다고도 할 수 있다.[31] 이들이 우크라이나로 떠났다 돌아오는 동안 광주 〈고려인마을〉에서 가족들은 뿌리를 내리고 있다. 고등학교에 다니는 딸은 처음 도착했을 때보다 훨씬 밝아진 모습으로 학교에서 친구들이 매우 친절하게 대해 준다며 학교생활에 만족을 표시했다.

---

30 헝가리 길에서 만났던 사람은 의사였는데, 핸드폰 통역 어플을 사용하여 길을 찾는데 도움을 주었다. 김씨 인터뷰, 2023. 4. 8. 광주 〈고려인마을〉 쉼터.

31 황 엘레나 인터뷰, 2024. 3. 12. 광주 〈고려인마을〉 노인복지센터.

V. 고려인 난민 모빌리티의 원인들

1. 들어오는 동인

우크라이나 난민 고려인들이 한국으로 들어온 직접적인 원인은 전쟁이었다. 전쟁으로 인한 피난민으로, 우크라이나 고려인은 한국으로 이동했다. 이들이 한국으로 올 수 있었던 계기는 이미 전쟁 이전에 한국으로 이주 노동자로서 입국해 온 우크라이나 고려인들이 거주하고 있었던 점이다. 이들을 거점으로 전쟁 직후, 이들의 가족과 친구들이 한국으로 유입되게 되었다. 이 과정에서 이들의 모빌리티를 강화시킨 것은 광주 〈고려인마을〉의 항공권 지원이었다. 〈고려인마을〉이 난민 고려인들에게 한국으로 들어오는 항공권을 무상으로 제공하게 된 계기는 〈고려인마을〉이 위치한 월곡동에서 이주노동자로 거주하는 고려인들이 우크라이나에 남겨두고 온 자신들의 자녀들을 한국으로 데려올 수 있도록 도와달라는 요청에 응답한 것이었다. 초기에는 단지 미성년 자녀들에게 항공권을 제공하여 데려왔지만, 점차 일가족 전체, 여성과 아이들, 무국적자인 고려인들, 노년층들이 광주 〈고려인마을〉의 항공권 제공으로 입국했다.

광주로 들어오는 우크라이나 고려인 난민들은 다수가 미콜라이우 출신이다. 이는 전쟁 이전에 경제적인 이유로 광주로 들어와 노동을 하던 고려인들이 미콜라이우 출신들이 있었기 때문이고, 이들의 가족과 이웃들에게 한국대사관에서 비자를 취득한 이후 요청하면 무료로 항공권을 구매해 준다는 정보가 확산되었기 때문이다. 이때 대부분의 고려인들은 난민 비자가 아닌 재외동포 비자로 입국했다. 한편 다수의 난민 고려인들이 언급한 것처럼, 역사적 고국인 한국에 대한 평소의 호기심도 이들이 한국행을 선택하게 된 동기 중 하나이기도 했다.

2. 다시 이동하는 동인

이렇게 항공권까지 지원받고 광주로 들어온 고려인들의 약 40%가 다시 이동을 선택하고 있다. 이들 중 일부는 일자리가 더 많은 수도권으로 이동하고 있다. 최근의 경기 침체의 여파로 광주에서 일자리가 줄어들고, 이러한 경제적 이유로 다시 이동을 선택하고 있다.

광주를 떠나는 우크라이나 고려인 난민들은 국내만이 아니라, 국외 즉 한국을 떠나기도 한다. 한국을 떠나는 이들의 경로 중 하나는 한국을 경유지로 삼아 미국으로 건너가는 것이다. 2024년 2월 17일 요르단 자르카에서 만났던 시리아 난민도 지인들은 캐나다, 프랑스 등으로 이주해 갔지만, 본인은 오로지 미국으로만 가고 싶다고 주장했다. 여전히 미국은 이주민들에게 매력적인 정착지임을 확인할 수 있었다. 우크라이나 고려인들 중에는 과거에도 선진국으로 이동하기를 원했으나, 비자 수령 등 여러 가지 제약으로 실현되지 못한 경우들이 있었다. 우크라이나 난민에게 우호적인 서구 세계의 분위기로 오히려 전쟁은 이동을 용이하게 만든 기회가 되었고, 난민들 중에는 이 기회를 활용하는 사람들도 있었다.

한국을 떠나는 또 다른 중요한 경로는 우크라이나로 돌아가는 것이다. 2022년 하반기 이래로 전선이 고착화되었다고 판단한 이들 중 집이 건재하거나, 부분적으로 파괴된 경우, 원래의 집으로 돌아가는 경우들이 많아졌다. "왜 폭격이 지속되고 전쟁이 끝나지도 않은 위험한 곳으로 돌아가냐?"는 필자의 질문에, 〈고려인마을〉의 우크라이나 난민 고려인들은 한국 사람들은 그저 일하는 것밖에 모른다고, 아침부터 밤까지 일, 일, 일, 일만 한다고 대답한다. 이렇게는 못살겠다고... 예기치 못했던 이들의 대답은 삶에 대한 근본적인 질문을 제기하기도 한다. 물론 집이 완전히 부시지거나, 집이 러시아인들의 점령지에 있는 경우에는 돌아갈 엄두도 내지 못한다.

우크라이나 난민 고려인들이 다시 길을 나서는 주된 이유는 언어장벽과 좁은 거주 공간, 일자리 한계 등이다. 현재 광주에는 인구 감소로 비어 있는 오래된 주공아파트에 저소득층 주민들이 들어와서 거주하게 하고 있다. 그러나 아직 빈집들이 많이 있다. 고려인들은 이 집들에 입주하기를 원한다. 그렇지만 한국인이 아니기 때문에 입주 자격을 얻을 수 없다고 안 엘레나를 비롯한 고려인들은 안타까워한다. 고려인들이 빈집들로 들어갈 수 있도록 제도적인 기반을 더욱 공고히 해야 할 때이다.

이러한 한계를 극복하기 위해 〈고려인마을〉의 운영자들은 각종 축제와 야시장 운영, 박물관 특별 기획전, 문 빅토르 미술관 특별 전시회, 중앙아시아 전통 의상 체험하기 등을 기획하여, 월곡동을 역사·문화 중심지로 만들려는 노력을 기울이고 있기도 하다.

VI. 맺음말

러시아의 우크라이나 침공으로 발발한 전쟁은 장기전으로 접어들었고, 2차 대전 이래 유럽에서 최대 규모로 전쟁 난민이 발생했다. 물론 한 국가 내에서의 내전이나, 국민국가들 사이의 전쟁에서도 난민들은 발생하지만, 대리전의 성격을 띤 우크라이나 전쟁은 당초 예상을 훨씬 초과하는 난민들을 발생시켰다.

기존의 시리아, 아프가니스탄 난민들과 같은 무슬림, 유색인종의 난민과 달리 80-90%가 여성과 아이로 구성되었으며, 일부 소수민족을 제외하고는 대부분이 백인들인 이들 우크라이나 난민들은 인근 국가들에서 환대를 받았다. 물론 전쟁이 당초 예상보다 길어지고, 난민의 규모 역시 예상을 벗어난 규모로 확대되면서, 이들 우크라이나 난민 지원에 대한 피로감이 인근 국가들에서 표출되고 있기도 하지만, 권위주의 국가인 러시아를 상대로 싸우고 있는 자유를 갈망하는 우크라이나에 대한 지지, 즉 가치전적인 측면도 이들 우크라이나 난민들에 대한 우호적인 태도 형성의 원인이 되었다. 이러한 점을 잘 보여주는 사례 중 하나는 그동안 난민 인정에 매우 인색한 태도를 견지해 온 일본 정부조차도 특별 항공편으로 우크라이나 난민들을 일본으로 데려온 것이다. 이에 대한 여론도 매우 긍정적이었다(김소연, 2022).

이들 우크라이나 전쟁 난민들 중 유대인과 고려인들은 재외동포로서, 귀환이주의 형태로 이스라엘과 한국으로 유입되었다. 단지 이스라엘의 경우 이 모든 과정에서 국가가 주도적인 행위 주체로 나선 반면, 한국은 민간차원에서 이 모든 일들이 진행되었다.

한국에서 우크라이나 전쟁 난민 고려인들의 한국 입국에 적극적으로 나선 것은 광주 〈고려인마을〉 공동체이다. 광주 〈고려인마을〉 공동체는 우크라이나 난민 유입 이전에도 생활지원, 법률, 의료, 교육 분야와 문화적인 부문에서도 인프라가 잘 갖추어져 있었다. 전쟁 직후 광주 〈고려인마을〉은 난민들의 입국에 적극적으로 나섰으며, 모금을 통해 약 900명 가량의 우크라이나 전쟁 난민 고려인들에게 항공권을 제공하여 한국으로 입국할 수 있게 했으며, 이들의 정착과정에도 도움을 주었다.

이처럼 전쟁으로 인해 난민이 되어 한국으로 들어온 우크라이나 고려인들을 광주 〈고려인마을〉의 올드커머인 고려인들과 선주민인 활동가들이 다방면에서 돕고 있다. 무엇보다 우크라이나 전쟁으로 고난을 겪는 이들을 향한 지역사회의 후원 물품과 후원금이 쇄도하고 있다. 난민들이 유입됨으로써, 〈고려인마을〉 공동체는 확장되었으며, 오히려 선주민들의 과거 고려인 공동체를 향한 부정적인 시선들이 변하게 되는 계기가 되었다.

그런데 이와같은 우크라이나 난민 고려인들에 대한 선별적 환대가 한국사회에 만연해 있는 '난민'에 대한 편견을 사라지게 한 것이라고 볼 수는 없다. 제주도 예멘 난민에 대해 표출된 부정적 여론으로 인해, 문재인 정부는 아프가니스탄 난민들을 데려오면서 '특별기여자'란 호칭을 부여하여 이러한 부정적 시선을 피하고자 노력했고 성공했다. 이러한 상황을 잘 이해하고 있는 〈고려인마을〉 활동가들도 우크라이나 전쟁 난민 고려인들을 '우크라이나 탈출 동포'라고 명명하며, 이들을 난민이라기보다는 재난을 당한 동포로서, 특히 독립운동가들의 후손인 고려인들을 도와야 한다는 당위성을 내세운 캠페인을 벌여 왔다. 이처럼 이들은 난민이지만 난민이 아니고, 재외동포이지만 이주노동자와 동포 사이 그 어딘가에 위치하고 있다. 향후 한국 사회는 '특별기여자'나 '재난당한 동포'라는 특별한 수식어를 필요로 하는 선별적 환대에서 벗어나, 단지 '난민'들을 긍정적으로 수용할 수 있는 사회로 나아가야 할 것이다.

또한 여전히 폭격이 지속되기도 하고, 전쟁이 종식되지 않았음에도 우크라이나로 돌아가거나, 러시아, 미국 등으로 이동하는 고려인들, 그리고 국내의 수도권으로 재이주하는 고려인 난민들의 행렬을 통해 고려인 난민들의 주체적인 이주 전략들을 확인할 수 있다. 그러나 한편으로는 〈고려인마을〉 공동체의 한계를 보게 된다. 민간 차원에서 우크라이나 고려인 난민을 환대하더라도 제도적·정책적 한계에 부딪히게 된다. 민간에서는 온정을 베풀 수는 있지만, 제도적·정책적 기반을 마련할 수는 없다. 이들 고려인 난민들의 정착을 위해 정부 차원에서 제도적 기반을 적극적으로 마련해야 한다.

참고문헌

1차 자료

"난민법" 2016. https://www.law.go.kr/%EB%B2%95%EB%A0%B9/%EB%82%9C%EB%AF%BC%EB%B2%95 (검색일: 2021. 6. 22).

법무부. 2022. 『외국국적 동포의 국내 정착지원을 위한 동포 맞춤형 길라잡이』. 출입국·외국인정책본부.

법무부. 2023. 『출입국외국인 정책 통계월보』. 3월호.

법무부. 2025. 『출입국외국인 정책 통계월보』. 4월호.

법무부 보도자료. 2023. "우크라이나 피난 동포에 대한 체류기간연장허가 수수료 면제" (3. 26).

OHCHR. 2025. "Ukrine: Protection of Civilians in Armed Conflict October 2025" (November 12). https://ukraine.ohchr.org/en/reports (검색일: 2025. 11. 20).

UNHCR. 2023a. "A year of in Ukraine." *With You*. 48 (Spring). https://www.unhcr.or.kr/unhcr/files/pdf/2023Q1_spring_withyou.pdf (검색일: 2024. 9. 9).

UNHCR. 2023b. "Ukraine Refugee Situation." https://data.unhcr.org/en/situations/ukraine (검색일: 2023. 4. 22).

UNHCR. 2024a. "Refugee Data Finder." (October 8). https://www.unhcr.org/refugee-statistics (검색일: 2025. 1. 5).

UNHCR. 2024b. "Ukraine Refugee Situation." https://data.unhcr.org/en/situations/ukraine (검색일: 2024. 3. 16).

UNHCR. 2025. *Ukraine Situation: Regional Refugee Response Plan 2025-2026*. Geneva. UNHCR.

"Обращение Президента Российской Федерации." 2022. (21 февраля). http://www.kremlin.ru/events/president/transcripts/statements%20/67828 (검색일: 2022. 11. 20).

인터뷰

강정식 인터뷰, 2018. 9. 25. 우크라이나 키예프, 외국어대학 한국어과 학과장실.

김 발레리 인터뷰, 2022. 7. 24. 광주 〈고려인마을〉 지원센터.

김양숙, 박진 인터뷰, 2023. 4. 7. 광산구청 외국인 주민과 사무실.

김병학 인터뷰, 2021. 7. 13, 8. 21, 2022. 8. 15, 2024. 3. 13, 2025. 5. 25, 2025. 10. 18. 월곡 고려인 문화관 '결'.

김 옥사나, 박 율리야, 박 알렉산드라, 박 릴리야 인터뷰, 2023. 7. 25. 광주 〈고려인마을〉 지원센터.

김씨 인터뷰, 2023. 4. 8. 광주 〈고려인마을〉 쉼터.

나탈리야 샤고바 인터뷰, 2024. 2. 25. 폴란드 바르샤바 '우크라이나 난민 교회'.

남 에드와르드 전화 인터뷰, 2024. 3. 25.

니 엘자 인터뷰, 2023. 4. 7. 광주 〈고려인마을〉 양계장.

리 드미트리 인터뷰, 2022. 8. 15. 광주 〈고려인마을〉 지원센터.

마리나 인터뷰, 2024. 2. 24. 폴란드 바르샤바 난민 캠프 '가족지원센터' 사무실.

박 빅토리아 인터뷰, 2023. 8. 14, 2024. 3. 13.광주 〈고려인마을〉 지원센터.

박 에릭 인터뷰, 2023. 4. 7. 광주 〈고려인마을〉 양계장.

신 마리나 인터뷰, 2018. 9. 27. 우크라이나 오데사, 한인교회.

신조야 인터뷰, 2021. 6. 24. 10. 9, 2022. 7. 23, 24, 25, 26, 2022. 8. 14, 16, 2023. 5. 19, 2024. 2. 5, 2024. 9.7, 2025. 5. 24, 광주 〈고려인마을〉 지원센터.

안 엘레나 인터뷰, 2022. 7. 24. 광주 〈고려인마을〉 지원센터.

이믿음 인터뷰, 2022. 8. 16, 2023. 2. 20, 4. 8. 광주 〈고려인마을〉 방송국, GBS FM고려방송국.

이천영 인터뷰, 2021. 6. 24, 2021. 8. 21, 22, 2022. 8. 16, 2023. 2. 20, 4. 7, 8, 2024. 2. 5, 2024. 3. 12, 2024. 6. 14, 2025. 5. 24. 2025. 10. 18, 광주 〈고려인마을〉 지원센터, 〈고려인마을〉 교회, 방송국, 새날학교.

한 라리사 인터뷰, 2024. 3. 13, 2025. 5. 25. 광주 〈고려인마을〉 노인복지센터.

황 엘레나 인터뷰, 2024. 3. 12, 2025. 5. 25. 광주 〈고려인마을〉 노인복지센터.

2차 연구자료

고가영. 2019. "접경지대 우크라이나의 국내·외적인 갈등 상황이 고려인 개인들의 삶에 미친 영향." 『역사문화연구』 71: 105-145.

권희영. 2004. 『중앙아시아 초원의 유랑농업: 우즈베키스탄 고려사람의 고본지 연구』. 한국정신문화연구원.

알리야 바쓰타우바에바((ALIYA BASTAUBAYEVA). 2016. "독일과 영국의 난민보호 정책 비교 연구: 난민인정 중심으로." 『전남대학교 세계한상문화연구단 국제학술회의』. 2016(7).

옥영혜. 2015. "한국의 난민정책 -재정착난민제도를 중심으로-." 『동북아시아문화학회 국제학술대회 발표자료집』 11: 187-195.

윤승중 외. 2019. 『광주 고려인마을 사람들』. 광주광역시립민속박물관.

이봄철. 2007. "고려인 농업형태인 고본질의 변화와 시설농업의 전망." 『전남대학교 세계 한상문화연구단 국제학술회의 자료집』 10: 45-64.

조영관. 2023. "국내 보호 체류자격 및 처우 개선방향." 『난민의 국내정착과 보호 확대: 제주도 난민 유입 5주년을 돌아보며: 2023 난민포럼 발표집』 4월 28일.

질리언 드릭스. 2023. "난민의 국내정착과 보호 확대: 제주도 난민 유입 5주년을 돌아보며." 2023 난민 포럼 기조발표, 서울대학교 아시아연구소 삼익홀. 4월 28일.

최유. 2022. "제주예멘난민 이후 난민법 개정안의 입법동향에 관한 연구." 『한국이민정책학보』 5(1): 19-40.

OECD. 2022. *Rights and Supports for Ukrainian Refugees in Receiving Countries.*

Zawadzka-Paluektau, N. 2023. "Ukrainian refugees in Polish press." *Discourse & Communication* 17(1): 96-111.

Ли, Герон Н. 2000. *Гобонди(고본지) Записки наблюдателя о любви корейцев к земле*. Бишкек.

기타 (미디어 및 기타 인터넷 자료)

김소연. 2022. "난민에 인색한 일본, 우크라 피란민 이례적 지원 왜?" 『한겨레』 (4. 6). https://www.hani.co.kr/arti/international/japan/1037769.html (검색일: 2023. 3. 28).

김용희. 2022. "벽화로 꽃핀 '우크라 고려인 어린이들의 꿈'." 『한겨레』 (5. 31). https://

www.hani.co.kr/arti/area/honam/1045040.html (검색일: 2024. 2. 10).

박 빅토리아. 2022a. “광주고려인마을, 우크라이나 탈출 고려인동포 긴급 항공비 전달.” 『K-COOP 한국협동조합 방송』 (3. 22). http://www.k-coop.com/board_view_info.php?idx=4437&seq=83 (검색일: 2023. 4. 5).

박 빅토리아. 2022b. ““아픔을 함께 이겨요” 우크라 탈출 고려인동포 자녀 고려방송 진행자로 나서.” 『한국협동조합방송』 (10. 11). http://www.k-coop.com/board_view_info.php?idx=4690&seq=83 (검색일: 2023. 4. 5).

“사단법인 〈고려인마을〉 홈페이지.” https://www.koreancoop.com/sub.php?PID=0506 (검색일: 2023. 6. 19).

“새날학교 홈페이지.” http://www.saenalschool.com/school/06.html (검색일: 2024. 5. 23).

유세진. 2024. “크렘린, “러, 우크라와 전쟁 상태”…'특별군사작전' 공식 용어 대체.” 『뉴시스』. (3. 22). https://v.daum.net/v/20240322204152491 (검색일: 2024. 10. 17).

윤종채. 2023a. “광주 고려인마을 협동농장, 특화작물 ‘씨뿌리기’ 한창.” 『남도일보』 (4. 18). https://www.namdonews.com/news/articleView.html?idxno=721458 (검색일: 2024. 10. 30).

윤종채. 2023b. “박중석 삼도남초교 총동문회장, 새날학교에 장학금 전달.” 『남도일보』 (1. 9). http://www.namdonews.com/news/articleView.html?idxno=709892 (검색일: 2024. 10. 30).

이상서. “고려인 단체 너머, 우크라 고려인 동포 자녀 위해 장학금 전달.” 『연합뉴스』 (8. 16). https://www.yna.co.kr/view/AKR20220816053400371 (검색일: 2024. 9. 10).

이재호. 2020. “줌머족을 아시나요.” 『한겨레 21 1264호』 (5. 1). https://h21.hani.co.kr/arti/cover/cover_general/47111.html (검색일: 2023. 7. 6).

장세정. 2001. “[한-우크라이나 수교 9주년] 레즈닉 주한대사 인터뷰.” 『중앙일보』 (2. 10). https://www.joongang.co.kr/article/4036209 (검색일: 2025. 7. 6).

K-COOP 한국협동조합 방송. 2022. “고려방송 인터뷰-광주고려인마을, 우크라이나

탈출 동포 돕기 모금운동." (3. 22). http://www.k-coop.com/board_view_info.php?idx=4439&seq=83 (검색일: 2023. 4. 5).

Mos. news. 2022. "≪Пусть всегда будет мама, пусть всегда буду я! Дети Донбасса≫ в центре Санкт-Петербурга." (3. 28). https://mos.news/news/sankt_peterburg/pust_vsegda_budet_mama_pust_vsegda_budu_ya_deti_donbassa_v_tsentre_sankt_peterburga/ (검색일: 2023. 8. 7).

Гудов А. 2022. "Украинские беженцы с трудом адаптируются в Германии." (10. 29). https://aussiedlerbote.de/2022/10/ukrainskie-bezhency-s-trudom-adaptiruyutsya-v-germanii/ (검색일: 2023. 8. 7).

Каранская Х. 2022. "Беженцы из Украины остались без жилья в Великобритании." (10. 31). https://aussiedlerbote.de/2022/10/bezhency-iz-ukrainy-ostalis-bez-zhilya-v-velikobritanii/ (검색일: 2023. 9. 9).

Рохманов, А. "Украинские беженцы в шоке от Болгарии." (6. 2) https://aussiedlerbote.de/2022/06/ukrainskie-bezhency-v-shoke-ot-bolgarii/ (검색일: 2023. 8. 7).

Сталина, Ю. 2022. "В Петербурге открылась уличная выставка с историями детей из Донбасса. Над экспозицией работали военные корреспонденты Комсомольская правда." (27 марта). https://www.spb.kp.ru/online/news/4681555/ (검색일: 2023. 8. 7).

Умрихина, В. 2022. "Беженцы в Германии живут в школах." (11. 6). https://aussiedlerbote.de/2022/11/bezhency-v-germanii-zhivut-v-shkolax/ (검색일: 2023. 12. 13).

• • • •

지은이 소개

신범식 서울대학교 정치외교학부 교수. 서울대학교 아시아연구소 중앙아시아센터장

서울대학교 외교학과를 졸업하고 동 대학원에서 석사학위를, 러시아 국립모스크바국제관계대학교에서 정치학 박사학위를 받았다. 현재 서울대학교 아시아연구소 부소장을 맡고 있다. 주요 논저로, 『메가아시아 연구 입문: 역사, 개념, 방법』, 『국제안보환경의 도전과 한반도』, 『유라시아의 지정학적 중간국 외교』, 『러시아의 사이버안보』, 『북·중·러 접경지대를 둘러싼 소지역주의 전략과 초국경이동』, 『21세기 유라시아 도전과 국제관계』, "The Impact of the Ukraine War on Russian–North Korean Relations", "Russia's Perspectives on International Politics: A Comparison of Liberalist, Realist and Geopolitical Paradigm" 등이 있다.

윤민우 가천대학교 경찰행정학과 교수

현재 가천대학교 경찰행정학과 교수로 재직하고 있다. 또한 서울대학교 아시아센터 객원연구원으로 재직중이다. 미국 Sam Houston State University, College of Criminal Justice에서 범죄학 박사를 취득하였고, 서울대학교 외교학과에서 외교학 박사를 취득하였다. 미국 윌링제수이트 대학교 사회과학학과에서 조교수로 근무하였고, 한세대학교 경찰행정학과에서 조교수로 근무하였다. 국가안보실 정책자문위원을 역임하였다. 주요 저서로는 『모든전쟁: 인지전, 정보전, 사이버전, 그리고 미래전쟁에 대한 전략이야기』(2023, 공저)

와 『국가정보론: 정보활동과 정보시스템』(2023) 등이 있다. 주요 연구 분야는 전쟁, 전략, 인텔리전스, 국제안보, 인지전, 사이버 안보, 테러리즘, 극단주의, 국제조직범죄, 러시아 지역학, 국제 이주·난민 등이다.

김은영 가톨릭관동대학교 경찰행정학과 부교수

현재 가톨릭관동대학교 경찰행정학과 부교수로 재직하고 있다. 미국 University of Florida at Gainesville, Crime, Law, & Society 학과에서 범죄학 박사를 취득하였다. 국군방첩사령부 전문군무경력관으로 재직하면서 한국군의 "통합정보, AI 기반 전장통합" 업무를 담당하였다. 서울대학교 아시아센터 객원연구원으로 재직하였다. 한국소방기술연구원 비상임이사, 소방청 구조구급분과 위원, 강원경찰청 청문감사위원, 서울 고등법원 양성평등위원 등을 역임하고 있다. 주요 연구업적으로는 탈북자의 PTSD 연구를 포함하여 20개의 SSCI 논문이 있으며, 100편 이상의 KCI 논문들을 출판하였다. 주요 연구 분야는 범죄학, 범죄심리학, 인지전, 이주·난민, 범죄피해자학, 사이버·신기술 등이다.

김선희 서울대학교 아시아연구소 중앙아시아센터 선임연구원

서울대학교 아시아연구소 중앙아시아센터 선임연구원. 러시아 정치, 유라시아 정치경제, 그리고 이주·난민과 극우 정치의 관계를 연구하고 있다.

서울대학교에서 외교학전공 석사(2013), 미국 워싱턴대학교(University of Washington)에서 지역학 박사학위를 받았다(2019). 현재 고려대학교 국제학부에서 강의하고 있다.

박지원 한국수출입은행 해외경제연구소 선임연구원

한양대학교 국제학대학원 러시아·유라시아 지역학 박사학위를 받았다.

최근의 주요 논문으로는 "중앙아시아 역내 협력 강화의 경제적 배경과 추진 방향"(2025), "타지키스탄의 아프간 난민: 정책과 환경에 의한 경제적 문제 고

찰"(2025), "러시아와 베트남의 협력관계: 상호 전략적 인식과 발전 양상의 분석"(2024), "우크라이나 사태 이후 러시아의 에너지 안보 상황과 중앙아시아의 보완적 요인"(2024) 등이 있다.

주송하 국민대학교 정치외교학과 조교수
미국 프린스턴 대학교에서 정치학 박사 학위를 받았다. 권위주의 정치, 이민 정치, 러시아 유라시아 지역 정치 연구를 하고 있다. 중국 절강대학교 정치학과 백인계획연구원, 미국 스탠포드 대학교 러시아, 동유럽, 유라시아 센터 강사, 방문학자, 서울대학교 국제문제연구소 객원연구원을 역임하였다. 주요 논문으로는 "러시아 난민 정책의 연속성과 변화: 난민 국적별 비교"(2025), "고려인 정책과 정부–시민사회의 상호작용: 안산시 고려인 집거지 사례"(2025) 등이 있다.

황의현 서울대학교 아시아연구소 중앙아시아센터 선임연구원
한국외국어대학교에서 아랍어를 전공했고 동대학교 국제지역대학원에서 중동지역학 석사, 박사 학위를 받았다. 현재 중동의 이주와 정치의 동역학, 정체성, 역사 문제를 주로 연구하고 있다. 주요 논문으로는 "국가 능력 약화와 이라크 국내피난민 문제의 장기화" (2024)와 "생존을 위한 아사드 정권의 '쓸모 있는 시리아' 전략: 강제 이주, 난민, 인구 구성 변화"(2024)가 있다.

최아영 서울대학교 아시아연구소 중앙아시아센터 선임연구원
모스크바국립대학교에서 민족학 박사학위를 받았으며, 러시아를 비롯한 구소련 지역의 유대인·고려인 디아스포라의 이주와 정체성을 연구해왔다. 현재는 유라시아 지역 난민들의 이동성과 난민 아동 교육을 중심으로 연구를 확장하고 있다.
주요 논저로는 "공동체 라디오와 에스닉 미디어 사이에서: 광주고려인마을 GBS 고려방송의 정체성 연구"(2025), "사회적 자본으로서의 공적 네트워크:

안산시 고려인 밀집 거주지역 사례 연구"(2024), 『탈냉전시대 아시아의 재구성과 아시아인의 정체성』(2023, 공저) 등이 있다.

바딤 슬랩첸코 서울대학교 아시아연구소 중앙아시아센터 선임연구원
2016년 국민대학교에서 러시아학 박사학위를 취득하였다. 주요 연구 분야는 구소련 지역의 강제이주 및 난민 연구, 중앙아시아 국가들의 난민 정책, 1951년 난민협약 비가입국의 난민 비호 거버넌스, 유라시아 지역의 현대 이주 현상(전쟁 유발 이주 포함), 러시아 북극권 원주민의 지속가능한 발전 등이다. 주요 논문으로는 "Факторы привлекательности Армении для российских релокантов."(2024), "러시아연방 북극 원주민의 지속가능한 발전: 추코트카 자치구 중심으로"(2022) 등이 있다.

고가영 서울대학교 아시아연구소 HK 연구교수
모스크바국립대학교 역사학 박사학위를 취득한 이후, 소련의 민권운동과 고려인 이주사와 문화를 연구하고 있다. 아울러 유대인·크림 타타르인들의 이주사, 러시아·중앙아시아 지역의 박물관을 통한 기억의 문제, 러시아 유대인·중앙아시아 이슬람 주제들을 통해 중앙아시아 지역연구를 심화시키고 있다. 최근에는 중앙아시아에 건립되었던 수용소, 장애인, 난민 문제 등으로 관심사를 확장하고 있다. 주요 논저로는 "타지키스탄을 경유하는 아프가니스탄 난민들의 정체성 변화: 젠더 역할과 종교정체성을 중심으로"(2024), "1970-1980년대 소련 장애인들의 조직적 권리운동"(2022), "접경지대 우크라이나의 국내·외적인 갈등 상황이 고려인 개인들의 삶에 미친 영향"(2019), 『잡거와 혼종, 유라시아 다중 접경』(2023, 공저), 『고려인 사회의 변화와 한민족』(2005, 공저) 등이 있다.

Crossing Borders:
Refugees from the Russo-Ukrainian War

Editors: Beom-Shik Shin, A-Young Choi

Authors: Beom-Shik Shin, Minwoo Yun, Eunyoung Kim, Seonhee Kim, Jiwon Park, Song Ha Joo, Yuihyun Hwang, A-Young Choi, Vadim Slepchenko, Ka-young Ko

〈Table of Contents〉

Crossing Borders: Refugees from the Russo-Ukrainian War.
Edited by Beom-Shik Shin and A-Young Choi

Publisher: ZININZIN Co., Inc., 2025
101-1818, 92 Gwanmun-ro, Gwacheon-si, Gyeonggi-do, 13807, Korea
https://www.zininzin.co.kr
ISBN 978-89-6347-661-2 93300